法理學講義　全

江木　衷講述
和田經重・奥山十平
宮城政明・粟生誠太郎　筆記

警視廳藏版
明治二十一年出版

法理學講義　全

日本立法資料全集　別巻
1210

信山社

警視廳藏版

法理學講義

全

博聞社發兌

本板丁數六五九トアルハ五六九ニシテ以下順次之ヲ追フヘキヲ誤ル

例言

一警視廳有志ノ諸氏相謀リ公務ノ餘暇同廳御用係江木法學士ニ乞フニ法學ノ講義ヲ以テス同氏之ヲ託シ乃チ英人ホルランド氏著述ノ「ジュリスプリダンス」(法理學)ト題セル書ヲ基トシテ法理ヲ講述セラル此書ハ即チ其講述ヲ筆記シタルモノナリ

一傍聽筆記ハ頗ル至難ノ業ニシテ事理ニ敏ニ文筆ニ巧ナルモノニアラサレハ善クスルヿ能ハサルモノトス而シテ法學ハ素ト高尚ナル學科ニシテ一字一句ト雖モ皆深邃ノ意ヲ含ミ其講義ノ如キハ容易ニ了解シ難キモノナリトス今至難ノ筆記ヲ以テ最モ解シ難キ法學ノ講義ヲ筆記ス其完全ナランヿヲ期スル亦容易ノ業ニアラス況

ンヤ事理ニ疎ク文字ニ乏シキ者ニ於テヲヤ誤謬脱漏極メテ多カルヘシ讀者幸ニ講師ヲ罪スルヿ勿レ

一地名人名等ハ凡テ普通ノ用例ニ傚フテ之レヲ區別シ敢テ異例ヲ用ヒス

明治十八年一月

筆記者　識

法理學講義　第一回

法學士　江木衷講述
和田經重筆記

諸君

余ノ淺學ヲ以テ玆ニ講筵ニ臨ミ諸君ノ高聽ヲ汚スハ固ヨリ僭越ノ譏リヲ免レサル所ニシテ寔ニ慚愧ニ堪サルナリ然レトモ余常ニ以爲ラク苟クモ身要路ニ當テ行政ノ事ヲ掌ル者ハ居常潜心焦慮以テ行政法ヲ講セサル可ラスト然カモ行政ノ學タル至難ナル學科ノ一ニシテ泰西ノ碩學鴻儒スラ視テ以テ容易ノ業トナサス是ヲ以テ余ハ機アラハ實務家ノ說ヲ聞クヿヲ得テ當テ學フ所ニ參照シ以テ得ル所アランヿヲ望ムヤ日已ニ久シ然ルニ今諸君ハ多年實務ニ從事セラレタル方々ナレハ余カ諸君ノ高說ヲ聞カンヿ

ヲ望ム殊ニ切ナルモノアリ故ニ先ツ余カ嘗テ大學ニ於テ學ヒタル行政法ノ諸説ヲ陳述シ而ル後諸君ノ批評ヲ仰カンヿヲ希望スルナリ左レトモ行政法ナルモノハ先ツ法理學ニ通曉スルニアラサレハ講究ノ際或ハ隔靴掻痒ノ歎ナシトセス是レ則チ余カ謭劣ヲ顧ミスシテ先ツ法理學ヲ講述セントスル所以ナリ諸君幸ニ其意ヲ諒セラレンヿヲ

今茲ニ講述セントスルモノハ専ラ英國ノ學士ホルランド氏ノ著述ニ係レル法理論ニ據ル此書論スル所概子近世獨逸國諸學士ノ説ヲ剽竊シタルニ過キスト評スルモ敢テ過言ニアラサルヘシト信スレ𪜈書中論スル所非難ヲ加フヘキモノ一ニシテ足ラス故ニ講述ノ際間〻諸大家ノ説ヲ擧ケテ批評ヲ加フル所アルヘシ諸君高説ヲ惜ムヿナク駁論ヲ

賜ハ丶幸甚若シ夫レ講義ノ順序ニ至リテハ悉ク原書ノ行文ヲ逐フテ講述スルトキハ許多ノ日子ヲ費スニアラサレハ講シ了ルヿ能ハス故ニ今其要領ヲ講述スルヲ主トシ必シモ行文ノ順序ニ據ラス其省畧ト採擇ハ一ニ余カ意ヲ以テス

法理學講義

第一章　法理學（ジュリスプリダンス）

法理學ノ効用ハ唯學術上ニ於テ其益アルノミナラス凡百ノ法律規則ヲ暗記スルノ勞ヲ省クモノナリ如何トナレハ單ニ法律規則ノ正條ヲ暗記スルハ頗ル困難ナルヘシト雖モ理論ニ據リテ法章ヲ記臆スルハ甚タ容易ナレハナリ且ツ一定ノ成典法アラサル諸國ニ於テハ百般ノ事、法理ニ據テ處置セサルヘカラス故ニ其効用殊ニ著シキモノアリ抑法理學トハ英語之レヲ「ジュリスプリダンス」ト云フ此「ジュリスプリダンス」ト云ヘル語ハ羅甸語ヨリ來レルモノニシテ「ジュリス」トハ法ノ意ニシテ「プリダンス」トハ知ルノ義ナリ故ニ「ジュリスプリダンス」ナル語ハ法ヲ知ルトノ意義ニ外ナラサレトモ今日ニ至リテハ單ニ法律ノ正條ヲ知ルノミヲ以テ決シテ法理學ト爲サヽルナリ左レトモ昔日ニ在リテハ名義ノ濫用殊ニ甚シク最初羅馬ノ諸學士ハ一般ニ法學ヲ以テ單ニ法律ノ正條ヲ知ルノ意ナリトスルノ思想ヲ有セシカ後世ニ至リテ漸ク法理ヲ論スルノ學科ト爲スニ至レリ而シテ佛國ニ於テモ「ジュリスプリダンス」ナル語ヲ以テ判決例ヲ指スモノトナシ英國ノ學者モ亦之レヲ法律條例ノ意ニ用フルノ例少ナカラス

法理學ハ制定法ノ外形上ニ於ケル學術ニシテ且ツ汎論各論又ハ沿革法理論純理法理論等ニ分ツヘカラサルモノトス」今之レヲ詳説セン制定法トハ夫ノ自然法道義學等ニ於テ所謂法ナルモノトハ全ク異ナルモノニシテ純然タル制

定法律ヲ指スモノナリ故ニ法理學ニ於テ論究スル所ハ一ニ制定法ニ在テ敢テ其他ニ及ハサルモノトス而シテ法理學ニ於テ論スル所ハ已ニ制定法ニ在ルヲ以テ制定法ニシテ進化變遷スル所アレハ法理學モ亦從テ進化變遷セサルヲ得ス且ツ法理學ニ於テ論スヘキモノハ外形上ニシテ其實體ハ論スル所ニアラサルモノトス今夫レ英佛獨等各國ノ法律ヲ暗記スルカ如キハ實體上ニ屬スレ𪜈法理學ニ於テハ專ラ其外形上ニ就テ論究スルヲ以テ其材料ハ概子比較法ニ在リ設令ヘハ法理學ニ於テ期滿免除ノ法律ヲ論スル𪜈ハ英米佛獨等ノ法律ニ於ケル期滿免除ノ年限ノ異同等ハ措テ之レヲ論セス唯其論スル所ハ所有權及ヒ起訴ノ權利等ニ關係スル事項ナリトス而シテ法理學ノ材料ハ比較

法ノミニ止マラサルヲ以テ一國內ノ法律ヨリシテ尙ホ同一ノ法理學ヲ作ルヿヲ得ヘシ唯其材料ノ充分ナラサルノミ

法理學ハ各論汎論ノ區別アルヘキモノニアラス然ルニオースチン氏ノ如キハ言ヲ爲シテ曰ク「學術ハ數派ニ之ヲ分ツヿヲ得ヘシ即チ法學各論ハ一國又ハ一部ノ現行法律ニ關スル學術ニシテ法學汎論ハ廣ク諸邦ノ法律ニ共通スル事項ヲ論スル學術ナリ」ト氏ノ論旨甚タ曖昧ナレトモ今假リニ氏ノ論スル所ヲ以テ一國內ニ止ル法律ニ通曉スルノ意ナリトセン乎是レ唯一國內ノ法律ヲ記臆スルモノニシテ全ク實體ニ屬スルモノナルカ故ニ外形ヲ論スヘキ法理ノ學術ナリト稱スルヿヲ得サルナリ又氏ノ論ヲシテ法理

學ハ一國內ニ行ハルヽ法律中ヨリ推及シタル學術ナリトノ意ナリトセン乎果シテ然ラハ各論ト云ヘルハ學術ノ各ナルニアラスシテ其學術ヲ組織スル材料ノ各ナルノミ本來學術ハ其材料ノ如何ヲ問ハス惟一ナルヘキモノニシテ決シテ之レヲ分ツヘカラス設令ヘハ地質學ニ於テ唯英國一國ノ地質ヨリ推究シタル理論ト雖モ萬國之レヲ用ヒテ通セサル所ナカルヘシ是レト同一理ニシテ法理學モ亦然ラサルヲ得ス唯其材料ノ多少ニ因テ學術ニ完全ナルト否ラサルトノ別アルヲ免レサルノミ沿革法理學純理法理學ノ區別アルヘカラサル所以モ亦此理ニ外ナラス要スルニ學術ハ惟一ナルモノニシテ各種ノ區別ヲ立ツルヿ能ハス唯其材料ニ區別ヲ立ツルハ敢テ成シ難キニアラス然レト

モ惟一ナル學術ヲ分類シテ公法私法或ハ刑法民法等トスルハ敢テ之レヲ不可トセサルナリ

右ハ第一章ノ要領ヲ講述シタルモノナリ請フ是レヨリ余カ見ヲ以テ此要領ヲ論評セン

ホルランド氏ハ法理學ヲ以テ單ニ制定法律ノミヲ論スヘキモノト思惟スルカ如クナレトモ是レ其當ヲ得タルモノト謂フ可カラス如何トナレハ制定法ハ則チ法理學ニ於テ論スヘキ一部ナレトモ單ニ制定法ノミヲ論スルヲ以テ法理學ナリトスルハ頗ル狹隘ノ論タルヲ免レサレハナリ法律ハ宜シク之レヲ過去現在未來ノ三段ニ分論セサルヘカラス即チ法律ノ過去ヲ論スルヲ沿革法理ト云ヒ之ニ依テ法律ノ由來變遷如何ヲ知リ之レヲ今日法律ノ現狀ニ照シ

テ其得失如何ヲ知ルヿヲ得ヘシ法律ノ現在ヲ論スルハ即チ現行法ノ條項ヲ知リ之レヲ各國ノ法律ニ比較シ以テ其得失ヲ知ルヿヲ得ヘキモノタリ法律ノ未來ヲ論スルハ法律ヲシテ發達進歩セシムルカ爲メ極メテ有益ノコトニシテ實ニ立法ノ要旨トモ云フヘキモノナリ且ツ法理學ハ其基ク所ノ材料ニ由リテ左ノ四門ニ分チテ論究スルヲ以テ頗ル便益アリトス是レ現ニ我大學ニ於テ實行スル所ナリ」

第一　沿革法理學

第二　解釋法理學

第三　純理法理學

第四　比較法理學

右四個ノ區別ヲ法理學四門ト云フ此四者相集テ始メテ完

全ナル法理學ヲ大成スヘキモノナリ然ルニ今ホルランド氏ノ論ニ從フ片ハ法理學ハ右ニ掲ケタル四門中只タ比較及ヒ解釋ニ屬スル外形上ノ理論ニ過サルモノナリ

又ホルランド氏ハ法理學ヲ以テ外形ニ止ルヘキモノトナセリ是レ亦非難ヲ免レサルナリ氏カ所謂外形ト云ヘル文字ノ意義ハ實體即チ法律ノ逐條ヲ暗記スルヿニ相對セル文字ナルヘシト雖モ本來外形ト云ヘル語ハ實体又ハ精神ト云ヘル用語ニ對スル者ナリ而シテ法律ハ外形ト精神トヲ備ヘタル者ニシテ此二者ハ分離スヘキモノニアラサルカ故ニ法理學ハ外形ト精神ヲ併セ論セサルヘカラス設令ヘハ人身生活ノ理ヲ知ラント欲セハ單ニ肉體ノ解剖學ニ止マラス其精神ナル生理學ヲモ會得セサルヘカラサルカ

如シ以テホルランド氏ノ說ハ誤見タルヲ知ルヘキナリ
今法理學ヲシテホルランド氏ノ論スルカ如キ狹隘ノ區域ニ止マラシメス汎ク其ノ精神外形ヲ合セ論スヘキモノトスレハ法理學ノ効用ハ獨リ學術上ノミナラス實際上左ニ記スルカ如キ効用アルヘシ是レ即チ獨逸國ノモール氏カ國家學ニ於テ論スル所ニシテホルランド氏カ單ニ法律ノ正條ヲ記臆スルノ勞ヲ省クトセルノ効用ニ勝ルヿ數等ナルヲ知ルヘシ
一　一國現行法律ノ缺點ヲ發見シ其害未タ甚シキニ至ラスシテ之レヲ改良シ得ヘキノ効アリ
二　立法上最モ効益アルモノニシテ昔日ノ法律ヨリ更ニ完備セル法律ヲ制定スルヿヲ得ヘシ

三　現行法ノ解釋ヲシテ益精覈ニ至ラシムルヿヲ得ヘシ

殊ニ新法治國ニハ甚タ必要ナルモノトス

四　人民ノ智識ヲ進歩セシムルノ効益アリ殊ニ人民ヲシテ政治ニ參與セシムル國ニ於テハ大ニ失政ノ憂ナカラシムルヿヲ得ヘシ

右ノ如ク論評シ來ル片ハ今余カ講スルホルランド氏ノ書ハ法理學ノ全體ニアラスシテ唯其一部タルニ過キス故ニ其論スル所モ亦法律ノ外形ノミニ止マレリ余ハ素ヨリ外形ノミニ止マラス其精神ヲモ論シタル法理學ヲ講セント欲スレ𪜈外形ニ於ケル現在ノ法律モ亦其何物タルヲ知ラサルヘカラス是レ余カ先ツ此書ヲ講述スル所以ナリ

第二章及第三章　法律

第二章及第三章ハ共ニ法律ノ何物タル乎ヲ論シタルモノニシテ互ニ密着スルヲ以テ今茲ニ簡便ヲ主トシ此兩章ハ併セテ之レヲ講述スヘシ

法律トハ廣キ意義ヲ以テ之レヲ解釋スレハ百般ノ法律規則ノ全體ヲ總稱スルモノナリトス然レ𪜈法律ナル語ハ其意義頗ル曖昧ナルモノニシテ各國各〻其意義ヲ異ニスルヲ免レス左レハ法律トハ英語ニテ「ロー」ト云ヒ羅甸語ニテ「ジユス」ト云ヒ佛語ニテハ「ドロワー」ト云ヒ獨逸語ニ於テハ「レヒト」ト云フ而シテ羅、佛、獨三國ノ語ハ皆權利ト云ヘル意ヲ有シ又正義ト云ヘル意義ヲモ有セリ故ニ羅、佛、獨ノ語ハ法律權利正義ノ三個ノ意義ヲ含有スルモノナリ唯英語ノ「ロー」ト云ヘル語ノミ然ラサルモノトス然レトモ英語ノ「ロー」ナル語モ亦眞成ノ法律ニアラサルモノト相混同シ殆ント其區別ヲ明指シ難キニ至リテハ其他ノ語ト異ナル所ナシト謂フ可シ

今其法律ト云ヘル意ニ於テ最モ混同シタルモノヲ大別スレハ二アリ一ハ宇宙ノ法則秩序ノ義ニシテ自然ニ行ハルヽ所ノ法ヲ指スモノトス是レ希臘ノピンターデモスゼニス羅馬ノシセロトーマス英國ノフウカー等諸氏カ法律ト云ヘル語ノ意義ヲ説キタルモノナリ而シテ他ノ一ハ行爲ノ規則ナリト云フ意ニシテ夫ノ自然ニ行ハルヽ所ノ法トハ全ク異ナルモノニシテ其意甚タ狹ク專ラ人類及ヒ禽獸ニ關スルモノナリ而シテ此行爲ノ規則ハ之レヲ分テ三ト

ス即チ第一ハ人類ニアラサル動物ノ行爲ノ規則ニシテ第二ハ人類行爲ノ規則ナリトス此人類行爲ノ規則ナルモノハ果シテ如何ナル性質ヲ有スルカヲ探究スルニ道理ノ智覺ヲ具ヘタル動物ニ對スルヿ(一)命令アルヿ且ツ其命令ハ一部ニ止マラスシテ一般普及ノモノタルヿ(二)制裁卽チ懲罰アルヿ(三)此三個ノ性質ヲ具有スルモノハ卽チ人類行爲ノ規則ト云フヘキモノナリ而シテ第三ハ全ク眞成ノ法律ト云フヘキモノニハアラサルモ尙ホ間接ニ法律ノ性質ヲ有スル所ノモノナリトス是ヲ以テ又人類行爲ノ規則ヲ分ツテ次ノ二種トナス

第一　道義學《エシック》ハ其範圍甚タ廣ク唯人類外部ノ行爲ヲ支配スルノミナラス兼テ其心意ヲ論スルモノナルヲ以テ行爲

ト心意ト相合シ相通シ内外一致スルヲ要スルモノトス而シテ其行爲ト心意ノ正邪ヲ論スルヤ已ニ一定セル人類性質ノ摸範ニ適合スルヤ否ヤヲ論スルモノニシテ權利ハ其關スル所ニアラス主トシテ義務ニ關スルモノナリ

第二「ノモロヂー」ハ心意ノ如何ハ敢テ問フ所ニアラス只タ其外形ニ顯ハレタル行爲ノミヲ論ス然レトモ其心意ノ正邪ハ毫モ之レヲ問ハストノ意ニハアラスシテ唯心意ノ外形ニ顯ハレタルモノニ就キ已ニ一定セル人類行爲ノ規則ニ適合スルヤ否ヤヲ論スルモノニシテ主トシテ權利ニ關スルモノナリトス

「ノモロヂー」ハ又其制裁ヲ附スル人ノ異ナルニ由テ分テ二トス曰ク確定セサル權力ニ依リテ制裁ヲ受クル行爲ノ規

則、曰ク確定シタル權力ニ依リテ制裁ヲ受クル行爲ノ規則ナリ

第一　確定セサル權力ニ由リテ制裁ヲ受クル行爲ノ規則ハ又之レヲ小分シテ二トス(甲)ハ道德法現行法名譽法等ニシテ其制裁ハ世人ノ厭惡擯斥等ヲ受クルニ在リ(乙)ハ自然法即チ性法ナリトス而シテ此性法ナルモノハ現行法律外別ニ行爲ノ摸範トナルヘキモノアリトセルモノニシテ古代ヨリ一學派ヲ爲スト雖モ概シテ云ヘハ其唱フル所ハ正義又ハ道理ト云ヘルモノニ外ナラス今マ性法ニ關スル古來實際上ノ論結ヲ擧クレハ左ノ如シ

一　古來ノ學者ハ罪惡ヲ別チテ「マラ、プロヒビタ」及ヒ「マラ、イン、シー」ノ二トナセリ「マラ、プロヒビタ」トハ行爲自

身ノ本性ニ於テハ惡事ニアラサレトモ法律上ニ於テ禁制シタルモノナルヲ以テ惡事ト爲スモノナリ設令ヘハ官許ヲ得サルモノハ烟草ヲ販賣スルヿヲ得ストノ法律アルニ當リ官許ヲ得スシテ其販賣ヲ爲シタル𪜈ハ其行爲タル元來惡事トナスヘキヿニアラサレトモ法律上禁制アルニ因リ惡事ト爲スカ如シ又「マラ、イン、シー」トハ行爲自身ノ本性ニ於テ惡事タルモノヲ云フ設令ヘハ人ヲ殺スカ如キハ其行爲自身ニ於テ惡事タルモノナリ故ニ如此行爲ハ性法上ニ於テ其責ヲ免レサルモノトス

二　制定法《ポシチー、ブロー》ハ性法ノ下ニ屬スルモノニシテ性法ニ反シタル制定法ハ勢力ヲ有スルヿ能ハス是レ有名ナル英

人ブラッキストーン氏ノ唱ヘタル所ニシテブーカー氏モ亦此説ヲ爲シタリ

三 制定法ニハ違背スル行爲モ尙ホ性法上ヨリ之レヲ認可シテ現行法ヲ破ルノ例往々世ニ尠カラス是レ則チ社會ノ有樣ハ已ニ進步シタルモ法律ノ進步ハ之レト伴ハスシテ法律ノ進步ト社會ノ有樣ト適應セサルトキニ起ルモノニシテ英國ノ衡平法ノ如キハ則チ其一例ナリ

四 法律ニ明文ナキトキハ公然性法ニ依テ判決スルコヲ許スモノアリ即チオーストリヤ國ノ民法第七節ニ於テ揭クル者ハ其一例ニシテ嘗テ英國印度法取調委員モ亦「判官タル者ハ性法ニ從ヒ判決スヘシ」トノ言ヲ贊

成シタルヿアリ又我國ニモ法律規則ニ明文ナキモノハ習慣ニ從ヒ習慣ナキモノハ條理ニ從フヘシトノ成規アリ是レ亦其一例ナリ

五　性法ハ萬國公法ノ基本ナリ

第二　確定シタル權力ニ由リテ制裁ヲ受クル行爲ノ規則モ亦分チテ二トス(甲)ハ神法即チ上帝ノ法ニシテ其義務ヲ法敎ノ義務ト云ヒ義務ヲ破ルヲ罪劫ト名ク(乙)ハ制定法即チ眞ノ法律ナリ

法律ノ何物タル乎ハ上來論スル所ノ如クナルヲ以テ今爰ニ法律ノ定義ヲ下スヰハ則チ左ノ如シ

法律ハ國家主權者ノ制裁スヘキ外形上ニ於ケル人類行爲ノ一般ナル規則ナリ

以上ハ則チ第二章第三章ノ要領ヲ講シタルモノナレトモ此兩章ハ別ニ批評ヲ加フヘキ程ノ議論アルヲ見ス獨リ法律ノ定義ニ至リテハ論スヘキモノ一ニシテ足ラサレハ次回ニ於テ詳論スル所アルヘシ但此兩章ノ旨意ハ専ラ法律道徳性法ノ區別ヲ明カニスルニ在リ故ニ余ハ今之レカ簡單ナル區別ヲ一言シテ此講ヲ終ヘン

道徳ト法律ノ區別

一、道徳ニ於テハ義務ヲ主トス

二、道徳ハ外形及ヒ心意ニ屬スト雖モ外形ヨリハ寧ロ心意ニ屬ス

三、道徳ハ社會ニ屬シテ國家ニ屬セス

(一)人類ニ屬シテ人○卽チ國民ニ屬セス

（二）制裁ノ性質及ヒ人ヲ異ニス
（三）一國内ニ止マラスシテ汎ク萬國ニ共通ス

法律ト性法ノ區別

性法ハ實体即チ事實上ニ於キテハ敢テ法律ト異ナル所ナシト雖モ必スシモ主權者ノ已ニ確認シタルモノニアラスト知ルヘシ

第四章　法律ノ定義

前章ニ於テハ道徳性法及ヒ法律ノ區別ヲ論シ以テ「法律ハ國家主權者ノ制裁スヘキ外形上ニ於ケル人類行爲ノ一般ナル規則ナリ」トノ定義ヲ論定シタリ本章ニ於テハ此定義ヲ詳説セン

國家、トハ法律上無形ノ一個人タル資格ヲ有スルニ至リタル一境内ノ人民ヲ云フモノナリ而シテ一境内ノ人民トハ言語風俗思想宗教沿革等ノ同一ナルヨリ相團結シタル多數ノ人類ヲ云フ凡ソ權利ハ人ニアラサレハ之レヲ有スルヿ能ハストハ法理上ニ於テ動カスヘカラサル一定ノ論ナルヲ以テ各人各個若クハ各人各個ト見做スヘキ無形人即チ會社ノ如キ者ニアラサレハ權利ヲ有スルヿ能ハサルモノトス故ニ國家ハ無形ノ一個人ナリト云ヘルハ其意他ニアラス國家ハ權利ノ主体即チ國家タル資格ヲ以テ權利ヲ有スヘシト云フニ外ナラス左レハ國家トハ恰モ一個人ノ如ク權利義務ヲ有スルモノヲ指スモノニシテ散亂統一スル所ナキ衆人ヲ指スモノニアラサルナリ

主權、トハ自ラ其ノ命運ヲ決定シ得ヘキ獨立不羈ノ權力ニシテ國家ノ有スルモノタリ而シテ此權力ヲ分ツテ二トナス(甲)ハ國家ト國家トノ間ニ起ル權力ニシテ一國ノ屹然獨立シテ敢テ他ノ抑壓ヲ受ケサル所以ノモノハ此權力ノ然ラシムル所ナリトス叉外國ト條約ヲ訂盟スルカ如キハ一ニ此權力ニ由ルモノニシテ是等ハ宜シク萬國公法ニ於テ論スヘキモノタリ(乙)ハ國家ト人民トノ間ニ起ルモノニシテ國家カ其境土及ヒ國家ヲ支配スル所ノ權力ヲ云フ而シテ此主權ヲ掌握スル者ハ政体ノ種類如何ニ由リテ有形無形ノ別アリ共和政体ニ於テハ此主權ヲ掌握スル者ハ無形人ニシテ君主政體ニ於テハ有形ノ人之レヲ掌握ス

制裁、法律ノ定義ニ於テ所謂ル制裁ナルモノハ未タ必シ

モ之レヲ執行スルヲ要セス唯之レヲ執行スル能力ヲ有スルヲ以テ足レリトス是レ則チ此定義中ニ制〇裁〇ス〇ヘ〇キ〇云々トアル所以ナリ素ト制裁トハ法律ヲ犯シタル者アルトキハ之レニ次テ其犯者ニ加フヘキモノナリトス故ニ制裁ハ單ニ刑罰ノミニ止マルヘキモノニアラス今之レヲ詳説スレハ制裁ハ凡ソ左ノ五種ニ過キサルナリ

第一　刑罪　刑罪ハ制裁ノ一種タルコト縷々ノ解説ヲ要セスシテ明カナリ今茲ニ贅説ヲ爲サス

第二　損害要償　論者アリ曰ク制裁トハ宜シク之レヲ刑罰上ノ意ノミニ用フヘキモノニシテ其他ニ用フヘキモノニアラス設令ヘハ人アリ價額ヲ定メスシテ一匹ノ馬ヲ買〇ヒタリトセンニ其人ノ義務ハ單ニ適當ノ價

額ヲ拂フニ在リ故ニ賣主其買主ヲ法廷ニ訴フルアルモ唯タ適當ノ價額ヲ得ルニ過キス又過失ニ依リテ他人ノ所有セル馬ヲ殺シタル如キモ亦之レト異ナル所ナク唯其適當ノ價額ヲ償フニ過キス物ヲ買フテ價ヲ拂ヒ他人ノ物ヲ破リテ之レヲ償フ固ヨリ當然ノコトナリ何故ニ之レヲ稱シテ制裁ナリトスヘキヤ毫モ其理由ヲ知ル能ハス刑罰ノ如キモノニシテ始メテ之レヲ制裁ト稱スヘキノミ」ト然レトモ尙ホ之レヲ制裁ト爲スヘキ理由二アリ馬ノ買主固ヨリ其ノ價ヲ拂フヘキ義務アリ然レトモ其期限已ニ經過シ且ツ其金額ヲ拂フヿヲ拒ミタルニアラサレハ賣主之レヲ訴フルコトヲ得ス言ヲ換ヘテ言ヘハ買主已ニ其ノ本義務ヲ破

リタル後ニアラサレハ之レヲ訴フルコトヲ得ス是レ則チ制裁トナスヘキ理由ノ一ナリ又義務ヲ破リタル者ハ裁判終結ノ時訴訟入費ヲ負擔セサルヲ得ス是レ則チ制裁トナスヘキ理由ノ二ナリ

第三禁制　惡漢アリ將サニ來リテ門墻家屋ヲ破壞セントス此時ニ當リ其ノ將サニ害ヲ蒙ラントスル人ハ之レヲ法衙ニ訴テ未タ其ノ害ヲ蒙ラサルニ先チ惡漢ノ所爲ヲ禁制セシムルコトヲ得ヘシ英國ニ於テハ如此訴ハ衡平裁判所ノ外普通裁判所ニ於テハ之レヲ受理セス

第四義務執行　土地ノ賣買アリタル場合ニ於テ賣主其土地ヲ引渡サヽル片ハ買主之レヲ法衙ニ訴テ其ノ義

務ヲ執行セシムルコトヲ得ヘシ英國ニ於テ如此訴訟ハ衡平裁判所ニ於テ之レヲ受理シ其ノ執行ヲ命ス若シ之レヲ執行セサルトキハ過大ノ罰金ヲ命ス而シテ此罰金ヲ命シタルトキハ其ノ制裁ハ變シテ第一種ノ制裁卽チ刑罰トナリタルモノナリ又祖先傳來ノ器物ヲ有スル者アリ其ノ器物タル他人ヨリ見ルトキハ尋常一樣ノ器物ニ外ナラサレトモ其ノ所有主ニ於テハ千金モ啻ナラサルモノトシテ大ニ之レヲ珍重セリ然ルニ今若シ之レヲ預リタル者アリテ之レカ返還ヲ拒ムトキハ英國ニ於テハ之レヲ衡平裁判所ニ訴ヘナハ衡平裁判所ハ被告ニ向テ返還ノ義務ヲ執行スヘキ旨ヲ命スルモノトス若シ如此場合ニ於テ其義務執行ヲ

命スルコトナクンハ被害者ハ損害要償ヲ爲シ唯僅カニ尋常器物ノ價直ヲ得ルニ過キサルノ不幸ニ遭遇セサルヲ得サルヘシ

第五 無効

法律ニ於テ所謂ル無効ナルモノニ二種アリ左ノ如シ

一 全無効 設令ヘハ甲者乙者ニ約シテ曰ク汝余カ爲メニ某ヲ殺サハ百金ヲ與ントト乙其約ヲ信シテ甲者ノ爲メニ某ヲ殺シタルモ甲者金ヲ與サルヲ以テ之レヲ法衙ニ訴フルトキハ此契約ヲ以テ無効ノモノトス又昔日英國ニ於テハ婚姻規則ニ違背シテ婚姻ヲ爲シタル者ハ其婚姻契約ヲ無効ノモノトセリ故ニ當時法衙ノ判決ニ於テ婚姻規則ニ違反シタルモ

ノト決定シタルトキハ唯其婚姻契約ヲ無效トスルノミナラス其間ニ出生シタル幼者ヲ以テ私生ノ子トナシタリ此ニ例ノ如キハ卽チ全無效ト稱スヘキモノナリ

二半無效

設令ヘハ未丁年ノ幼者ト丁年者トノ間ニ取結ヒタル契約ハ丁年者ニ於テハ隨意ニ之レヲ取消スコトヲ得スト雖モ幼者ハ之レヲ取消シテ無效ノモノトスルコトヲ得ヘシ又甲者アリ或ル財產ヲ抵當トナシ乙者ヨリ金員ヲ借リ之レヲ返濟スル道ナク將サニ身代限ニ至ランドスルニ際シ甲者其ノ抵當財產ヲ丙者ニ賣渡スコトヲ約セリ此契約タル唯甲丙二人ノ間ニ於テ有效ナルノミナラス一般ノ

人ニ對シテモ尚ホ有效ノモノナレトモ獨リ乙者ニ對シテハ有效ノモノタルコトヲ得ス故ニ乙者ハ如此契約ヲシテ無效ニ歸セシムルコトヲ得ヘシ此二例ノ如キハ則チ無效ト爲シ得ヘキ種類ノモノニシテ半無效ト稱スヘキモノナリ

以上ニ列記シタルモノヲ以テ法律上ノ五制裁ト稱ス

人類ノ行爲　法律ハ人類ノ行爲ヲ支配スル者ニシテ禽獸草木等ヲ支配スルモノニ非ラス是レ法律ノ定義中ニ人類ノ行爲トアル所以ナリ然レトモ人類トハ果シテ如何ナルモノヲ云フヘキ乎トノ疑問ニ至リテハ動物學上ノ理論頗ル精密ニ亘ルモノアルヘケレトモ今之レカ喋々ノ辨ヲ費スモ無益ナルヘシ

一般ナル規則　法律ハ一般普及ノモノタラサルヘカラス故ニ主權者カ臨時一個人ニ對シテ或ル行爲ヲ爲スヘシト命スルカ如キハ法律ト云フヘキモノニアラス是レ則チ定義中ニ一般ナル規則トアル所以ナリ而シテ一般トハ特別ト全ク反對ノ意ナルヲ以テ特別ナラサルモノハ則チ一般ナリト知ルヘシ設令ヘハ會社法又ハ營業規則ノ如キハ會社及ヒ營業者ニ止マリテ一般ナラサルカ如シト雖𪜈是レ決シテ特別ナルニアラス如何トナレハ會社ヲ結ヒ營業ヲ爲サントスル人ハ何人ト雖𪜈一般ニ此會社法若クハ營業規則ニ從ハサルヲ得サレハナリ

上來陳述スル所ニ依テ「法律ハ國家主權者ノ制裁スヘキ外形上ニ於ケル人類行爲ノ一般ナル規則ナリ」ト云ヘル定義

ノ何物タルハ己ニ明瞭ナルモノト信ス故ニ余ハ今有名ナルオースチン氏ノ論シタル定義ヲ擧ケテ之レヲ論評シ右ノ定義ト比照シ以テ諸君ノ參考ニ供セン

オースチン氏ハ「法律ハ主權者ノ命令ナリ」ト言ヘリ今氏ノ說ニ從フトキハ先ツ命令有リテ而ル後チ制裁アリトスルモノニシテ命令ナキ以前ニハ制裁アルヲ得サルモノタリ然レトモ命令ナクシテ制裁アルモノノ其例尠カラス且ツ氏ノ說ニ據ルトキハ既往ニ及ホスモノハ皆法律ニアラストセサルヲ得ス既往ニ及ホス法律或ハ善良ナラサルモノト云フヲ得ヘキモ法律ハ則チ法律ニシテ決シテ之レヲ法律ニアラスト云フヲ得サルナリ若シ既往ニ及ホスモノ悉ク法律ニアラストセハ徵兵令ノ如キハ遂ニ之レヲ制定スルコ

ト能ハサルニ至ラン又法律ヲ以テ單ニ主權者ノ命令ナリトスルトキハ習慣法ノ如キハ法律ニアラスト爲サヽルヲ得ス如何ントナレハ習慣法ハ主權者ノ命令ニ由テ生シタルモノニアラサレハナリ且ツ古來ノ沿革上ヨリ論スルモ法律ハ未タ必シモ主權者ノ命令ニ基ツクモノヽミニアラサルコトハメイン氏カ古代法律論ニ於テ詳論スル所ナリ要スルニオースチン氏ハ法律ノ淵源ト法律ノ本性トヲ誤解シタルヨリ如此謬論ヲ主張スルニ至レルモノナラン然ルニ今ホルランド氏ノ定義ニ從フトキハ習慣ニテモ何ニテモ法律ノ諸淵源ノ種類如何ヲ問ハス主權者ノ制裁ヲ附シタル規則ハ即チ法律ニシテ敢テ豫メ主權者ノ命令アルコトヲ要セサルカ故ニオースチン氏ノ説ノ如キ撞着アル

ヲ見サルナリ然リト雖モ余ノ見ル所ヲ以テスレハホルランド氏ノ下シタル定義モ亦左ノ非難ヲ免レサルカ如シ(一)法律上ニ於テ人ト云フトキハ必ス「ペルソン」ト云ヘル語ヲ用フ然ルニ人類《マン》ナル語ヲ用タルハ甚タ道徳法ニ混同シ易キヲ免レス(二)ホルランド氏ノ定義ハ法律ノ定義ニアラスシテ制定法《ポシチーブロー》ノ定義ナリ若シ之レヲ以テ強テ法律ノ定義ナリトセハ法律ハ則チ制定法ノミニ止マルモノト爲サヽルヲ得サルヘシ然レトモ法律トハ其意甚タ廣ク制定法ノミヲ指スモノニアラサルナリ

法理學講義　第二回

法學士　江木衷講述　和田經重筆記

第五章　法律ノ淵源

法律ノ淵源ニ數種アリ即チ習慣、宗教、裁判、學術、衡平法、立法是レナリ今マ順序ヲ逐フテ左ニ之レヲ詳説セン

第一、習慣　習慣法ハ立法者ノ制定シタルモノニアラサレトモ年久シク一般ニ行ハレタル習慣ヨリ生スルモノナリトス而シテ習慣ト習慣法トハ大ニ差異アルモノニシテ此區別ニ關シテハ學者各々議論ヲ異ニシ就中オースチン氏ノ所論ノ如キハ頗ル非難ヲ來タシ殆ント復タ支フヘカラサルノ勢ニ至レリ抑〻習慣ノ變シテ習慣法トナルハ果シテ如何ナル時ニ於テスル乎此問題ニ關シテハ古來議論數派

アリテ未タ一定セサルナリ余嘗ツテ之レヲ論シタルコトアリ今マ左ニ其ノ説ヲ陳ヘテ諸君ノ高評ヲ乞ハン

慣習決シテ法律ナルニアラス法律素ヨリ慣習ナルニアラス二者本來其ノ性質ヲ異ニストモ法律ニシテ其ノ源ヲ慣習ニ發シ慣習ニシテ化シテ法律タルヲ得ルハ古來法律進化ノ常態ナリ今マ茲ニ論セントスル所ハ汎ク慣習ノ起源ヲ探ラントニアラス又タ制定法習慣法ノ利害ヲ比較シ嘗テサビニー及ヒボート兩氏カ對峙シテ其ノ論鋒ヲ交ヘタル立法論ニ倣ハントニアラス只慣習ノ變シテ法律タルノ性質ヲ備具スルハ如何ナル時如何ナル情況ニ於キテスルヤ否ヲ明カニシ古今ノ諸説ヲ掲ケテ之レカ畧評ヲ下スニ過キサルナリ我カ國法律ヲ按ス

ルニ民事ニ關スル裁判ニ在リテハ法律ニ正條ナキ時ハ慣習ニ由ルヘシトノ定規ナリト雖𪜈書類ノ解釋事實ノ認定ハ兎モ角司法判官カ法律ヲ外ニシ慣習ヲ以テ判決ヲ下スノ條理アルヘカラサルハ論ヲ待タサル義ナレハ其ノ意ヤ必ス慣習法即チ慣習ニ起因セル法律ニ由リテ判決スヘシトノ義ナルニ外ナラサルヘシ故ニ慣習法起源ノ理論ヲモ究メ其ノ本性ヲ辨センコハ今日法官カ法律執行ノ實際ニ於キテモ亦全ク無用ニアラサルヘシ

慣習法ノ起源ニ付キテハ法理學上議論極メテ數多ニシテ古來學者ノ最モ其ノ明解ニ苦ムノ一大難問ナリオースチン氏カ分析法理ノ大本タル法律ノ定義モ之レカ爲メニ破レテ赫々ノ光ヲ失ヒメイン氏カ沿革法理ノ事跡

ハ益々其ノ爭フヘカラサル史上ノ事實タルヲ證セリ今古來學者ノ諸說ヲ掲ケテ之レカ畧評ヲ附セントス

第一說　ハ慣習法ノ起源ヲ以テ悠遠記憶《ロング、エンド、イムメモリアル》スヘカラサル慣用ニ歸スルトスル者ナリ英國ニ在リテハヘール、ブラッキストーン獨乙ニ在リテハワイスキー、ヘスト諸氏カ主唱セル古說ナリトス此ノ說ヤ慣習ト慣習法トヲ混シ法律タルニ必要ナル主權ノ思想ヲ欠ク者ナリ

第二說　ハ慣習ノ法律タル勢力ヲ得ルハ主權者ノ默諾ニ由ルトスル者ニシテ單純ナル慣習ニ加フルニ主權ノ思想ヲ以テセルハ前說ニ一歩ヲ進メタリト雖モ論理漠然明切ヲ欠ク英ノベンタム氏及古今佛國學者ノ大半此ノ說ニ甘スル者ニ似タリ蓋シ早ク法典制定ノ大功ヲ奏セ

ル佛國ニ在リテハ法典自ラ以テ足レリトシ學者只其ノ條文ノ解釋ニ忙ハシク此ノ小天地ヲ離レテ汎ク法理ヲ究ムルノ趣ナキニ由ルカ佛國人ノ手ニ成リタル佛書ノ法論著述極メテ稀ナリエシュバッハ氏法學通論ニ曰ク「慣習法ハ主權者ノ默諾シタル風俗慣行ニ成リタル法律規則ノ一體ナリ一國人民ニシテ久シク或ル行爲ノ規則ヲ守リ主權者ニシテ之レヲ認可シ或ハ直接又ハ間接ニ之レヲ拒マサルトキハ一方ニ於キテハ人民ノ意思《ボロンテー》ニ基キ一方ニ於キテハ主權者ノ默諾ニ根スル法律上ノ慣習ヲ生ス」ト是レ則チ默諾説ニシテ佛國ノ學者ハ尚今日ニ之レヲ容ルヽ者ノ如シ

第三説ハ如何ナル慣習ト雖モ法廷ノ判決アルニアラ

スハ決シテ法律タルノ性質ナキ者トナシ法律判決ハ時期ハ則チ慣習ノ化シテ法律タルノ時期ナリトスル者ナリオースチン氏及古昔獨逸學者中往々見ル所ニシテ英國ニ在リテハ學者概ネオースチン氏ヲ以テ宗トシ法學社會最モ普及ノ説ナリト雖モ其ノ論據ノ取ルニ足ラサルハ第一古來史上ノ事跡ト相反シ沿革法理上決シテ容ルヘカラサル説ナリトス（メイン氏古代法律論ニ詳ナリ）第二法廷判決ノ時ヲ以テ慣習ノ變シテ法律ニ化スルノ時期トセハ折角此ノ時期トナルヘキ最初ノ判決ハ判官如何ナル法律ニ由テ之レヲ爲スヘキヤ尚未タ法律ニアラサル慣習ヲ以テ判決ヲ下シタリトノ議ハ判官果メ何等ノ理由ヲ以テ之レヲ免ルヘキヤ此ノ後ニ生スル訴

訟判決ハ兎モ角此ノ説未タ慣習法起源ノ本性ヲ知ラサル者ト云ハサルヲ得ス蓋シオースチン氏ハ法律ヲ以テ主權者ノ命令ナリト誤解シタルカ故ニ遂ニ迂回ノ論理ニ迷ヒテ習慣法起源ヲ論スルニ於キテ亦此ノ説ヲ取ルノ已ムヲ得サルニ至レルナリ

第四説　ハ慣習法ノ起源ハ習慣ノ法律明條ニ反セス且已ニ久シク一國若クハ一團ノ人民中ニ行ハレ人民之レニ依リテ爲シタル行爲ヲ以テ權利ナリト確認《レヒトユーベルツチイグンク》スルニ在リトスル者ナリ今日獨逸大半ノ法理學者ハ皆ナ此ノ説ヲ以テ確實ナリトセリ故ニチポート氏ハ必要ナル法定ノ條件ヲ備ヘタル慣習規則ヲ以テ人民相互ノ間ニ其ノ制裁ノ力アリト承認シタルトキハ此ノ普通ノ意思ヨリ

シテ習慣法ヲ生シ（中畧）敢テ主權者カ特別ナル認可ヲ要セス又タ法廷判決ノ時期ヲ待タスト云ヒ（同氏パンデクテン第十七節及第十九節ヲ見ヨ）ゲルベル氏ハ慣習法制裁ノ勢力ハ獨逸人民ノ一般一部若クハ境區《クライス》ニ通スル普通ノ慣行實施ニ顯ハレタル權利ノ確認ニ基クト云ヘリ（同氏獨逸私法論第二十八節）サレハ此ノ第四説ハオースチン諸氏ト全ク其ノ論據ヲ異ニシ慣習ハ法廷裁判ノ前コ於キテ已ニ法律タルノ性質ヲ有シ法廷判決ノ如キハ只タ慣習ノ已ニ法律ニ化シタル確證タルニ過キストス此ノ説或ハ主權ノ思想ヲ欠ク者ナリト難スヘキニ以タレ𪜈未タ輕々一評シ去ル能ハサル者アリ後條ニ併セテ之ヲ論セン

第五說ハ近來英國ノ學者カ新說ナリト評セルホルランド氏ノ主唱スル所ナリ其ノ說ニ曰ク一國法律ニ於キテ必要ナリトスル條件(即チ慣習ノ久遠ナルヿ、正理ニ適スルヿ、法律明條ニ背カサル等ノ條件ヲ云フ)ヲ備ヘタル者ハ即チ已ニ法律ニシテ主權者判官ニ許スニ此ノ慣習法ヲ執行スルノ權ヲ以テスル者ナリト然レ𪜈此ノ說タル決シテ新ナルニアラス奇ナルニアラス其ノ論據ニ至リテハ敢テ前第四說ト異ナル所ナシホルランド氏ハ主權者判官ニ許スニカヽル慣習法ヲ執行スルノ權力ヲ以テスト云ヘル一事ヲ加ヘ獨逸學派ノ說ヲ潤色シタレ𪜈兩說共ニ法廷判決ノ前ニ於キテ慣習已ニ法律タルヲ得ルノ實ヲ認ムル以上ハ其ノ法律ハ明文ニ基クモ習慣ニ根スルモ苟モ法律タランニハ判官之レヲ執行スルノ權アルヘキハ當然ナリ只第四說ノ人民相互ノ間權利確認ヲ以テ慣習ノ化シテ慣習法タルヲ得ルノ標準ト爲スニ至リテハ其時期ノ明切ヲ欠クト評スル者アルヘシト雖モ是レプフタ輩ノ論述セル一般羅馬慣習律ノ起源ト異ニシテ特ニ獨逸ニ固有ナル美質トス蓋シホルランド氏ノ說ニ在リテモ一個ノ慣習ニメ其ノ果メ何レノ時期ニ於キテ法定必要ノ條件ヲ備ヘ得タルヤ否ニ至リテハ豫メ之レヲ一定スルヿ能ハサルハ同ク明切ヲ欠ク者タルノミナラス或ハ第四說ニメ却テ之レニ勝ル者アルヘシ何トナレハ凡ソ人民ニシテ慣習規則ニ從ヒテ爲シタル一行爲ニメ其ノ果メ法定必要ノ條件ヲ充タシムルヤ否

ヲ斷定シ一國法官ノ胸裏ヲ推スノ難キハ各自相互ノ間ニ於キテ權利ナリト確信セルヤ否ヲ斷定スルノ易キニ如カサレハナリ此ノ一點ニ於キテハ第四說ハ却テ第五說ニ一歩ヲ進メタル者ト云フヘシ

上來述フル所ノ諸說ハ只タ便宜ニ由リテ之レカ類ヲ分チタルノミ敢テ論理上一定ノ標準アルニアラスト雖モ慣習法起源ニ至リテハ近世法理學者ノ說タル第四第五ニ在ルヲ見ルヘシ但シ慣習ノ變シテ法律タルニ必要ナルニハ英國法律ニ於キテハ凡ソ七條件ヲ備具スルヿヲ要ス今茲ニ之レヲ枚擧セスブルーム氏所著英國慣習法ニ其ノ詳ヲ讓ルヘシト雖モ古來慣習法ヲ基トセル英國ニ在リテハ此等條件タル單ニ法理學者ノ空想ニ出テタ

ル者ニアラス皆千百ノ裁判斷例ヲ積ミテ始メテ成リタルノ結果ナリ此レ等ノ點ニ於キテハ英國法律ノ最モ優美着實ナル所ニシテ又最モ見ルニ足ルヘキ者ナリトス而シテ我カ國ニ於キテハ明カニ判官ニ許スニ正條ナキ者ハ慣習ニ由ルノ權ヲ以テスト雖モ此ノ慣習ヲ採用シテ法律ノ効力アラシムルニ必要ナル條件如何ヲ詳ニスルヲ得サルハ遺憾ノ限リナリト云フヘキ也

○筆記者曰ク右ハ講義者自ラ起艸スル所ニシテ「慣習法起源諸説ノ批評」ト題シ嚮キニ法學協會雜誌第五號ニ掲載セルモノナリ今講義ノ際偶〻其ノ論説ヲ引用セラルヽニ遇フニ依テ茲ニ其ノ原文ヲ抄錄シ敢テ之レカ節約ヲ加セヘルモノハ或ハ其明切ヲ欠カン

ヿヲ恐テナリ

第二、宗。教。宗教ノ勢力、法律ヲ左右スルコト實ニ甚シキモノアリ現ニ羅馬教會法ノ如キハ今日尚ホ歐洲諸國ノ法律ニ混入スルモノ殆ント枚擧スルニ暇アラス殊ニ古代ニ在リテハ法律ハ概ネ宗教ニ基キタルモノヽ如シ例ヘハ世界第一ノ古典タル「メヌー」法典ハ天帝嘗テメヌーナル者ニ授クル所ナリト稱シ「コーラン」ノ法典ハ回教ノ本旨ニ基キテマホメットノ制定シタルモノニシテ猶太ノ法典モセスノ十戒ハ山頂ニ於キテ天帝ノ命ヲ聞キタルモノナリト云ヘリ又タ近クハ英領印度法律編纂委員ノ言ニ曰ク印度ニ於キテ一般ノ法律ヲ布クコト能ハサルハ全ク印度法及ヒ「モハメット」法ノ二者民間ニ並ヒ行ハレ人民各々其ノ歸依スル

所ニ由テ之レヲ確信スルニ職由セリト亦以テ宗教ノ能ク法律ノ原因トナルコトアルヲ知ルニ足ルヘシ

第三、裁。判。　法官ハ素ト新法ヲ制定スルコト能ハス唯タ現行ノ法律ニ據リテ判決ヲ下スニ過キサレトモ實際ニ至リテハ法律明條ノ解釋如何ニ由リテ殆ント新法ヲ制定スルト同一ノ結果ヲ生スルコトアリ設令ヘハ家屋内ニ入リテ財物ヲ竊取スル者ハ斯々ノ刑ニ處スヘシトノ法律アルニ當リ其ノ身、家屋内ニ入ルコトヲ爲サス或ル手段ニ由リ窻外ヨリ財物ヲ竊取シタル者有リトセンニ此場合ニ於テ法官ハカヽル所爲モ尚ホ之レヲ法律ニ問フヘシトノ判斷ヲ下スアラハ此判決タル殆ント新法ヲ作爲スルト同一ノ結果ヲ生スルニ至ルヘシ然レトモ其ノ判決例ノ効力如何ニ至リテハ國ニヨリテ同一ナルコト能ハス英米ニ於キテハ判決例ハ法律ト同一ノ効力ヲ有スルモ獨佛ニ於キテハ只タ參考タルニ過キス現ニ我カ國ニ於キテハ獨佛ノ如ク參考タルニ過キサルモノトスルカ如シ彼ノ英米ノ如ク判決例ノ法律ト同一ノ効力ヲ有スルニ至レルモノヲ名ケテ審定法ト云ヘリ

第四、學術　學術上ニ於テ法理ヲ究ムルコト愈〻精緻ヲ加フルニ至ルアレハ立法ノコト益〻多キヲ致スヘキハ言ヲ俟タスシテ明カナリ

第五、衡平法　社會ノ進歩ト法律ノ進歩ト相併馳セスシテ社會ハ已ニ進歩シテ復タ昔日ノ狀況ニアラサルモ法律ハ更ニ進歩スル所ナク尙ホ依然トシテ舊態ヲ脫セサルニ於

キテハ社會ノ狀況ト法律ト枘鑿相容レサルニ至ル於是乎彼ノ衡平法ノ如キモノ有リテ世ニ出ツルニ至レリ當テ歷史上ニ於テ英國ト羅馬トニ同一ノ事實ヲ現出シタルコトアリ往古羅馬ニテハ實ニ煩雜ナル種々ノ禮式アリテ其ノ法頗ル嚴格ナリシカ「ブレートル」(判官)大ニ其ノ煩雜ヲ厭ヒ一己ノ意見ニ據リ是等ノ法ヲ廢セリ然レトモ其ノ之レヲ廢シタルヤ正面ヨリ之レヲ爲シタルニアラス唯タ訴訟法ヲ改正シタルニ過キサレトモ之レカ爲メ當時ニ在リテハ所有權ニモ二樣ノ別アルヲ致シ一ハ固有法ノ保護ヲ受ケ他ノ一ハ「ブレートル」ノ保護ニ屬スルノ奇狀ヲ呈シタリキ又英國ニ於キテハ社會大ニ進步シ商業ノ如キハ頗ル其ノ面目ヲ改ムルニ至リタレトモ法律ノ進步ハ甚タ緩慢ニシテ

更ニ改良スル所ナツ民間ノ不便亦淺少ニアラサリシ於是乎人民往々國王ノ側ニ在ル「チヤンセロン」官ニ向テ裁判ヲ歎願セシヨリ遂ニ衡平裁判所ナルモノ起リテ爾後英國ニハ通常裁判所ト衡平裁判所トノ二者アルニ至レリ是レ恰モ前ニ述ヘタル羅馬ニ現出シタル事實ト同一ノ觀ヲ呈スルモノト謂フヘキナリ儲英國ニ於ケル通常裁判所ト衡平裁判所トノ差異ヲ一言セン設令ヘハ茲ニ一ノ器物ヲ竊取セラレタル者アラン而シテ其ノ器物ハ他人ノ目ヨリ見ルトキハ通常ノ物品ナレトモ被害者ニ取リテハ先祖傳來ノ器物ニシテ萬金モ尙ホ換ヘ難キ珍寶ナリトセン乎カヽル場合ニ於テ通常裁判所ハ其ノ損害要償ニ就キテハ之レカ判決ヲ下スアルモ器物ノ返還ニ至リテハ之レヲ裁判セス

左レトモ衡平裁判所ニ在リテハ獨リ損害要償ノミニ止マラスシテ器物ノ返還ヲモ命スヘシ又茲ニ家屋ヲ質物ト爲テ金員ヲ借リ已ニ其期限ヲ經過スルモ其返金ヲ怠ル者アリトセンニカヽル場合ニ於キテ通常裁判所ハ直チニ其ノ質物ヲ債主ニ引渡スヘキコトヲ命スヘシト雖モ衡平裁判所ニテハ多少ノ延期ヲ與ヘ若クハ家屋ヲ賣却シ以テ返金ノ義務ヲ盡スヘキコトヲ命スルコトアリ是レ則チ衡平裁判所ト通常裁判所トノ別ヲ示ス一例ナリ然レトモ一千八百七十三年發布ノ訴訟法條例ヲ以テ全ク之レヲ合一シタリ又羅馬ニテモ其後「プレートル」(判官)ノ法ハ遂ニ變シテ「ジヤスチニアン」法典トナルニ至レリ

第六、立。法。

文化ノ進ムニ從ヒテ立法ノ事愈〻多キヲ加フル

モノトス故ニ文化ノ進歩駸々タル社會ニ在リテハ立法ノ事務極メテ多端ナラサルヲ得ス英國ニ於テビクトリア帝即位以來制定セル法律ハ即位前數百年ノ間ニ制定セル法律ヨリモ其數遙ニ多シト云ヘルハ決シテ誣言ニアラサルナリ

立法ノ作用ニ由リテ制定頒布スル法律ヲ名ケテ布告又ハ條例(佛語ニテ「ロアー」英語ニテ「アクト」又ハ「スタチュート」ト云ヒ獨語ニテ「ゲゼッツ」ト云フ)ト云フ立憲政體ノ國ニ於キテハ布告ハ只タ立法院ノ承諾ヲ得テ主權者ノ頒布スルモノナリ然レトモ立法院ハ主權者ト分離獨立シテ法律ヲ頒布シ得ヘキモノニアラス然ルニ彼ノ三權分立説ノ如キモノアルハ畢竟代議政體ノ意義ヲ誤解シタルニ坐スルノミ稍〻政

體論ニ涉ルノ恐レナキニアラサレトモ立法ヲ以テ法律ノ一淵源ト爲スコトヲ說明スルニハ亦無益ノ事ニアラサルヲ以テ今マ其ノ大意ヲ左ニ說明スヘシ
布告ハ國家ノ意思ヲ布クモノニシテ單ニ國君ノ意思トハ異ナレリ而シテ代議政體ノ國ニ於キテハ國君ノ意思ハ法律即チ憲法上ニ定メタル機關(代議院)ニ由リテ顯ハレタル人民ノ意思ト相合スルニアラサレハ國家ノ意思即チ法律トナルコトヲ得サルモノナリ是ヲ以テ代議士ノ資格ハ(第一)人民ノ全體ヲ代表スルモノニシテ國家ヲ代表スルモノニアラス故ニ代議士タルモノハ直接ニ外國ニ對スル權力及ヒ人民ニ對スル權力ヲ有セス其位地ハ殆ント純然タル人民ト異ナル所ナシ(第二)代議士ハ人民ノ全體ヲ代表スル

モノナルカ故ニ唯タ其ノ撰擧區一地方ノ意見ヲ顯ハスヘキモノニアラスシテ人民全體ノ意見ヲ顯ハスヘキタリ由是觀之代議士ハ決シテ布告ヲ制定スル人即チ立法者ナルニアラサルヲ以テ代議院ニ於テ法律ノ實物ヲ評決シ國王之レニ制裁ヲ附シタルモノニ非ラサレハ法律ト云フヲ得サルナリ

嘗テモンテスキユー氏ノ主唱セル三權分立説ニ依レハ立法司法行政ノ三權ハ相分立シ鼎足ノ有樣ヲ爲スヘキモノナリト云フニ在リ是レ實ニ誤謬ノ論ナリト謂ハサルヲ得ス抑〻國家ノ事務タル千緒萬端頗ル錯雜スルモノアルニ由リ其ノ事務ヲ分割セサルヘカラサルニ至レルハ自然ノ勢ナリ是レ則チ立法司法行政ノ相分ル丶所以ニシテ分立ハ則

ヲ分立ナルヘシト雖トモ只タ其ノ事務ヲ分割シタルモノニシテ國家ノ權力ヲ分チタルモノニアラサルナリ今マ此ノ三權分立說ヲシテ假リニ是ナリトセハ代議院ヲ以テ立法即チ布告ヲ頒布スルノ權力ヲ有スルモノト爲サヽルヲ得サルヘシ左レトモ代議政體ノ國ニ在リテ代議院ハ主權者ト分離獨立シテ法律ヲ頒布スルコト能ハサルハ已ニ前ニ述フルカ如クニシテ縱令ヘ代議院ノ議決ト雖モ國王之レニ制裁ヲ附セサル間ハ決シテ法律タルコトヲ得ス故ニ代議士ヲ以テ立法權ヲ有スルモノト爲スコトヲ得サルナリ又タ三權分立說ニ從フトキハ制裁ナキ法律モ尙ホ之レヲ眞正ノ法律ナリトセサルヲ得ス如何トナレハ今マ假リニ代議院ハ立法權ヲ有スルヲ以テ直チニ法律ヲ頒布シ得

ルモノトセハ其ノ法律ハ未タ主權者ノ制裁ヲ附セサルモノナレハナリ顧フニ三權分立ノ說ハモンテスキュー氏カ英國ノ政體ヲ目擊シテ始メテ主唱シタルモノナレトモ英國ノ政體ヲ目シテ三權分立ノモノナリトスルニ至リテハ實ニ皮相ノ見タルヲ免レサルモノト謂フヘシ今マ英國ノ三權分立ニアラサル證ヲ擧クレハ第一議院ハ立法ノ事務ノミナラス尙ホ行政ノ事ヲ兼子且ツ代議院獨リ立法ノ權ヲ有スルニアラサルヲ以テ必ラス君主ノ制裁ヲ要セサルヲ得ス第二上院ハ即チ上等裁判所タルモノニシテ司法ヲ掌ルコトアリ且ツ治安判事ハ過半行政及ヒ警察事務ヲ兼ヌル者ナリ以テ英國ノ三權分立ニアラサルヲ知ルヘキナリ」

右論スル所ニ依テ考フルトキハ代議院ノ事務ハ唯タ法律

ノ淵源ニシテ決シテ法律自身ニアラサルヲ知ルニ難カラサルヘシ

以上數種ノ者ヲ以テ法律ノ淵源トス而シテ此等ノ淵源ニシテ主權者之レニ制裁ヲ附スルアレハ則チ法律タルコトヲ得ヘキモノニシテ必ラスシモ主權者ノ命令ヲ要スヘキモノニアラサルナリ

第六章　法律ノ目的

法律ノ目的ハ果シテ如何ト云ヘル問題ニ至リテハ其ノ之レヲ論スル學士甚タ多ク甲論シ乙駁シ殆ント其ノ歸着スル所ヲ知ル能ハス然レトモ今マ此ノ等ノ諸說ヲ大別スレハ二種ニ過キス則チ第一種ハ法律ノ目的ハ單ニ自由ヲ制

限。スルニ在リトスルモノニシテ第二種ニ在リテハ法律ハ單ニ自由ヲ制限スルノミナラス尚ホ他ニ高尚ノ目的アリトスルモノナリ今マ第一種ノ説ヲ取ル學士ノ説一二ヲ茲ニ擧クレハ

ホッブス氏曰ク法律ハ各人各個天賦ノ自由ヲ制限シテ相害シ相侵スコトナク相助ケ相協同シテ公敵ヲ防クモノナリ

カント氏曰ク法律ハ一般自由ノ法則ニ從ヒ一人ノ自由ノ意思ト他人ノ自由ノ意思ト相一致セシムヘキ諸條件ノ全體ナリ

サビニー氏曰ク法律ハ各人各個ノ存在及ヒ發動力ノ安全ニシテ且ツ其ノ自由ナル作用ヲ全フシ得ヘキ無形ノ

境界ヲ一定スルモノナリ
此等諸氏ノ説タル簡單ニ之レヲ言ヘハ法律ハ自由ヲ制限スルニ在リトスルモノナレトモ其ノ定義ヲ下スヤ單ニ消極ヨリ之レヲ論スルモノニシテ積極ヨリ之レヲ説キタルモノアルヲ見ス且ツカント派ノ學者カ唱フル定義ハ唯タ各人各個ノ關係ヲ規定スル規則ニノミ適合スヘキモノニシテ頗ル狹隘ニ失スルモノト評セサルヲ得ス又タ第二種ノ説ヲ取ル學士ノ唱フル所ヲ擧クレハ
クローズ、アーレンス諸派ノ學士曰ク法律ハ各人各個及ヒ社會ノ最モ高等ナル幸福ヲ得ルニ必要ナル權力ニシテ此權力ヲ適用スルカ爲メ必要ナル組織ハ國家ナリ
ベンタム氏曰ク法律ノ目的ハ最多數人民カ最大幸福ヲ

享受スルニ在リ

右ノ如ク諸學士各意見ヲ異ニシ其ノ是非ノ判斷ハ容易ニ之レヲ下シ難シト雖モ是等ハ法理學ノ範圍内ニ於キテ講究スヘキ問題ニアラス法理學上ニ於キテハ法律ノ最近ナル目的ハ法律上ノ權利ヲ創定シ及ヒ之レヲ保護スルニ在リトス

第七章　權利

權利トハ道德上又ハ法律上ニ用フル語ニシテ先ツ一般ニ之レカ定義ヲ下ストキハ「權利ハ一己ノ力ヲ用ヒス社會ノ與論若クハ權力ノ手段ニ由リ一個人カ他人ノ行爲ヲ左右シ得ヘキ能力ナリ」ト云フコトヲ得ヘシ然レトモ法律上ニ

於ケル權利ハ稍之レト其ノ定義ヲ異ニセリ今茲ニ之レカ定義ヲ下サンニ法律上ニ所謂ル權利トハ「國家ノ承諾ト助力トニ依リテ他人ノ行爲ヲ左右シ得ヘキ能力」ヲ云フモノニシテ彼ノ國家ノ承諾ト助力トニ依ラスシテ單ニ自己一個ノ力ヲ以テ他人ノ行爲ヲ左右スルカ如キハ一個人ノ權力ト謂フヘキモノニシテ決シテ法律上ノ權利ニアラサルモノナリトス而シテ輿論ノ働キニ依リテ他人ノ行爲ヲ左右スルモノハ道德上ノ權利ナリ又タ神ノ威力能ク人ノ行爲ヲ左右スルカ如キハ宗敎上ニ屬スルモノニシテ共ニ法律上ノ權利ニハアラサルナリ之レテ要スルニ主權者ノ承諾ト助力トニ依リテ他人ノ行爲ヲ左右スル所ノ能力ニシテ始メテ法律上ノ權利ナリト謂フコトヲ得ヘキナリ

右ハホルランド氏所論ノ要領ヲ述ヘタルモノニシテ其言甚タ簡單ナリト雖モ亦敢テ妥當ヲ失スルノ論トスヘカラサルカ如シ古來權利ノ定義ヲ下ス者甚タ多ク學者各〻其意見ヲ異ニシ甲是乙非未タ遽カニ判斷シ易カラス請フ今マ其ノ著明ナル說一二ヲ擧ケテ之レヲ論評セン

獨逸ノ哲學者カント氏曰ク「權利トハ強迫スヘキ能力ナリ」ト此說ハ稍〻廣漠ニ失スルノ譏リヲ免レサルモノヽ如シ又タ近世有名ナル法律學者イエリング氏曰ク「權利ハ法律ノ保護シタル利益ナリ」ト今ヤ此兩氏ノ說ヲ取テホルランド氏ノ說ニ比照スレハ其間大ニ庭徑アルヲ知ルヘシ是レ畢竟イエリング氏ノ如キハ主トシテ社會學ノ點ヨリ其ノ意見ヲ立テホルランド氏ハ專ラ法律外形上ヨリ其ノ說ヲ爲

シタルカ故ノミ其論旨互ニ相異ル所アリト雖モ共ニ未タ深ク非難スヘキモノニアラサルヘシ如何トナレハ一ハ社會學ヲ主トシ一ハ外形ノ法律學ヲ主トシ各〻其ノ論據ヲ異ニスレハナリ而シテ社會學ノ原理ヨリシテ權利ノ定義ヲ下シタルモノハ未タ英國ニ於キテハ見サル所ナリト雖モ余ハ社會學ノ原理ヨリ觀察ヲ下シテ其ノ定義ヲ索ムルモノヲ以テ最モ完全ナルモノト思惟セリ彼ノオースチン氏ノ所説ノ如キハ前ニモ屢〻論シタルカ如ク最早今日ニ至リテハ稍〻陳腐ノ説トナリタレトモ同氏カ「法律ハ主權者ノ命令ナリ」ト云ヘル説ニ從ヘハ法律ハ唯タ義務ヲ作爲スルノミニシテ權利ヲ作爲スルモノニアラスト爲サヽルヲ得サルヘシ故ニオースチン派ノ學者例令ヘハテリー氏ノ如キ

法理ヲ講スルニ當リテ義務ヲ先キニシ權利ヲ後ニセサルヘカラサル誤謬ノ域ニ陷リテ遂ニ自ラ之レヲ脫出スルコト能ハサルニ至レリ之レニ反シテホルランド氏ノ說ク所ハ先ツ權利ノ何物タルカヲ論シ而ル後チ義務ニ及ホシ權利ト義務ハ倂存シテ偏廢スヘカラサルモノトセリ又タオースチン派ノ說ニ據レハ權利義務未タ必シモ倂存セサルコトヲ得ヘシサレハ此派ノ學者ニ於キテハ權利義務ノ關係ヲ二ニ分チ權利義務兩ナカラ存スル者（即チ民法ノ如キモノ）ヲ對立ト云ヒ權利存セスシテ獨リ義務ノミ存スル者（即チ刑法ノ如キモノ）ヲ孤立ト稱セリ由是觀之オースチン派ノ學者ニ於キテハ權利義務ヲ以テ必ラスシモ倂存スヘキモノト爲サヽルヤ知ルヘキノミ其ノ說ノ謬妄ナル固ヨ

リ縷々ノ言ヲ待タスシテ明カナリ殊ニ其ノ法理ヲ講スルヤ義務ヲ先キニシ權利ヲ後チニシタルニ至リテハ其ノ順序ヲ失スルモノト謂ハサルヘカラスホルランド氏カ先ッ權利ヲ論シ而ル後チ義務ニ及ホシタルハ其當ヲ得タルモノト謂フヘキナリ

第八章　權利ノ分拆

權利ハ之レヲ分拆スレハ其ノ原素四個アリ即チ權利者、權利ノ目的物、事實（行爲又ハ避止等ノ別アリ後段ニ詳カナリ）義務者、是レナリ今マ一例ヲ擧ケテ此四者ヲ説明セン玆ニ一父（甲）アリ其ノ娘（乙）ニ物品ヲ贈與センカ爲メ其ノ事ヲ財産管理者ニ遺囑シタリトセンカ此ノ場合ニ於キテハ乙ハ權利者ニシテ贈與ノ物品ハ即チ權利ノ目的物ナリ而シテ其ノ財產管理者ハ物品ヲ乙ニ引渡スヘキ義務者ニシテ其ノ引渡シハ事實即チ行爲ニ外ナラサルモノトス右ノ一例ニ據リテ權利ニハ四個ノ原素アルコトヲ知ルニ足ルヘシ夫レ如斯ク權利ニハ四個ノ原素アリト雖モ必ラス此ノ四個ノ原素ヲ具備スルニアラサレハ權利タルコトヲ得スト云フニアラス故ニ權利ニハ其ノ目的物ナキコト亦尠カラス設令ヘハ甲者アリ乙者ノ奴隸ト爲ルカ如キハ其ノ一例ニシテ甲乙二者ノ間曾テ權利ノ目的物アラサルナリ又タ此四個ノ原素各〻異ナルニ從テ權利ノ種類モ亦タ異ナラサルヘカラス權利ノ種類異ナルニ從テ法律ノ區別モ亦タ異ナルヘキモノナリトス是ヲ以テ家屋土地ヲ質ニ

入ル、場合ニハ不動產法之レヲ支配スヘシト雖モ若シ之ヲシテ物品ナラシメンヤ動產ノ法律之レヲ支配スヘシ若シ將タ物品ノ賣買ナランヤ即チ賣買法ニ依遵スヘキモノナリトス是ニ由テ之レヲ觀レハ四個ノ原素各々異ナルニ從テ權利ノ種類ヲ異ニシ權利ノ種類ヲ異ニスルニ從テ其ノ法律ノ區別ヲ異ニスルコトヲ知ルヘキナリ

カク權利ハ人、物、事實、ナル三要件ヲ有スルモノナルヲ以テ權利ノ果シテ如何ナル者タルヤヲ了解セント欲セハ先ツ此三要件ヲ詳悉セサルヘカラス而シテ此要件タル人、物、事實、トハ果シテ如何ナルモノヲ云フヤ之レヲ說明スルニハ自ラ詳密ノ論ニ涉ラサルヲ得ス故ニ左ニ講述スル所或ハ諸君ノ意ニ貫徹シ易カラサルコトモアランヲ請フ是レヨリ

此三要件ヲ詳說セン若シ明瞭ナラサル所アラハ質議アラ
ンコトヲ

第一、人。 獨逸ノサビニー氏曰ク「人ハ權利ノ主體ナリ」(即チ權利ヲ有シ得ヘキ者)ト此說タル偏ク歐洲各國ハ行ハルヽモノナリト雖モ稍々狹隘ノ意義タルヲ免レサルヲ以テホルランド氏ハ「人ハ權利義務ノ主體ナリ」ト云ヘル說ヲ可トスルモノヽ如シ然リト雖モ此說タル敢テ新奇ノ說ニアラス唯タサビニー氏ノ腦裏ヨリ出タル說ヲ粉飾シタルニ過キサルモノト云フモ亦不可ナカルヘシ

抑法律上ニ於キテハ人ヲ分チテ二種トナス(第一)天然上ノ人(第二)無形人是レナリ而シテ天然上ノ人ト爲スヘキモノハ左ノ二要件ヲ具備スヘキモノトス

（甲）生活スル所ノ人類タル事

（乙）法律上ニ於キテ人類ト認定シタル事

右ノ二要件ヲ具備スルモノニシテ始メテ天然上ノ人タルコトヲ得ヘキモノトス故ニ分娩ノ時既ニ死シタル小兒ノ如キ者或ハ法律上ニ於キテ人類ト認定スヘカラサルモノハ決シテ天然上ノ人ト爲スコトヲ得サルナリ然レ𪜈目的ト場合トノ如何ニヨリテハ未タ胎内ニアル小兒モ尙ホ之レヲ一個人ト見做スコトナキニアラス設令ヘハ遺囑ニ依リ胎内ノ小兒ニ物品ヲ贈與スル時ノ如キ例外ノ場合アリ而シテ古昔歐米諸國ニ於キテ其數甚タ多カリシ奴隷ノ如キハ法律上ニテ天然ノ人ト認メサルモノトナシタリ又タ准死人若シクハ世ヲ遁レテ寺院ニ身ヲ投シタル僧侶ノ如

キモ亦タ法律上天然ノ人ト認メサルコトアリ要スルニ右二種ノ要件ヲ具有スルモノニシテ始メテ天然上ノ一個人タルノ資格ヲ有スルモノト知ルヘキナリ

無形人トハ法律上ニ於キテ權利義務ヲ有スヘキ者ト認メタル多少ノ人類若シクハ物ノ團結ヲ云フモノナリ例令ヘハ國家、敎會、其他多數人類ノ一體ヲ爲セルモノハ皆ナ無形人ト見做スヘシ然レトモ無形人トハ唯タ人類ノ結合シタル一體ヲ云フノミナラス財産モ亦場合ニヨリテハ之レヲ認メテ無形人ト爲スコトアリ設令ヘハ所有主已ニ死亡シ未タ分配ヲ終ラサル遺囑ノ財産ニ關シテ其ノ管理人未タ定マラサルニ當リ訴訟ヲ起サントスルハ直チニ其ノ財産ニ對シテ訴訟ヲ提起セサルヲ得ス斯ル場合ニハ則チ財産ヲ以テ一個ノ無形人ト見做スモノナリ又タ身代限者ノ財産ニ對シテ訴訟ヲ提起スル時ノ如キモ亦タ之レト異ナル所ナシ是等ハ唯タ法律上ノ理論ニ於キテ無形人ト見做スヘキノミナラス實際上ニ於キテ是非無形人ト見做サヽルヲ得サルモノナリトス彼ノ船舶ノ如キモ亦タ目的ノ如何ニ由リテハ一個人ト見做スヘキモノニシテ英國ニ在リテハ船舶ニ關シ訴訟ヲ提起スル場合ニハ船長タル人ニ對シテ訴フルコトヲ爲ス直チニ某號ナル船舶自身ニ對シテ起訴スヘキモノトセリ

左レハ無形人ノ成立ニ必要ナルモノハ多數人若クハ物ノ一團結タルコト法律上一個人タル資格ヲ賦與シタルコトノ二要件ナリトス然レトモ余ノ見ヲ以テスレハ之レト全

ク相反シテ一個人ヲ以テ會社ト見做スノ場合ナキニアラス設令ヘハ「國王死セス」ト云ヘル格言ハ國王ナル一個人ヲ以テ一會社ト見做シタルモノニシテ英國ノ會社法ニ於キテハ會社ヲ大別シテ單一、複合ノ二種トナシ會社ヲ以テ必シモ多數人タルコトヲ要スヘキ者トセス英王ノ如キ一個人ニシテ尙ホ一會社タルノ資格ヲ有スルカ如シ然レトモ斯ル場合ハ獨リ英王ノミニ止マラス一般主權者ニモ亦應用シ得ヘキモノナレトモ此格言ノ本旨ハ法律上ニ格別ノ關係ナキモノニシテ只タ政體上ニ於キテ英國ハ萬世王國ニシテ決シテ共和民主政體ニ變スルコトナシト云ヘル意義ヲ以テ此格言ノ最モ味アル所トスルノミ

若シ夫レ無形人ノ消滅スル原因ニ至リテハ今マ之レヲ詳

論セスト雖氏會社全ク其ノ組織ヲ變更シタルカ、又ハ主權者ノ命令ニ由リテ之レヲ開散セシムル等ハ即チ會社ノ消滅スル原因ニシテ是等ハ宜シク會社法ニ於キテ論スヘキモノナレハ其ノ詳カナルハ他日ニ讓リ茲ニ之レヲ詳説セス

上來陳述スル所ニ依リテ法律上ニハ天然上ノ人及ヒ無形人ノ別アルコト并ヒニ此二者ノ如何ナルモノタルカハ已ニ瞭明ナラン唯タ此ニ注意スヘキ一事ハ即チ無形人ハ法律各自ノ目的ニ由リテ未タ必シモ一定ノモノニアラサル事是レナリ設令ヘハ甲ノ法律ニ於キテハ無形人ト見做ス者モ乙ノ法律ニ在リテハ之レヲ無形人ト見做サヽルコトアリ故ニ民法ニ於キテハ會社等ノ無形人ヲ認了スレトモ

刑法上ニ於キテハ一般無形人ヲ以テ其ノ刑罰ヲ施スヘキ物體ナリト見做スコトナシ

法理學講義 第三回

法學士 江木衷講述
和田經重筆記

第八章 權利ノ分拆(承前)

前回ニ於テ權利ノ分拆ヲ講述スルニ當リ權利ニハ三個ノ要件アルコトヲ述ヘ且ツ此ノ三個ノ要件トハ人、物、事實ノ三者ヲ指スモノニシテ人ニハ天然上ノ人、無形ノ人等ノ區別アルコト及ヒ之レニ關スル事項ノ大要ヲ説キ以テ人ノ解義ヲ終ヘタリ依テ本回ニハ先ツ物ヨリ説キ起シテ而ル後チ事實ノコトニ論及スヘシ

第二、物《シング》。 人トハ則チ權利ノ主体ヲ云ヒ物トハ則チ權利ノ客体ヲ云フモノニシテ人ト物トハ主客ノ位地ヲ爲シ以テ權利ノ要件トナルモノナリ故ニ物トハ權利ノ客体即チ物

体ニシテ法律上一個人ノ權利ヲ執行シ得ヘキ目的物ヲ指スモノトス今マ此意ヲ以テ物ヲ大別スレハ凡ソ二類ニ歸スヘシ二類トハ即チ有形物無形物是レナリ有形物トハ動植物ヨリ家屋器具等皆之レヲ總稱スルモノニシテ只タ人類ヲ加ヘサルノミ又タ無形物トハ專賣免許、商標、版權、得意先キ等ヲ云フモノニシテ之レヲ汎稱スルトキハ利益ノ一体ヲ云フモノナリトス素ト專賣免許、商標等ノ如キハ一種ノ權利ナレトモ法理上ニ於キテハ皆之レヲ無形物トナスモノナリ今マ全ク法理學ノ範圍ヲ離レテ一般ニ云フトキハ無形物ハ決シテ有リ得ヘキモノニアラスト雖トモ法理上斯ク有形無形ノ區別ヲ設クルヲ以テ大ニ便益アリトスル點ヨリシテ已ムヲ得ス各種ノ權利又ハ多少ノ集合物等ヲ無形物ト見做スモノト知ルヘシ今マ物ヲ講述スルニ(第一)有形物ノ定義(第二)物ノ區分(第三)物ノ分割性、ノ三段ニ分チテ説明スヘシ

(第一)有形物ノ定義　有形物(即チ眞ノ物)トハ人ノ感覺ニ變動ヲ與ヘサル外形ノ原因ナリ此ノ定義ヲ明カニ解説センニハ心理學上ノ理論ニ由リテ之レヲ説クニアラサレハ充分之レヲ氷解スルコト能ハサルヘシト雖モ是等ハ法理學ノ區域ヲ離レテ寧ロ哲學ノ範圍内ニ屬スルヲ以テ敢テ之レカ詳論ニ渉ルコトヲ爲サヽルヘシ只タ法理學ニ於キテハ物トハ外形ノ感覺機能ニ由リテ覺知シ得ヘキ原因物ニシテオースチン氏ノ云ヘルカ如ク五官ニ觸ルヽコト再三再四幾回ニ及フモ變動アルコトナク常ニ同一同体ナリト

覺知シ得ヘキモノハ即チ物ト稱スルモノナリ故ニ一時經過ノモノニシテ其ノ之レニ接スル毎ニ異樣ノ感覺ヲ惹キ起スモノハ出來事《エブント》(事爲)又ハ行爲《アクト》ナリトスサレハ物ト云フ𪜈ハ必ラス異樣ノ感覺ヲ與フル行爲又ハ出來事ト區別アルコトヲ注意セサルヘカラス今マ定義ノ詳論ハ暫ク茲ニ措キ先ツ右ノ定義ヲ以テ法理上一般ノ定義ナリト知ルヲ以テ足レリトス可シ只タ茲ニ法理上緊要ナル問題ハ物ノ種類ノ同一トハ果シテ如何、一個ノ物トハ果シテ如何ト云ヘルコト是レナリ今マ之レヲ說カン

(甲)種類ノ同一　二個以上ノ物アル𪜈彼ノ物ト此ノ物トハ果シテ種類ヲ同フスヘキヤ否ヤ殆ント之レヲ辨別スルニ苦ムコト往々少カラス而シテ此ノ辨別ニ關シテハ物品ノ

賣買其ノ他物品ニ關スル契約等ヨリ爭論ヲ釀スコトアルハ人ノ能ク知ル所ナリ設令ヘハ某種ノ酒若干ヲ賣買スルコトヲ契約シ甲者一種ノ酒ヲ乙者ニ交付セントスルニ乙者ハ之レヲ拒ムニ契約シタル種類ノ酒ニアラサル旨ヲ以テスルカ如キハ即チ種類ノ異同ニ付テ爭議ヲ生シタルモノナレハカヽル場合ニハ先ツ其ノ酒ハ果シテ甲乙兩人ノ契約シタル酒ナリヤ否ヤヲ判定セサルヘカラス若シ其ノ酒ヲ以テ契約ノ酒ト同一ノモノニアラスト判定シタル片ハ契約者ノ一方ハ全ク其ノ酒ニ承諾ナキモノニシテ其ノ契約ハ無効ノモノトナルヘシ故ニ種類ノ異同ヲ辨識スルコト甚タ緊要ナリトスミル氏ハ其ノ著書論理法ニ於テ通常世人ノ區別セル物ノ類別ハ甚タ粗漏ノモノニシテ決シ

テ眞ノ類別トナスヘキモノニアラサルコトヲ論シタリ今マ其大意ヲ擧クレハ世人カ物ノ類別ヲ爲スハ只タ其ノ相類似セル一點ヲ取リテ之レカ區別ヲ立ツルカ故ニ極メテ粗漏ノ類別タルヲ免レス例令ヘハ世人ハ白キ物赤キ物等種々ノ類別ヲ爲スヲ常トスレトモ是レ只タ色ノ一點ノミヲ以テ其ノ區別ヲ爲シタルモノナルヲ以テ色ノ一點ハ能ク相類似スヘシト雖𪜈其ノ他ノ諸點ニ至リテハ毫モ類似スル所ナキモノ甚タ多シ故ニ白キ紙ト白キ馬トハ其ノ色ノ一點ヨリ見ル𪜊ハ同一ナルカ如キモ其ノ他ノ諸點ニ至リテハ全ク殊別ニ屬スルヲ免カレスサレハ只タ其ノ類似スル一點ヲ取リテ物ノ類別ヲ爲ス𪜊ハカヽル粗漏ノ區別ニ陷リ許多ノ異ナル點ヲ皆無ニ歸スルニ至ルヘシ通常世

ハノ爲セル類別法ハ概チ此ノ類ニシテ眞個ノ物ノ類別チ誤ルコト比々皆ナ然ラサルハナシ是チ以テ眞個ノ類別チナサンニハ許多ノ相類似スル點チ總合シテ之レカ區別チ立テサルヘカラス設令ヘハ某物チ取リテ硫黃ト類別チ爲サントセハ金屬ナリヤ否ヤ燃質物ナリヤ否ヤ其ノ異重ハ何程其ノ之レチ鎔解スルノ熱度ハ幾度ナリヤ是等ノ諸點チ比照シ其ノ相類似スル諸點チ總合シテ之レチ定メサルヘカラス」トカヽル類別法ハ固ヨリ其ノ正確ノモノタルハ疑フヘキニアラスト雖モ汎ク一般ノ適用ニ可ナルモノニシテ法律上ニ於キテハ必シモ此ノ類別法ニ從フコト能ハサルモノアリ如何トナレハミル氏ノ類別法ニ從フトキハ一丈五尺ノ杉板ト一丈四尺ノ杉板トハ其ノ性質相類似スル

點多キヲ以テ同一種ノ物ト爲スコトヲ得ヘシト雖モ賣買ノ契約ニ於キテ一丈五尺ノ板ニ代フルニ一丈四尺ノ板ヲ以テスルアラハ決シテ之レヲ契約ニ違ハサルモノナリト謂フコトヲ得サルヘシ言ヲ換ヘテ之ヲ云ヘハ一丈五尺ノ板ト一丈四尺ノ板トハ決シテ之ヲ認メテ同一物トナスヲ得サルナリ於是乎ミル氏ノ類別法ハ一般適用ノモノニシテ特別ナル法律上ニハ之レヲ適用スルコト能ハサルヲ知ルヘシ畢竟スルニ法律ニ於キテハ一種法律上ノ類別ヲ爲シ其ノ之レヲ定ムルヤ塲合ト目的ノ如何ニ由リテ之レヲ決定セサルヘカラス而シテ此ノ類別ハ法理ヲ以テ定ムヘキモノニシテ決シテ論理法ニ由リテ之レカ類別ヲ定ムヘキモノニアラサルナリ

(乙)一箇物トハ何ソ　茲ニ一物体アリ此物ハ果シテ一箇物ナル乎將タ二箇以上ノ物ナル乎之レヲ判別スルコト甚タ緊要ナリ如何ントナレハ法律上其ノ判定ノ如何ニ由リテ大ニ其ノ結果ヲ異ニスレハナリ設令ヘハ今マ酒一樽ヲ預リタル人アリトセン而シテ此ノ預リ人カ一樽ノ幾分ヲ消費シタル場合ニ於テハ一樽ノ酒ヲ以テ一個物トスヘキカ將タ否ラサルモノトスヘキ乎若シ之レヲ以テ一個物ナリトセハ預リ人ハ全樽ノ價ヲ償フテ其ノ殘餘ヲ受取ルヿヲ得ヘク又之レニ反シテ一個物ニアラストセハ預リ人ハ只タ其ノ消費シタル部分ノ價ヲ償フテ其殘餘ヲ本主ニ返附セサルヘカラス是ニ由テ見レハ一物体ヲ以テ一箇物トナスト否ラサルモノトスルノ別ニ由テ大ニ其ノ結果ヲ異ニ

スルコトアルヲ知ルヘシ然リ而シテ此ノ區別ヲ一定スルコト頗ル至難ナルモノニシテ彼ノ博物學ニ於テ動物ト植物ノ區別スラ容易ニ之レヲ辨識スルコト能ハサルモノ往往少ナカラサルハ屢々聞ク所ナリ又經濟學ニ於キテモ有益ノ消費、無益ノ消費、有益ノ勞力、無益ノ勞力等ノ區別ヲ立ツレトモ其詳細ノ點ニ至リテハ未タ以テ明瞭ノ區別トナスコト能ハス物理學ノ如キモ亦然リ物理學ノ光論ニ於テ日光七色ノ區別中青黃赤等ノ別ハ稍々明瞭ナルヘシト雖モ七色ノ中間ニアル青色ニシテ青色ニアラサルカ如ク赤色ニシテ赤色ニアラサルカ如キモノニ至リテハ其ノ何色ニ屬スヘキヤ何人ト雖モ分明ニ之レヲ指示スルコト能ハサルナリ之レト同一理ニシテ法理學ニ於ケル物ノ區別モ亦此ノ如キヲ免レス故ニ今マ之レカ一定ノ區別ヲ設ケントスルニハ豫シメ汎然廣漠ナル區別ヲ定メ置クヘキ平將タ場合々々ニ臨ミテ適當ノ區別ヲ爲スカノ二途ニ出テサルヲ得ス彼ノ博物學等ニ於キテハ必シモ豫メ精密ノ區別ヲ要スヘキモノニアラス其故何トナレハ動植等萬般ノ物類タル其ノ形狀ト本性ヲ知ルニハ必ラス豫定ノ區別ニ由リテ始メテ之レヲ知ルヘキモノニアラサレハナリ設令ヘハ「ヅアート」ハ「スポンジ」(海綿)ノ種類ニ屬スルヤ否ヤ水素ハ金屬ナルヤ將タ非金屬ナルヤ是等ノ區別明カナルニアラサレハ「ヅアート」ト水素ノ何物タルヲ知ルコト能ハサルモノニアラスサレハ此二物ノ形狀ト本性ヲ知ルニハ未タ必シモ豫シメ其種類ノ區別ヲ立ツルコトヲ必要トセサルナ

リ然レ𪜈法律ニ於キテハ一ニ是等ノ區別ニ由テ判決ヲ異ニスルモノナレハ其ノ區別ヲ判斷スルハ極メテ重要ノ事項ト謂フヘシ然ラハ其ノ區別ヲ立ツルコト如何スヘキヤ豫シメ精密ノ區別ヲ設ケ此ハ一箇物ナリ彼レハ否ラスト一々品質ト場合トヲ明示セン乎如此ハ事極メテ煩雜紛擾ニ渉ルノミナラス決シテ萬般ノ場合ヲ網羅シ得ヘカラサルヲ以テ到底行ハルヘキモノニアラス是ヲ以テ是等ノ區別ヲ判斷スルハ先ツ場合々々ノ目的ニ由リテ之レヲ定ムルヨリ外ナシ即チ口上ノ陳述又ハ書面ニ記シタル場合ニ在リテハ解釋法ニ由リテ之レヲ判斷シ或ハ雙方ノ意思ヲ推定シ或ハ其ノ土地ノ習慣古例等ヨリ推測ヲ下シテ之レヲ定ムルヨリ外ナシ其ノ之レヲ爲スコト如此クスルモ實

際上敢テ甚シキ不都合ヲ見サルヘシ如何トナレハ法律上ノ争論ハ幸ニシテ特別ナル場合ニ生スルヲ常トスルヲ以テ豫シメ空漠ナル區別ヲ立テ之レニ拘泥スルヨリハ寧ロ其ノ場合々々ニ由リテ判定ヲ爲ストキハ極メテ事實ニ適切ナル判斷ヲ得ヘキカ故ナリ

（第二）物ノ區分、物ノ區分異ナルトキハ之レヲ支配スル法律ヲ異ニシ且ツ契約等ニ於キテハ大ニ其ノ效果ニ差等ヲ生スルモノナレハ物ノ區分ヲ明カニスルコト亦之レヲ忽カセニスヘカラス而シテ此ノ區分ハ或ハ物自身ノ性質ニ因リ或ハ法律上ノ結果ニ因リ或ハ使用ノ點等ニ因リテ之レカ區別ヲ立ツルモノトス今マ其ノ區分ノ重要ナルモノヲ擧クレハ左ノ如シ

(甲)動産、不動産、　此ノ區別ハ全ク物ノ性質ニ因リテ設ケタルモノニシテ動産トハ其ノ現在占ムル所ノ地位ヲ變換スルコトアルモ其ノ性質ニ著シキ變化ヲ與ヘサルモノヲ云ヒ不動産トハ其ノ現ニ占ムル位地ヲ變換スヘカラサル者カ若クハ其ノ位地ヲ變換シ得ルモ地位變換ノ爲メ其ノ性質上ニ重モナル變化ヲ與フヘキモノヲ云フ設令ヘハ田園家屋ハ不動産ニシテ瓦、柱ハ動産ニ屬スルモノトス故ニ家屋ニシテ瓦又ハ柱ヲ欠クコトアルモ家屋タルノ性質ヲ失ハサル限リハ不動産タルヘク又タ瓦、柱ニシテ少シク損傷シタル所アリトスルモ瓦、柱タルノ性質ヲ失フ程ニ至ラサル間ハ之レヲ動産トスヘキナリ尚ホ其ノ詳細ナルコトハ財産ヲ論スル時ニ讓ラン

(乙)賣買シ得ヘキ物、賣買シ得ヘカラサル物、此ノ區別ハ一ニ法律上ノ結果ヨリ區別シタルモノナリ故ニ法律ニ於キテ禁制スル所ナク且ツ賣買ヲ爲スニ適合セル物ハ皆ナ賣買スヘキモノニシテ其ノ賣買シ得ヘカラサル物トハ古代ニ在リテ賣買ヲ禁セラレタル神佛ノ肖像ノ如キモノニシテ現ニ今日ニ在リテモ法律上ノ規定ニ由リテ賣買シ得ヘカラサル物アルハ人々ノ能ク知ル所ナルヘシ

(丙)主タル物、從タル物、此ノ區別ハ重モニ其ノ物ノ性質ニ因リテ之レヲ區別スヘキモノトス設令ヘハ一種ノ織物ニ山水ノ圖ヲ畫キタルモノアランニハ其ノ織物ヲ以テ主タル物トス可キカ將タ山水ノ圖ヲ以テ主タル物トスヘキカ此ノ場合ニ於キテ山水ノ圖ヲシテ最モ有名ナル畫家ノ畫

ク所ニシテ容易ニ得難キ畫幅ナラシメハ山水ノ圖ヲ主タル物トナスヘク之レニ反シテ其ノ圖畫ハ普通ノモノナレトモ其ノ織物ハ極メテ奇巧精緻ノモノニシテ其價モ亦高貴ナリトセハ織物ヲ以テ主タル物トシ圖畫ヲ以テ從タル物トスルカ如シ

(丁)消費物、非消費物、　此ノ區別ハ主トシテ使用上ノ結果ニ因リテ區別シタルモノナリ抑モ消費トハ一般ニ之レヲ解釋スレハ物体ノ變形ヲ云フモノナリトス凡ソ物ハ之レヲ使用スレハ多少消費(變形)セサルハナシ彼ノ田園ノ如キハ農作ニ用フルモ嘗テ消費セサルカ如シト雖モ之レニ植附ケタル植物、土中ニ存スル所ノ滋養分ヲ吸收スル等ノコトアリテ極メテ些少トハ雖モ其ノ土地ニ一ノ變狀ヲ與フルモノナレハ田園モ亦タ消費スルモノト謂ハサルヲ得ス然レトモ法律上ニ於キテ消費物、非消費物ノ區別ハ消費セサレハ少シモ用《ユーズ》ヲ爲サヽル物ト使用ニ因リテ偶然消費スル物トノ別ヲ顯ハスニ過キス設令ヘハ飲食物ハ之レヲ消費セサレハ少シモ其用ヲ爲サヽルカ故ニ之レヲ消費物トシ之レニ反シテ蒸汽機關ノ如キハ之レヲ使用スレハ漸次ニ消費スル所アルヘシト雖モ其ノ消費小。ニシテ其ノ用却テ大。ナリ故ニ如此種類ニ屬スル物ハ凡テ非消費物トスヘキナリ

(戊)代表物、不代表物、　此ノ區別ハ法律上、物ト權利ノ關係又ハ物ト義務ノ關係ヲ基トシテ分チタルモノナリ代表物トハ同種類ヲ以テ之レニ代フルコトヲ得ヘキ物ナリ設令ヘ

ハ余米一升ヲ他人ヨリ借リタリトセハ之レヲ返却スルニハ現ニ借リタル同一ノ米ヲ以テスルニ及ハス只タ同種類ノ米ヲ以テ返却ヲ爲シ其ノ義務ヲ免ル、コトヲ得ルカ如シ又タ不代表物トハ他物ヲ以テ代フルコトヲ得サル物ナリ設令ヘハ余或ル名家ノ畫幅ヲ他人ヨリ借リタルトキハ之レヲ返却スルニ他ノ畫幅ヲ以テ之レニ代フルコトヲ得ス必ラス同一ノ畫幅ヲ返却セサルヘカラサルカ如シ本來此ノ區別ハ前ニ述ヘタル消費物、非消費物ノ區別ヲ基トシテ分割スヘキモノニシテ消費物ハ代表物ニ屬シ非消費物ハ不代表物ニ屬スルヲ常トス故ニ代表物、不代表物ノ區別ヲ明カニセンニハ宜シク先ツ消費物、非消費物ノ區別ヲ考察セサルヘカラス而シテ今玆ニ述フル代表物、不代表物ノ區

別ハ法理上一般ニ論シタルモノナレハ特別ノ契約アル場合ハ此ノ例外ニシテ不代表物モ代表物トナルコトアルヲ知ルヘシ

右ハ即チ物ノ區分ヲ論シタルモノニシテ物ニハ凡ツ五箇ノ區分アルコトヲ知ルニ足ルヘシ然レトモ實際ニ於キテハ其ノ何レノ區分ニ屬スヘキヤ之レヲ知ルニ苦ムモノ亦少カラス即チ金錢ノ如キハ其ノ一例ナラン今マ金錢ノコトニ付キ一言スヘシ金錢ハ固ト何物ニシテ何ノ區分ニ屬スヘキカヲ尋ヌルニ金錢ハ之レヲ一種特別ノ物ト爲サヽルヲ得ス蓋シ金錢ト云フコトニハ二樣ノ意アルヘシ即チ一ハ金錢ハ法律上ニ於キテ定メラレタル貨幣ニシテ其ノ物体ハ通常ノ財産ニ異ナラストスル者ナリ此意ニ從フ片

ハ其ノ使用ハ金錢其物ノ消費(即チ變形)ヲ目的トスルモノニアラサルヲ以テ之レヲ不代表物ト見做スコトヲ得ヘシ又他ノ一ハ金錢ヲ以テ無形ナル資産ノ尺度トスル者ナリ今マ此意ニ從フトキハ金錢ハ之レヲ代表物ト見做スコトヲ得ヘシ設令ヘハ特別ナル契約アルニアラサレハ如何ナル種類ノ金錢ヲ以テ受授ヲ爲ストモ妨ケナカルヘシ又茲ニ一人ノ盜賊アリ甲者ノ家ニ忍ヒ入リ甲者ノ目印ヲ附シタル金貨ヲ竊ミ之レヲ以テ乙者ヨリ品物ヲ買取リタルニ當リ甲ハ乙ヨリ其ノ金貨ヲ取リ戻サントシテ假令ヒ其ノ目印ヲ以テ嘗テ自己ノ所有ナリシコトヲ證明スルモ乙ノ還附ヲ受クルコトヲ得サルヘシ尤モ斯ル場合ニハ國ニ由テ其法律ヲ同フセサルヘシト雖モ概シテ云ヘハ先ツ右ノ如

クナルヘシ思フニ是等ハ經濟上金錢ノ融通ヲシテ圓滑ナラシメントスル立法ノ精神ヨリ來ルモノナラン到底金錢ハ之レヲ一種特別ノ物ト爲スノ外ナカルヘシ

(第三)物ノ分割性、凡ソ物ハ有形的ノ一体タル資格ヲ有スルコトアリ又ハ無形的ノ一体タル資格ヲ有スルコト有リ而シテ有形的ノ一体トハ一個々々ニテ完全ノ一個物ヲ爲スモノニシテ其物ヲ破毀スルニアラサレハ決シテ之レヲ分割スヘカラサルモノヲ云フ設令ヘハ一頭ノ羊一個ノ家ト云フカ如ク其物一個々々ニテ一個物タルコトヲ得ルモノナリ又無形的ノ一体トハ一個物ノ集合シタル物ヲ云フ者ニシテ設令ヘハ一群ノ羊ト云フカ如ク多少一個物ノ集合シタル一体ヲ云フ者ナリ然リ而シテ物体ハ其ノ有形的

タルト無形的タルトヲ問ハス之レヲ有形的又ハ無形的ニ分割スルコトヲ得ル左ノ如シ

一、有形的ノ一体ハ左ノ二様ニ分割スルコトヲ得ヘシ

(甲)有形的ノ一体ヲ有形的ニ分割スル片ハ其ノ分割セル各部ハ新ナル一体ヲ成スヘシ設令ヘハ一ノ家屋ヲ取崩ス片ハ瓦ハ瓦ノ一個物トナリ柱ハ柱ノ一個物トナルカ如シ

(乙)有形的ノ一体ヲ無形的ニ分割スル片ハ連帯ノ所有トナル可シ設令ヘハ一人ノ奴隷ヲ數人ニテ共有スル片ハ有形的ノ一体ヲ無形的ニ分チタル者ナリ

二、無形的ノ一体モ亦左ノ二様ニ分割スルコトヲ得ヘシ

(甲)無形的ノ一体ヲ有形的ニ分割スルコトヲ得ヘシ設令

ヘハ一群ノ羊ハ無形的ノ一体ナレ𪜈之レヲ一個々々ニ分ツ𪜈ハ有形的ナル一頭ノ羊トナルカ如シ

(乙)無形的ノ一体ヲ無形的ニ分割スルコトヲ得ヘシ設令ヘハ死亡人ノ財産アランニ其ノ財産タル土地家屋器具證書等ヨリ成立ツ𪜈ハ無形的ノ一体ナリ而シテ此ノ一体ヲ分割スル𪜈ハ其ノ分割セル各部ハ相續權、所有權等各種ノ權利ナルヲ以テ無形的ノ物ト考察セラルヘシ

上來述フル所ニテ物ト云ヘルヿノ解説ヲ終ヘタリ依テ是レヨリ事實ノヿヲ論究スヘシ

第三、事實《ファクト》 事實トハ人ノ感覺ニ變動ヲ與フル原因ナリ今マ此ノ定義ヲ明カニセンニハ前ニ述ヘタル物ノ定義ト比

照スルヲ善シトス即チ物トハ人ノ感覺ニ變動ヲ與ヘサル原因ニシテ再三再四之レニ觸ルヽニ常ニ同一ニシテ感覺ノ變動ヲ惹キ起スコトナシ事實ハ之レニ反シテ其ノ之レニ觸ルヽ毎ニ感覺ノ變動ヲ惹キ起ス所ノ者ヲ云フ而シテ又事實ハ事爲若クハ行爲ノ二者ニ出テサル者トス

(甲)事爲《エブント》トハ外部ノ働即チ我ヨリ外ナル自然ノ發動《ムーブメント》ヲ云フ者ナリ今マ極メテ平易ニ云フトキハ事爲トハ所謂ル出來事ヲ云フモノナリ例令ヘハ土地ノ變遷、羊群ノ繁殖、親族ノ死亡若クハ不意ノ火災等ノ如シ尤モ人類ノ所行モ此中ニ包含セラルヘシト雖モ其ノ所行ハ全ク權利義務ニ關係ヲ及ホサヽル所行ナラサルヘカラス若シ然ラサレハ事爲トハ我ヨリ外ナル自然ノ發動ナリト云ヘル意義ニ反スルヲ発レサルカ故ナリ法律上ニテ事爲ト重要ノ關係ヲ有スル者ハ時間ノ經過及ヒ場所ノ變轉ナリトス而シテ時間及ヒ場所トハ果シテ如何ナル者ヲ云フカトノ問題ニ至リテハ哲學ノ範圍內ニ屬スルヲ以テ敢テ茲ニ詳論セス

(乙)行爲《アクト》トハ廣キ意義ニ之レヲ解釋スレハ意思《ウヰル》ノ發動《ムーブメント》ヲ云フ者ナリ而シテ意思ノ發動ハ之レヲ分ツテ二トス即チ單ニ意思ヲ一決スル意思ノ發動ヲ名ケテ內部ノ行爲ト云ヒ又タ意思ヲ決定シ其ノ結果ヲ外部ニ顯ハス意思ノ發動ヲ名ケテ外部ノ行爲ト云フ(獨逸人イエリング氏ノ說)設令ヘハ余今マ手ヲ擧ケント心ノ中ニテ思フトキハ內部ノ行爲ニシテ余一己ノ胸中ニ決意シタルノミナレハ余ヲ除クノ外何人モ之レヲ知ルニ由ナカルヘシ之レニ反シテ余已ニ一

手ヲ擧ケタル𪜈ハ外部ノ行爲ニシテ余一己ノ胸中ニテ決意シタル結果ヲ外部ニ顯ハシタル者ナレハ此時ハ何人モ余ノ此ノ所爲ヲ知ルコトヲ得ヘシサレハ内部ノ行爲トハ決意ヲ云ヒ外部ノ行爲トハ我レヨリ外ナル自然力(重力等ノ)ヲ藉リテ決意ヲ感覺《センシブル》界ニ實行スルコトヲ云フモノナリ然レ𪜈法律ニ於キテハ只タ外部ノ行爲ノミヲ論スルカ故ニ法律上ノ所謂ル行爲トハ一ツノ結果ヲ感覺界ニ顯ハス所ノ意思ノ決定ヲ云フモノトス是ヲ以テ行爲ノ要素ハ意思及ヒ意思ノ發顯ノ二者ナリトスホルランド氏ハ尙ホ此二者ニ行爲ヨリ生スル結果ヲ加ヘテ三要素トナシタレ𪜈是レ恐ラクハ蛇足ニ屬スルナラン其ノ是非ハ今マ暫ク之レヲ措キ先ツ此ノ二要素ヲ說カン

（第一）意○思○トハ直接ニ發動神經ヲ刺衝スル心裏的ノ原因ナリ而シテ其ノ詳細ノ論ハ心理學ニ於キテ論スヘキモノナレハ今マ玆ニ喋々セス已ニ前ニ述フルカ如ク人ニハ有形無形ノ別アレトモ此ノ意思ヲ有スル者ハ有形人ニシテ無形人ハ固ヨリ之レヲ有スルコト能ハサルヘシ

（第二）意○思○ノ○發○顯○　意思ハ只タ心理ニ存在スルノミニテハ行爲トナルヘキモノニアラス故ニ之レヲ外部ニ發顯シテ他人ノ五官ニ觸ルヽ者トナラサルヘカラス而シテ意思ヲ發顯スルニ往々他人ヲシテ之レヲ爲サシムルコトアリ設令ヘハ代理者ヲシテ自己ノ決意ヲ實行セシムルカ如シ

右ハ行爲ノ定義ヲ解說シタル者ナリ今マ此ノ定義ニ從ヒ法理上最モ注意スヘキ者ヲ擧クレハ左ノ如シ

一、行爲ヲ爲サヽルヿヲ稱シテ行爲ト云フヿアリ、例令ヘハ人アリ其ノ負債ヲ返却セサル片ハ當サニ爲スヘキノ行爲ヲ爲サヽル者ニシテ之レヲ不正ノ行爲ト云フカ如シ而シテ其ノ行爲ヲ爲サヽルコト初メヨリ之レヲ爲スマシト意思ニ決定スル所アリテ爲サヽル片ハ之レヲ稱シテ避止《フォーベヤレン》ト云フ但シ避止ナル語ハ單ニ行爲ヲ爲サヽルコトニ用フルコトアリ

二、急動ノ行爲、事變急遽ノ際ニ當リ意思充分ニ發動セサル間ニ爲シタル行爲ヲ急動ノ行爲ト稱スルコトアリ設令ヘハ思ハス手足ヲ熱シタル鐵片ニ觸レテ急ニ之レヲ

避クルカ如キ又ハ屋上ノ瓦片不意ニ頭上ニ墜落セントスルニ當リ急ニ之レヲ他所ニ避クルカ如キハ即チ急動ノ行爲ナリ心理學者ハ概ネ如此行爲ヲ稱シテ反動ノ運動ト云ヘリ例ヘハ睡眠中ニ人ヲ挒《クス》グルトキハ恰モ之レヲ避ケントスルカ如キ動作ヲ爲スコトアリ即チ此ノ動作ハ全ク意思ナキ行爲ニシテ反動ノ運動ト云フヘキ者ニシテ意思ノ發動ト關係ナキ獨立ノ者トスレ𪜈是等ハ心理學上ノ理論ニシテ法理上格別ノ關係ヲ有セサレハ敢テ其ノ可否ヲ論セス只タ茲ニ注意スヘキ點ハ第一ノ人ノ不正ナル行爲其ノ原因トナリ第二ノ人ニ急動ノ行爲ヲ爲サシメ之レカ爲メニ第三ノ人ニ傷害ヲ及ホシタル場合ニハ法律上第一ノ人其責メヲ負フヘキモノトス

ルコト是レナリ今マ之レカ判決例ヲ擧ケンニ英國ニテ有名ナルスコットヨリセパードニ對スル訴件是レナリトス此訴件ニ於テ被告ハ不法ニモ點火セル烟花ヲ或ル店頭ニ投セシニ其ノ店頭ニ居合セタル人ハ自身ノ危害ヲ防衛セントテ急遽ノ際前後ヲ顧ミルニ遑アラス再ヒ之レヲ他ニ投却セシカハ之レカ爲メ圖ラスモ原告ニ傷害ヲ加ヘタリト而シテ其ノ判決ニハ原告ノ受ケタル傷害ハ被告ノ不正ナル行爲ヨリ通常事物ノ順序ニ於テ生出スヘキ結果ナルニ由リ被告ハ其責メヲ拒ムコトヲ得サルモノトセリ

三、廣キ意義ヲ有スル行爲、 行爲ト云ヘル語ヲ廣キ意義ニ用ヒ往々行爲ノ結果ヲモ合セテ之レヲ行爲ナリトスル者アリ設令ヘハ甲者アリテ乙者ヲ銃殺シタルトキ乙ノ死ヲ以テ甲ノ行爲ナリト云フカ如キ是レナリ然レトモ詳カニ之レヲ言ヘハ甲ノ行爲ハ銃ヲ擧クルコト、狙ヒヲ定ムルコト、引キ金ヲ引クコト等ニ係ル身體ノ運動ニシテ引キ金ノ打チ當ルコト、火藥ノ火ヲ引クコト、彈丸ノ飛行スルコト、彈丸乙ノ體ニ觸ルヽコト又ハ乙ノ死ヲ致スコト等ハ甲ノ行爲ニアラスシテ其行爲ノ結果ナリ左レハ行爲ト云ヘル語ヲ廣キ意義ニ用ヒテ行爲ノ結果ヲモ包有セシムル者ハ行爲ト行爲ノ結果トヲ混同セルモノト謂ハサルヲ得ス

四、意思ト志望《モヂーフ》トハ之レヲ混同スヘカラス、意思ハ行爲ヲ惹キ起ス基ニシテ直接ニ身体ノ運動ヲ支配スル者ナリ

又タ志望ハ意思ヲ惹キ起ス基ニシテ直接ニ身體ノ運動ヲ支配スル者ニアラス故ニ今マ余卓上ノ書籍ヲ取ラントスルハ意思ナリ手ヲ以テ之レヲ取ルハ行爲ナリ而シテ書籍ヲ取ラントスル意思ヲ起サシムル者ハ志望ナリ左レハ余カ書籍ヲ手ニ取ルハ先ツ參考ニ供セントスル志望アリテ次ニ書籍ヲ取ラントスル意思ヲ惹キ起シ其ノ意思起リテ而ル後チ始メテ書籍ヲ手ニ取ルノ行爲ヲ爲ス者ナリ然リ而シテ志望ノ上ニハ又志望アルモノトス例令ヘハ今マ參考ニ供セントスル志望ノ上ニハ法律ヲ知ラントスル志望アリ又其ノ上ニハ講義ヲ爲サントスル志望アリ又此ノ志望ノ上ニハ諸君ト共ニ法學ヲ研究セントスル志望アリテ又其ノ上ニハ法律家タラント

スル志望アリトスルカ如ク志望ノ上ニハ又志望アルモノト知ルヘシ要スルニ意思ト志望トハ別物ニシテ意思ハ直チニ行爲チ支配スル者ト知ルヘキナリ

五、意思ナキ行爲、例令ヘハ甲者カ乙者ノ手チ取リテ丙者チ打チタル片ハ通常之レチ乙者ノ意思ナキ行爲ト云フ然レトモ如此ハ乙者ニ取リテハ行爲ニアラスシテ一ノ運動《モーション》(即チ事爲)ト云フヘキ者ニシテ其ノ實ハ甲者ノ行爲ナリトス故ニ若シ之レチ乙ノ行爲ナリトセハ甚タ不都合ナル事實チ生スヘシ如何トナレハ今マ若シ乙ノ手ニ代フルニ杖チ以テセハ其ノ丙チ打チタルハ杖ノ行爲ナリト爲サヽルチ得サレハナリ

又意思ナキ行爲ト云フコトニ他ノ意義チ有スル者アリ

其ノ一ハ已ニ前ニ述ヘタル急動ノ行爲ト云ヘル者ナリ而シテ他ノ一ハ強迫即チ腕力ノ強制ヲ受ケサルモ恐怖ニ由リテ爲シタル行爲ヲ稱シテ意思ナキ行爲若クハ意思ニ反シタル行爲ト云フ者アリ是レ實ニ事實ヲ誤リタル者ト謂ハサルヲ得ス抑〻是等ノ行爲ハ啻ニ意思ナキ行爲トナスヿ能ハサルノミナラス意思志望共ニ存スル行爲ト謂フヘキナリ今マ之レカ例ヲ擧ケテ說カンニ甲乙ニ謂テ曰ク汝若シ汝ノ所有セル時計ヲ余ニ與ヘナハ余ハ汝ニ酬ユルニ金千圓ヲ以テセント乙之レヲ諾シテ時計ヲ甲ニ交付セリ又、寂寞タル原野ニ於テ甲、乙ヲ強迫シテ曰ク汝余ニ時計ヲ與ヘサレハ余ハ直チニ汝ヲ殺傷スヘシト乙恐怖啻ナラス遂ニ時計ヲ甲ニ與ヘタリ今マ此ノ二ツノ場合ニ於テ時計ヲ甲ニ與ヘタル乙ノ行爲ハ志望及ヒ意思ヲ具フルヿ少シモ異ナル所ナシ即チ最初ノ場合ニハ千圓ヲ得ントスル志望ヲ有シ後ノ場合ニハ生命ヲ全フセントスル志望ヲ有シ是等ノ志望ヨリシテ時計ヲ甲ニ與ヘントスル意思ヲ惹キ起シ其ノ意思遂ニ時計ヲ與フルノ行爲ヲ爲シタル者ナリサレハ假令ヒ不正ノ強迫ニ遇フテ行ヒタル行爲ト雖モ志望ナク且ツ意思ナクシテ爲シタル行爲ト謂フコト能ハス只タ不法ノ方便ニ由リテ或ル志望ヲ起サシメ其ノ志望ヲシテ意思ヲ左右セシメタルニ過キサル者ト謂フヘシ

右ハ即チ法律上行爲ト云ヘルコトニ就キ注目スヘキ者ヲ擧タルナリ尚ホ玆ニ一ノ注意スヘキ者ハ行爲ノ結果是レ

ナリ左ニ之レヲ說カン

○行爲ノ結果、行爲若クハ避止ヨリ或ル結果ヲ生スルハ固ヨリ言ヲ俟タサル所ニシテ只タ一ノ行爲ヨリ生スル所ノ結果ト雖モ之レニ連絡セル諸種ノ結果ヲ引キ起シ其ノ連續スル所殆ント際限ナキニ至ルコトアリ今マ試ミニ甲者自己ノ身体ヲ運動シテ乙ニ向ツテ發銃スルノ行爲ヲ爲シタリト假定セヨ此行爲ヨリシテ火藥火ヲ引キ彈丸飛行シ乙ノ身体ニ觸ルヽノ結果ヲ生シ次ニ乙ノ身體ヲ創傷シ乙ハ其ノ創傷ノ爲メニ病床ニ臥シ職業ヲ休ミ職業ヲ休ミタルカ爲メニ生計ニ窮迫ヲ來タシ之レカ爲メニ負債ヲ爲シ負債ノ爲メニ身代限リトナリ之レカ爲メ丙ニ損害ヲ蒙ラシメ丙ハ其ノ損害ノ爲メニ我子ノ醫學修業ヲ中途ニ廢絶シ爲メニ其ノ子ハ充分醫術ニ熟達セスシテ醫業ヲ開キタルヨリ偶々丁ノ負傷ニ治術ヲ施スニ當リ誤リテ治術ニ必要ナラサル足ヲ切斷シ丁モ亦之レカ爲ニ損害ヲ蒙ムル等恰モ環ノ端ナキカ如ク殆ント其ノ終極ヲ見ル能ハサルヘシ果シテ然ラハ此ノ結果ハ何レノ點ヲ以テ終極トスヘキヤ即チ甲ハ丙ナル債主ニ辨償ノ義務アルヘキヤ又ハ丁ニ對シテ損害ヲ賠償スルノ義務アルヘキヤ到底是等ハ其ノ責ヲ負擔セシムルコト能ハサルヘシ故ニ斯ル塲合ニハ法律上ニテ適宜ニ其ノ連絡セル結果ヲ切斷セサルヘカラス是レ則チ法律上ニ於テ近因ノ結果、遠因ノ結果ノ區別ヲ生スル所以ナリ近因ノ結果ト遠因ノ結果トノ別ハ即チ法律上ノ認定ニ由リ行爲者ヲシテ其責ヲ負ハシムル者ヲ稱シテ近因ノ結果ト云ヒ又其責ヲ負ハシメサル者ヲ稱シテ遠因ノ結果ト云フナリ故ニ法律上ニテ行爲ノ結果ト云フ時ハ必ラス近因ノ結果ヲ云フモノニシテ法律上ノ所謂ル結果ニハ近因ノ結果ノ外他ニ結果ト稱スヘキ者ナシトス要スルニ近因、遠因ノ別ハ法律上ノ認定ニ由リテ定マルモノト知ルヘシ

去レハ近因ノ結果トハ何物ヲ云フカトノ問題ニ對シテハ實際上利用スルニ足ルヘキ答案ヲ得ルコト殆ント望ムヘカラサルコトタリメイン氏損害計算法ニ曰ク「近因リ結果トハ通常事物ノ順序ニ於キテ其ノ行爲ヨリ生ス

ヘキ者ト認メラルヘキ結果ニシテ契約ノ場合ニハ契約者雙方ノ豫想セラルヘキ結果ヲ云フ」ト然レ𪜈是等ノ問題ハ時ト所トニ應シテ實際ノ吟味ヲ爲サヽレハ之レヲ判定スルコト能ハサル者ナレハ到底一定ノ規則ヲ設クヘカラスト雖𪜈今マ英國ニ於ケル一二ノ判決例ヲ示スヘシ

タールトンヨリマッゴーレイニ對スル事件ニ於テ被告ハ亞非利加ノ海岸ニ於テ「ネグロー」(黒人)ヲ放射シ海岸ニ來ルコトヲ得セシメサリシカ故ニ原告ト黒人トノ取引ニ係ル商賣ヲ妨ケタリ而シテ此場合ニハ被告ノ行爲ヲ以テ近因ナル結果ナリト判決セラレタリ

アシュビーヨリハリソンニ對スル事件ニ於テ被告ハ原

告ノ劇場ニ於テ演技スルコトヲ約シタル舞妓ヲ讒謗シタルニヨリ舞妓ハ之レカ爲メ公衆ノ嗤笑ヲ受ケンコトヲ恐レテ原告ノ劇場ニ出テサリシカハ原告ハ其興行ヨリ得ヘキ利益ヲ損シタリト主張シタレトモ法庭ハ之レヲ以テ遠因ノ結果ナリトシテ之レヲ却下シテ曰ク舞妓ノ出場セサルハ或ハ舞妓ノ出來心又ハ空想ノ恐懼ニ原因スルモ知ルヘカラサレハ原告ノ申立ハ相立タスト

又契約ノ場合ニハ左ノ判決例アリ

ハトレイヨリバックセンダーニ對スル事件ニ於テ原告ハ輓車ヲ營業ト爲ス者ニシテ偶々車輪ヲ破損シタルニ依リ之レヲ修覆セントスルモ車製造所ノ甚タ遠隔

ノ所ニ在ルヨリ破損ノ車ヲ被告(運送ヲ業トスル者)ニ托シテ之レヲ送達セントシ使ヲ被告ノ許ニ遣ハシタルニ被告方ニテハ手代之レカ應接ヲ爲スニ由リ使者ハ其ノ手代ニ向ヒ車輪破損ノ爲メニ營業ヲ休ミ居ルニ付キ至急ニ其車ヲ製造所ニ運送シ呉レマシクヤト云ヒシニ手代ハ之レニ答ヘテ正午十二時前ニ渡サレナハ必ラス次日ノ中ニ製造所ヘ送達スヘシト依テ原告ハ其ノ言ノ如ク車ヲ被告ニ渡シ以テ送達ヲ依托セリ然ルニ何ソ圖ラン被告ノ怠慢ヨリ送達ノ日ヲ遷延シ之レカ爲メ修繕ノ日限ヲ遷延シ其間原告ハ營業ヲ休ミ當然得ヘキ利益ヲ失ヒタリトテ被告ニ對シ損害賠償ヲ要求シタリ此ノ場合ニ法庭ハ遠因ノ結果ナリ

トシテ之ヲ却ケテ曰ク「原告ノ使者カ被告ノ代理ト應答セシカ如キハ被告ト原告ノ間ニ於ケル明約《エキスプレッス、コントラクト》若クハ默約《イムプリード、コントラッグト》ト認ムヘキモノニアラサルヲ以テ被告ハ全ク原告ノ營業ヲ休ムニ至ルヘキ事實ヲ知ラサリシヤモ知ルヘカラス依テ原告ノ要求ハ相立タス」ト

法理學講義 第四回

法學士 江木衷講述 和田經重筆記

第八章 權利ノ分拆(承前)

權利ヲ組織スヘキ三個ノ要件中人及ヒ物ノ二者ハ已ニ之レヲ説キ終ヘタレトモ只タ事實ノコトハ未タ之レヲ説キ終ハラス故ニ前回ニ引續キ事實ノコトヲ講述スヘシ借前回ニ於テハ行爲ノ結果ニ關スル事項マテヲ講述シタレトモ未タ行爲ヲ爲ス人ノ心事ニ關スル事項ニ及ホサス依テ今マ左ニ之レヲ説カン

行爲ヲ爲ス人ノ心事、人々一ノ行爲ヲ爲スニ當リテハ其心事タル必スシモ同一ナルモノニアラス或ハ故ラニ行フ者アリ或ハ過ツテ行フ者アリ其ノ心事樣々ナレ𪜈今マ之

レヲ大別スレハ造意ニ出ツル者ト造意ニ乏シキトノ二者ニ出テサルナリ

(一)造意、造意トハ一ノ行爲ヲ爲スニ當リ其ノ心中或ル結果ノ生スルヿヲ期シテ之レヲ行フ心ノ有樣ヲ云フ設令ヘハ今マ甲ナル者裝藥シタル「ピストル」ヲ取リ乙ニ向テ狙ヒヲ定メ打金ヲ引クノ行爲ヲ爲シタリトセハ甲ノ此行爲ハ彈丸乙ノ身体ニ觸レ創傷ヲ生セシメ若クハ死亡ヲ致サシメント心中ニ一ノ結果ヲ期シテ行ヒタル者ニシテ取リモ直サス造意ニ出テタル行爲ナリトス而シテカヽル行爲ヲ以テ造意ニ出テタル者トスルニハ必ラス甲カ其ノ結果ノ生スヘキコトヲ了知スルヲ要セス只タカヽル結果ヲ生スルナラント思惟シ若クハ多分カヽル結果ノ生スルヿモアラント信スルノミヲ以テ足レリトス故ニ甲カ乙ニ發炮スルニ當リ其ノ距離甚タ遠ク必然乙ヲシテ負傷セシメ又ハ死亡ヲ致サシメンコトヲ期シ難キカ若クハ十中八九ハ仕損スルナラント信シテ發炮スルモ尙ホ之レヲ造意ニ出テタル行爲トスヘシ是レ他ナシ縱令ヘ心ニ期スル所ハ確乎タルモノニアラスト雖𪜈或ル結果ヲ期シタルコト疑ナキカ故ナリ左レハ假令ヘ現ニ發炮ノ狙ヒヲ誤リ彈丸乙ノ身體ニ觸レス一ノ害ヲ加ヘサル時ト雖𪜈其ノ行爲ヲ爲スニ當リ心中ニ一ノ結果即チ負傷死亡ヲ期シタルモノナラハヤハリ造意ニ出テタル者ト云フヘキナリ

通常ノ辭ニテ造意ト云フ𬼀ハ行爲ヨリ生スル結果ヲ欲望スルコトヲ要スヘキモノトスルカ如シ設令ヘハ乙ヲ銃殺

セントスルニ當リ乙ノ傍ニ丙ノ佇立スルアリテ或ハ却テ丙者ニ害ヲ及ホスコトモアランカト知リツヽ乙ニ狙ヒヲ定メテ打金ヲ引キタルニ果シテ乙ヲ傷ケス却テ丙ヲ殺シタル場合ニハ甲ハ乙ノ死亡ヲ欲望シタレトモ丙ノ死亡ハ初メヨリ願ハサル所ニシテ只タ狙ヒヲ誤リタルトキハ丙ニモ害ヲ及ホサンカト信シタルマテナレハ通常ノ意義ニ於テハ之レヲ造意ナキ行爲ナリト云フ然レトモ法律上ニ於テハ此行爲ヲ以テ造意ニ出テタル者トス其ノ故ハ前ニモ述ヘタルカ如ク只タ其ノ結果ノ生スルコトヲ知ルノミニシテ敢テ其ノ結果ヲ欲望スルヲ要セサルヲ以テナリ

法律上ニ禁止セラレタル行爲ヲ爲スニハ其ノ造意ニ二樣ノ別アリ左ノ如シ

惡意アル造意、惡意ナキ造意、惡意アル造意トハ一ノ行爲ヲ爲スニ當リ其ノ結果ノ生スルコトヲ期シ且ツ其ノ惡事タルコトヲ了知スル者ヲ云ヒ又惡意ナキ造意トハ只タ其ノ結果ヲ期スルノミニテ其ノ結果ノ惡事タルヲ知ラサル者ヲ云フナリ設令ヘハ境界相接スル一森林アリ甲乙二人所有ノ區域甚タ明瞭ナラス甲一日斧ヲ提ケテ林ニ入リ自分ノ領分ナリト思フ所ニテ若干ノ木ヲ伐採セントスルノ際知ラス識ラス乙ノ領分ニ入リテ伐木シタリトセン此場合ニ於キテハ甲ハ木ヲ伐リ倒スノ結果ヲ欲シタルハ固ヨリ言ヲ待タスト雖モ乙ノ領分ヲ侵シテ伐木セントスルノ惡意ナキ者ナリ左レトモ甲ノ行爲ハ木ヲ伐リ倒スノ結果ヲ期シタル者ナレハヤハリ造意ニ出テタル行爲ナレトモ少シモ悪意ヲ挾マサルニ由リ此行爲ヲ爲ス心ノ有樣ヲ名ケテ悪意ナキ造意ト云フナリ又タ一夜甲カ己レノ家ニ入ラントスル者アルヲ見テ熟々思フニ夜中故ナク人ノ家ニ入ル者ハ必ラス盗賊ナラント「ピストル」ヲ手ニ取リ之レヲ銃殺シ後ニ至リ能ク々々其死体ヲ見ルニ盗賊ニハアラスシテ甲ノ親友某ナリ且ツ乙カ夜中竊カニ甲ノ家ニ入ラントシタルハ其意甲ノ睡眠ヲ妨ケンヿヲ恐レテ徐カニ入ラントシタルモノナルコトヲ知レリ此ノ場合ニ於キテ甲ハ銃殺ノ結果ヲ期シタリト雖𪜈親友ヲ殺サントスルノ悪意ナキニ由リ前例ト同シク悪意ナキ造意ト云フヘキモノニテ甲ハ刑法上其ノ親友ヲ謀殺シタルノ責ナカルヘシ

又タ甲、乙ノ財嚢ヲ奪ハントスルモ乙ヲ殺スニアラサレハ之レヲ奪フヿ能ハス依テ乙ヲ銃殺セリ此場合ニ於テハ甲ハ乙ヲ殺スノ結果ヲ期シ且ツ其ノ惡事タルヲ知リツヽ其行爲ヲ爲シタルモノナレハ惡意アル造意ニ出テタル者ト云フヘシ要スルニ惡意アルト否ラサルトノ別ハ其ノ結果ノ惡事タルヲ知リツヽ之レヲ爲スト否ラサルトニ在ルナリ其造意即チ結果ヲ期シテ行爲ヲ爲ス點ニ至リテハ二者異ナル所ナキナリ

又造意ノコトニ付キ注意スヘキ事項ハ凡ソ左ノ如シ

事實ヲ知ラサル事、法律ヲ知ラサル事、前ニ述ヘタル惡意アル造意ト惡意ナキ造意ノ區別ハ全ク事實ヲ知ルト知ラサルトニ由ルモノニシテ決シテ法律ヲ知ルト否ラサルトノ區別ニ由ルニアラス事實ヲ知ルト知ラサルトノ區別ハ例令ヘハ余一頭ノ犬ヲ蓄ハンニ其ノ性悍ニシテ見慣レサル人ノ來ルトキハ直チニ之レヲ咬傷セントスルノ癖アルコトヲ知レトモ敢テ之レニ鎖鑰ヲ施サス偶々他人ヲシテ咬傷ノ害ニ遇ハシメタルトキハ余ハ其ノ事實ヲ知ル者ナレハ民事上ノ責任即チ損害賠償ノ責ニ任セサルヘカラス之レニ反シテ余ハ新ニ一頭ノ犬ヲ求メタルニ未タ其性ヲ知ルニ暇アラスシテ之レヲ放チ置キタルニ何ソ圖ラシ其性悍ニシテ隣人ヲ咬傷シタルトキハ余ハ固ヨリ其ノ事實ヲ知ラス且ツ隣人ヲ咬傷スルカ如キハ初メヨリ期セサル所ナレハ民事上ノ責ヲ負フニ及ハス又タ一例ヲ擧クレハ余一人ノ雇人ヲ雇ハントスルニ當リ其ノ者已ニ他人ノ雇フ所トナリタルヿヲ知リナカラ之レヲ雇入レ以テ己レノ家ニ連

レ來リタル𪜊ハ余ハ他人ノ權利ヲ侵シタルモノニシテ英國法律ニ於テハ民事上ノ責メニ任セサルヘカラス之レニ反シテ余ハ全ク他人ノ雇タルコトヲ知ラサル𪜊ハ敢テ他ヨリ訴ヘラルヽノ責ナシ是レ其事實ヲ知ラサルヲ以テナリ然レ𪜈已ニ他人ノ雇ヒタル事實ヲ知リタルノ後何ホ其者ヲ抑留シタル𪜊ハ其責ヲ免カルヘカラス故ニ事實ヲ知ルト知ラサルノ區別ハ甚タ緊要ノコトニシテ事實ヲ知リテ之レヲ爲スト否ラサルトニ因テ前ニ述ヘタル惡意アル造意ト惡意ナキ造意トノ別ヲ生スルモノナリ

事實ノ知不知ハ大ニ其ノ結果ヲ異ニスヘシト雖𪜈法律ヲ知ルト知ラサルトノ別ニ由テハ斯ク其結果ヲ異ニセサルナリ如何トナレハ政畧上ヨリシテ何人ト雖𪜈法律ハ之レ

ヲ知レルモノト推測スルカ故ナリ斯ク國法ノ繁簡如何ヲ問ハス何人ト雖モ皆法律ヲ知レルモノト推測スルハ甚タ嚴酷ニ失スルカ如シト雖モ法律ノ知不知ニ由テ罪ノ有無ヲ斷スルトキハ人々法律ノ不知ヲ口ニ藉リ其ノ責メヲ免レントスルニ至リ法庭ハ殆ント其煩ニ堪ヘサルヘク且ツ遂ニハ法律ハ決シテ之レヲ施行スルヿ能ハサルノ結果ニ陷ルノミナラス人々法ヲ知ルヘキ義務ヲ輕視シ終ニハ法律ヲ守ルコトヲ忽カセニスルニ至ルヘキヲ以テ政畧上ヨリ人ハ皆ナ法律ヲ知レルモノト推測シ法律ノ知不知ニ由テ其責ヲ異ニセサルナリ。尤モ法律ノ知不知ニ由テ罪ノ有無ヲ斷定セサルノ法制ニ至リテハ各國ノ法律ニ少異ナキニアラスト雖モ概シテ云ヘハ殆ント同一轍ニ出ツルモノヽ如シ即チ英國ノ法律ニ於テハ法律ノ不知ヲ以テ恕スヘカラスト云ヘル原則ハ民法刑法共ニ之レヲ通用スルヲ常トス又近クハ我國ノ刑法ニモ其ノ第七十七條ノ四項ニ於テ「法律規則ヲ知ラサルヲ以テ犯スノ意ナシト爲スヿヲ得ス」ト見エタリ右述フル所ニ由リテ見レハ事實ノ知不知ハ行爲者ノ責任ニ影響ヲ與フルヿ甚タ大ナレトモ法律ノ知不知ハ毫モ影響ヲ行爲者ニ及ホサヽルナリ

(二)造意ニ乏シキ行爲、此ノ行爲ヲ大別スレハ當サニ爲ス可キ事ヲ爲サヽルト當サニ爲ス可ラサル事ヲ爲ストノ二者ニ過キス左レトモ尚ホ細カニ之レヲ區別スレハ左ノ如シ

(甲)疎虞《ヒードレスネス》、トハ結果ニ注意セスシテ當サニ爲ス可ラサル事ヲ爲スヲ云フ設令ヘハ射的ノ稽古ヲ爲スニ當リ厚キ

板ニテ的場ヲ造リ銃丸ノ其板ヲ貫キ通行人ヲ害スヘキヿヲ知ラスシテ發銃ヲ試ミタルニ銃丸其板ヲ貫キ柵外ノ通行人ヲ傷ケタルカ如キヲ云フ

(乙)疎忽《ラッシネス》、トハ全ク結果ニ注意セサルニアラス能ク之レヲ熟考セスシテ當サニ爲ス可ラサル事ヲ爲スヲ云フ設令ヘハ前例ニ於テ銃丸ノ板ヲ貫キテ通行人ヲ害スルヿアルヘキヿニハ思ヒ及ヒタレ𪜈忽卒熟慮ヲ加ヘスシテ其板ヲ以テ充分銃丸ヲ支フルニ足レル者ト考ヘ又ハ通行人ハナカルヘシト妄信シテ發銃ヲ試ミ通行人ヲ害シタルカ如キ是レナリ即チ此場合ニハ已ニ銃丸ノ板ヲ貫クヘキコトニ思ヒ及ヒタルモノナレハ今一歩ヲ進メテ熟考ヲ加フル片ハ決シテ他人ニ害ヲ及ホサヽルヘキニ其熟考ヲ欠キテ終ニ害ヲ人ニ及ホシタルモノナリ又銃丸數粒ヲ仕込ミタル鐵銃ヲ以テ近傍ニ人ノ在ルヿ犬ヲ撃殺セントシテ人ヲ傷タルカ如キモ其ノ一例ニシテ是亦其ノ結果ヲ熟考セサルヨリ害ヲ釀シタルモノナリ

今マ右二者ノ別ヲ云ハヽ疎虞ニ在テハ其ノ結果他人ノ害トナルヿアルヘシトノ點ニ思ヒ及ハスシテ或ル行爲ヲ爲シ害ヲ他人ニ加フルモノニシテ疎忽ノ方ニ於テハ其ノ結果或ハ他人ノ害トナルヿモアルナラント思ヒ及ヒタルモ注意不充分ニシテ多分ハ害ヲ生スルヿアルマシト安信シ深ク考察ヲ加ヘスシテ或ル行爲ヲ爲シ害ヲ他人ニ加フルモノナリ故ニ疎虞ハ他人ノ害トナルヘキ事實ヲ知ラスシテ事ヲ爲スヿニシテ疎忽ハ害トナル事

實ヲ知リツヽ害ノ生セサル方ヲ僥倖トシテ事ヲ爲ス者ナリ而シテ人ノ當サニ爲ス可ラサルヿヲ爲シタル點ニ至リテハ二者異ナル所ナク共ニ事ヲ爲シタル方ニ屬スル者トス次ニ述フル所ハ事ヲ爲サヽル方ニ屬スル者ナリ

(丙)懈怠、トハ注意ヲ怠リ當然爲スヘキ事ヲ爲サヽルヲ云フ設令ヘハ金員ヲ借リテ返濟ノ期日ヲ忘却シ之レヲ返濟セサルカ如キ是レナリ

斯ク懈怠ハ當然爲スヘキヿヲ爲サヽルヿヲ云フナレトモ其ノ當サニ爲スヘキヿヲ爲サヽル者ニハ二様ノ別アリ之レヲ避止《フォーベヤレンス》、遺漏《オミッション》ト云フ避止トハ己レ自ラ爲スヘキノ責メアルヿヲ知リツヽ故ラニ爲サヽルヿヲ云ヒ遺漏ト

ハ己レ自ラ爲スヘキノ責メアルヿヲ忘レテ爲サヽルヲ云フ而シテ懈怠ハ此二者ノ中遺漏ノ方ニ屬スヘキ者ニシテ畢竟人ノ心事ニ係ハレ𪜈外形上ノ法律ニ於テハ寧ロ正直ニシテ且ツ注意深キ人ノ當サニ爲スヘキヿヲ爲サヽルノ意義ナリトス故ニ懈怠ノ何物タルヲ知ランニハ人ノ摸範トモナルヘキ正直ニシテ且ツ注意深キ人ノ行爲ハ果シテ如何ト顧ミルヲ艮シトス今マ一言之レヲ云ハヽ懈怠トハ適當ナル注意ヲ欠クヿナリ而シテ其適當ナル注意トハ時ト所ニ由リテ大ニ異ナルヘキモノナレハ豫シメ法律ニテ之レヲ一定スルヿ能ハサルナリ

懈怠トハ大凡ソ右ニ説ク所ノ如シト雖𪜈尚ホ之レニ付キ注意スヘキモノ數件アリ即チ左ニ之レヲ擧ケン

一、法律上ノ懈怠ハ只タ事實上ノ推測ナリトス　前ニモ述ヘタルカ如ク法律上ニテ謂フ所ノ懈怠トハ只タ外形ノ定規ニ從ハサルヿナレ圧其眞理ニ至リテハ人ノ心事ニ屬スヘキモノナルカ故ニ法律上ニテハ只タ之レヲ以テ事實上ノ推測トスルニ過キス故ニ反對ノ證據ヲ擧クルトキハ則チ之レヲ消滅セシムルヿヲ得ヘシ左レトモ亦往々確定ノ推測トナルヿナキニアラス（此ニ事實上ノ推測又ハ確定ノ推測云々ト云ヘリ故ニ今マ其區別ヲ一言スヘシ事實上ノ推測トハ之レヲ破ルヘキ反對ノ證據アルニアラサレハ推測ノ通リニ事實ヲ斷定スルモノナリ例ヘハ事實上ノ推測ニテ被告人ノ所爲ハ有罪ト定マリタルトキハ被告人ノ方ニテ反對ノ證據ヲ擧ケテ無罪ヲ證明スルニアラサレハ其推測ヲ破リテ無罪ノ人トナルヿ能ハサルカ如シ故ニ事實上ノ推測ハ之レヲ破ラントスル方ニテ證據立テノ責任ヲ負フモノト知ルヘシ又タ確定ノ推測トハ假令ヒ反對ノ證據ヲ擧クルモ決シテ之レヲ動カスヘカラサルモノヲ云フ)

二、適當ノ注意ハ人ニ由リテ各々其ノ度ヲ異ニス　一種ノ技術ヲ以テ職業ト爲ス人ト通常ノ人トハ注意ノ度ヲ異ニス設令ヘハ醫師機關手ノ如キ特別ノ業ヲ取ル者ハ各々其ノ技術ニ應スルノ注意アルヘキ者ニシテ己レノ業トスル事柄ニ付テハ他人ヨリモ一層深キ注意ヲ加ヘサルヘカラサルカ如シ又タ幼者痴愚狂癲等ノ不能力者ト通常人トノ間ニ於テモ亦注意ノ度ヲ異ニスヘキハ言ヲ待タス要スルニ何種ノ業務ニ從事スル者ハ幾何ノ注意ヲ要スヘシト一定スヘキコトハ到底爲シ能ハサレモ各々人々ノ地位ニ由リテ適當ノ注意ト云ヘル者ノ度ヲ異ニセサルヘカラス是レ他ナシ生理學ヲ知ラサル人ニ望ムニ醫師ノ當サニ注意スヘキ事ヲ以テスルモ決シテ行ハルヘキニアラス又タ機關ノ運轉ヲ知ラサル人ニ向ツテ機關手ノ當サニ爲スヘキ注意ヲ爲サンコヲ望ムモ是レ又タ行ハルヘキニ非ラス啻タニ其ノ行ハレサルノミニアラス通行人ニ向ツテ是等特別ノ業務ヲ取ル人ノ當サニ爲スヘキ注意ヲ爲サンコヲ責ムルハ極メテ苛酷ニ失スルヲ免レサルナリ

三、熟練ヲ欠ク事　熟練ヲ欠クヲ以テ適當ノ注意ナシト云フコトアリ薪割、米搗等ノ如キ單純平易ナル業ニ在リテハ特別ナル熟練ヲ要セサルヲ以テ其ノ業務ニ於ケル適當ノ注意ト云ヘル意義中ニハ熟練ト云フ義ヲ含マサルヘシト雖モ是等ノ平易ナル業ニアラスシテ格段ノ熟練ヲ要スヘキ性質ノ職業ニ至リテハ適當ナル注意ノ度大ニ高シ故ニ元來時計師ニアラサル者ニシテ時計ヲ修繕スルニハ尋常一樣ノ注意ノミナラス時計師ノ當サニ爲スヘキ注意ヲ以テ之ヲ修繕スルニアラサレハ若シ損害ヲ與ヘタル時其ノ賠償ノ責メヲ免ルヽコト能ハス又タ醫師ニアラサル人ニシテ調藥ヲ爲シ爲メニ害ヲ人ニ加ヘタルトキハ前者ト均シク賠償ノ責メニ任セサルヘカラス是等ハ即チ熟練ヲ欠キタルヲ以テ適當ノ注意ヲ欠キタル者ト同視スルナリ右二者ノ所爲タル時計師ニアラスシテ時計ヲ修繕シ醫師ニアラスシテ調藥ヲ爲シタル者ナレハ今マ之レヲ通常人ノ資格ヨリ見ルトキハ充分ナル注意ヲ用ヒタルモノト見做スヘシ然レトモ是レ只タ通常人ノ注意ヲ充分ニ用タル迄テノコトニシテ醫師ト時計師トノ資格ヨリ云フトキハ注意ヲ欠キタルニハアラスシテ技術上ノ熟練ヲ欠キタルナリ醫師時計師ニ在リテ注意ト云フトキハ一通リノ熟練ヲ有シタル上ニテ尚ホ其ノ上ニモ愼ミヲ加フルヲ注意ト云フヘキナレトモ右二者ニ於テハ斯クノ如キ高尙ノ注意ヲ欠キタルニアラスシテ只タ醫師時計師ノ通常有スヘキ熟練ヲ欠キタル者ナリ而シテ此ノ熟練ヲ欠キタルヲ以テヤハリ適當ノ注

意ヲ欠キタルモノト見做シ法律上所謂ル懈怠ノ責ヲ負ハシムルナリ故ニ適當ノ注意ヲ欠クトハ時トシテ熟練ヲ欠クノ意ニ解セラルヽコアルモノト知ルヘシ

四、懈怠ハ法律上ノ問題ナルカ將タ事實上ノ問題ナルカ先ツ事實上ノ問題ニ屬スルト法律上ノ問題ニ屬スルトニ由テ如何ナル差異ヲ生スルカヲ一言セハ英國抔ニ於テハ事實上ノ問題ハ陪審官之レヲ判定シ法律上ノ問題ハ判官ノ斷定スル所トス故ニ懈怠ハ事實上ノ問題ナリトセハ陪審官ノ判定スル所トナルヘク然ラサルトハ判官ノ斷定スル所トナルノ差異アルヘシ又タ現ニ日本ノ法律ニテモ其ノ事實上ノ問題トナルト法律上ノ問題トナルトニ由リテ大ニ差異アリ即チ上告ヲ爲ス場合ニ於テ上告ノ案件ニシテ事實上ノ問題ナラハ始審ノ判決假令ヒ如何アルヘキモ之レヲ以テ上告ノ理由ト爲スヿヲ得ス之レニ反シテ法律上ノ問題ナルトキハ充分ナル上告ノ理由トナル可シ約シテ之レヲ言ハヽ法律上ノ問題ニ係ル者ハ上告ヲ爲スヿヲ得ヘキモ事實上ノ問題ニ係ル者ハ上告ヲ爲スヿヲ得サルナリ

懈怠ハ法律上ノ問題ナルカ將タ事實上ノ問題ナルカ先ツ一般ニ之レヲ論スレハ事實上ノ問題ニ屬スルモノトス左レハ英國ニテハ大概陪審官ノ判決スル所ニシテ其ノ特別ナル巧妙練熟ニ關スル事柄ニ至リテハ鑑定人ノ鑑定ニ基キテ判定スルヲ例トス然レトモ充分明白ニシテ全ク外部ノ定規ヲ標準トシテ判決スルヿヲ得ヘキ場合

ニハ之レヲ判官ニ一任シテ陪審官ニ委ネス設令ヘハ八アリ鍛冶屋ノ店前ニ火藥ノ包ミヲ置クカ如キハ之レヲ判官ノ判決ニ一任シ全ク法律上ノ問題トス尤モ右ノ如キ事柄ヲ以テ全ク事實上ノ問題トセシ判官ノ意見アリシコトモ往往實例ニ存スルコトナレ圧是レ只タ外形上ノミ陪審官ニ委ネタルモノニシテ其ノ實ハ判官ヨリ一ノ訓示《インストラクシヨン》ヲ陪審官ニ下スナリ故ニ若シ陪審官ノ認定スル所此ノ訓示ニ違フヿアル圧ハ再審ヲ訴フルノ理由トナルコトナリ

五、懈怠ノ度　注意ノ度ト懈怠ノ度ハ相併行スルモノナリ故ニ注意ノ度高カルヘキモノハ懈怠ノ度モ之レニ從ツテ高シ例セハ醫師ノ如キハ其ノ業務ニ關シテハ通常人ヨリモ一層高キ注意ヲ用ヒサルヘカラス故ニ醫師ニシテ懈怠アリタル片ハ其ノ懈怠ノ度ハ通常人ノ懈怠ノ度ヨリモ高シトスルカ如シ尙ホ言ヲ換ヘテ云ヘハ深キ注意ヲ用フヘキ位地ニ在ル人ニシテ懈怠アリタル片ハ其ノ懈怠ニ對スル責任ハ通常人ヨリモ重シトノ意ナリ而シテ法律上ニ於テハ懈怠ノ度ヲ左ノ三段ニ分ツテ通例トス蓋シ此ノ階級ハ羅馬法ヨリ來レルモノナリ

第一、輕少ノ懈怠　最モ用心深キ人ノ爲スヘキ注意ヲ欠キタルコトヲ云フ

第二、通常ノ懈怠　通常人ノ爲スヘキ注意ヲ欠キタルコトヲ云フ

第三、最大ノ懈怠　隨分不注意ナル人ノ爲スヘキ注意

ヲ欠キタルコトヲ云フ

上來陳述スル所ニテ行爲ヲ爲ス人ノ心事ニ關スル事項ノ要領ヲ辨明シ終ヘタリ請フ是レヨリ法律ヲ左右スル行爲ヲ說カン

法律ヲ左右スル行爲　法律ヲ左右スル行爲ハ法理上最モ重要ノ事項ナリトス而シテ獨逸語ニテハ法律ヲ左右スル行爲ヲ「レヒトケシァフト」ト云ヒ佛語ニテハ「アリトジュリスチック」ト云フ英語ニテハ未タ此ノ如キ語アルヲ聞カス只タ不適當ニモ佛語ノ直譯ヲ用ヒテ「ジューリスチック、アクト」ト云フ

(一)定義、獨逸人ウヰンドシャイド氏著「パンデクテン」ニ曰ク法律ヲ左右スル行爲トハ權利ヲ創設、廢滅若クハ變更スルカ爲メニセル私人各個カ意思ノ發顯ナリ」ト此定義ハ先

ツ適當ノ者ナルヘシ然レトモイエリングゲ氏ノ定義ハ尙ホ之レヨリモ詳細ナルモノヽ如シ同氏(羅馬法精神論)曰ク法律ヲ左右スル行爲トハ法律ニ依リテ規定セラレタル範圍內ニ於キテ權利ヲ創設センカ爲メニ自己ニ存スル意思カ其ノ作用ヲ發顯スル形態《フォルム》ナリ但シ眞ニ法律ノ範圍內ニ於ケル行爲ノミヲ云フモノニシテ若シ此ノ範圍ヲ超越スルトキハ其ノ行爲ハ更ニ何等ノ結果ヲモ生セサル無効ノ者トナルカ若クハ其ノ期望シタル結果ニ反對シテ刑罰又ハ損害賠償ノ訴ヲ受クルノ義務ヲ生スレト今マ此二學士ノ下シタル定義ニ由リテ考フルトキハ法律ヲ左右スル行爲トハ如何ナルコトヲ云フカ畧々之レヲ會得スルコトヲ得ヘキナリ左レトモ尙ホ了解シ易カラシメ

ンカ爲メニ極メテ之レヲ平易ニ云フトキハ適當ニ法律ヲ使用シテ自己ノ利益トナル事ヲ爲ス所ノ行爲ヲ指スモノニ外ナラス故ニ右ウヰンドシヤイド氏ノ定義中「權利ヲ創設廢滅云々」トアルモ他ニアラス今マ之レカ例ヲ示サハ權利ヲ創設ストハ或ル契約ヲ爲シ以テ對人權（後章ニ詳カナリ）ヲ造リ出スカ如キモノヲ云ヒ又權利ヲ廢滅ストハ義務者ヲシテ契約ノ事項ヲ充タシメ若クハ雙方承諾ニ由リテ之ヲ取消スカ如キ行爲ヲ云フナリ又タイエリング氏ノ定義ニ於テハ「法律ニ依リテ規定セラレタル範圍內ニ於テ云々」トアリ而シテ其ノ所謂ル範圍內ニ於ケル行爲ヲ知ラントスルニハ却テ其ノ範圍外ニ於ケル行爲ヲ知ルヲ以テ便ナリトス偖法律ノ範圍外ニ於ケル

行爲トハ例セハ人ヲ殺スノ契約ヲ爲スカ如キモノヲ云フ如此契約ハ全ク法律ニ依リテ規定シタル範圍外ニ屬スルノ行爲ナルヲ以テ啻タニ其無効タルノミナラス是等ノ契約ヲ實行スルニ於テハ刑罰ヲ免ル丶コト能ハサルナリ左レハ其ノ範圍内ニ於ケル行爲トハ法律ニ抵觸スル所ナキ所謂ル合法ノ行爲ヲ指ス者タルコト判然タルヘシ之レニ由テ見レハ法律ヲ左右スル行爲トハ決シテ法律ヲ我儘ニ左右スルカ如キヲ云フモノニアラスシテ合法的ニ法律ヲ使用シテ權利ヲ創設シ又ハ廢滅シ或ハ變更スル等ノコトニ由テ自己ノ利益トナルヘキ事ヲ爲スコトナリト知ルヘシ

（三）意思及ヒ意思ノ發顯、法律ヲ左右スル行爲ハヤハリ

通常行爲ノ如ク意思及ヒ意思ノ發顯幷ヒニ造意等ヲ具フルモノトス意思造意等ノコハ已ニ陳フル所ナレハ今茲ニ再說セス

(三)法式、或ル結果ヲ生セシメンカ爲メニ自己ノ意思ヲ顯ハス方法ヲ法式ト名ク設令ヘハ羅馬法ノ「スチュピラシヨー」(古代羅馬法ノ儀式)ノ如キ者又タ英國ニテ一年以上ノ期限ニ屬スル事項ノ契約ハ書類ヲ要スルノ制アル如キ是レナリ而シテ昔日ハ一般ニ法式ナル者甚タ多カリキ今マ其然ル所以ヲ考フルニ古代ノ法律ハ多ク助法(訴訟法治罪法證據法ヲ云フ委シキコトハ後章ニ說ク)ヨリ出タリ故ニ訴訟ノ手續等ニ關スル法式甚タ多キヲ致スニ至リタルナリ彼英國ニテ契約ニ約因《コンシダレーション》ナキ者ハ無効ナリトセルカ如キモ亦一種ノ法式ナリト謂フヘキ歟而シテ何故ニ約因ナキ契約ハ無効ナルヘキ乎トノ論ニ至リテハ諸學者種々ノ理由ヲ附會スレ圧多クハ皮相ノ論ニシテ取ルニ足ラス英國ニテ契約ニ約因ヲ必要ナリトセシハ敢テ高尙ノ理由アルニアラス證據法ノ點ヨリシテ斯クハ定メタルナリ然ラサレハ是レ毫モ理由ナキ制度ナリト謂ハサルヲ得ス然ルニ學者動モスレハ其論點ヲ空漠ノ間ニ求メテ喋々スルカ故ニ一モ其正鵠ヲ得ル能ハサルナリ左レハ契約ニ約因ヲ要ストノ論ハ今日ハ最早不條理ノ議論トナレリ只タ之レヲ以テ證據法ノ點ヨリ出タリトセハ可ナリ如何トナレハ證據ノ點ヨリシテ約因アラハ茲ニ契約アルコトヲ推測スルコトヲ得ヘケ

レハナリ若シ斯ク證據法ノ點ヨリ出デズシテ他ノ理由ヨリ出テリト論セント欲セハ不條理ナル議論ヲ主張セサルヲ得サルナリ獨リ此事ノミナラス其他ノ法式ト雖トモ多ハ助法ヨリ出タル者ニアラサルハナシ而シテ是等ノ法式ナルモノハ文化ノ進歩ト共ニ其數ヲ減スルノ傾向アルモノトス如何ントナレハ社會ノ事物益々繁雜ヲ極ムルニ際シテ此ノ如キ法式ヲ存スルトキハ其不便小少ニアラサレハナリ(因ニ云フ我國ニテ諸般ノ書類ニ捺印ヲ爲スカ如キモ亦一種ノ法式ナリト謂フヿヲ得ヘシ西洋ニテモマヽ之レニ類スルヿナキニアラサレトモ多クハ自分ニテ署名スルヲ通例トシ敢テ印ヲ用ヒサルナリ捺印ノヿハ我國舊來ノ風習ニテ人々敢テ怪マサレトモ其實

不安心極マルモノト謂ハサルヲ得ス如何ントナレハ印ハ他人ノ製造物ニシテ何時ニテモ其製造者ノ手ニテ造リ得ヘキ者ヲ以テ我カ随一ノ證據ナリトスルモノナレハナリ）

（四）代表、近世ニ至リテハ法律ヲ左右スル行爲ノ過半ハ代表者ヲ以テ之レヲ爲スヿヲ得ルニ至レリ而シテ代表ニ二種アリ一ハ只タ本人ノ意思ヲ通知スルノ權力アル代表者ナリ之レヲ使。ト云ヒ他ノ一ハ本人ノ爲メニ幾分カ自己ノ意見ヲ以テ事ヲ處分スルヿヲ得ル者ニシテ代理者ト云フ而シテ代理法ニ關スル事項ノ詳説ハ後章ニ於テスヘシ前ニ述ヘタル法式ハ世ノ進歩スルニ從ッテ其數ヲ減スルノ傾キアレモ代表ハ之レニ反シテ世ノ進歩スルニ從ッテ其數ヲ增加スヘシ如何ントナレハ社會ノ事物繁多ナルニ隨テ一々本身ヲ以テ事ヲ處スルヿ能ハサルヲ以テ勢ヒ代表者ヲ用ヒサルヲ得サルヘケレハナリ

(五)雙面ノ行爲、片面ノ行爲、片面ノ行爲トハ他人ノ意思如何ニ關セス只タ一人ノ意思ノミニ由リテ合法ノ結果ヲ生スル行爲ヲ云ヒ雙面ノ行爲トハ二人以上ノ意思ノ一致ヲ要スルモノヲ云フ設令ヘハ已ニ借リタル金額ノ提供ハ片面ノ行爲ナレトモ金錢仕拂ノ行爲ハ雙面ノ行爲ナリ即チ後ノ場合ニハ債主ノ方ニ於テ之レヲ受取ラサルヘカラサレハナリ故ニ契約ハ一般ニ雙面ノ行爲ナリト謂フヿヲ得ヘシ然レ𪜈契約法ノ類別ニ於ケル雙務ノ契約片務ノ契約ト云ヘル者ハ之レト異ナレリ抑々契約法ニ於テハ結約者雙方ノ中甲者ハ乙者ニ對シヲ義務ヲ負ヒ乙者モ亦甲者ニ對シテ義務ヲ負フモノアリ斯ク雙方互ニ義務ヲ負フモノヲ稱シテ雙務ノ契約ト云ヒ叉タ甲者ノミ乙者ニ對シテ義務ヲ負ヒ乙者ハ甲者ニ對シテ些少ノ義務ヲモ負ハサルモノアリ斯ク一方ノ者ノミ義務ヲ負フモノヲ稱シテ片務ノ契約ト云フ設令ヘハ賣買交換ノ如キハ雙務ノ契約ニシテ信用上ニテ品物ヲ賣渡スカ如キハ片務ノ契約ニ屬スル者ナリ

(六)法律ヲ左右スル行爲ノ原素、此ノ原素ハ其ノ必要ノ程度ニ從ツテ左ノ如ク區別ス

(第一)要素、要素トハ最モ必要ナル原素ヲ指スモノニ

シテ此ノ要素ヲ欠クトキハ行爲ヲシテ成立セシムルコト能ハス例令ヘハ契約ニ於テハ承諾ヲ以テ要素トス故ニ承諾ヲ欠クトキハ如何ナル契約ヲモ成立セシムルコトヲ得サルカコトシ

（第二）常素、常素トハ一般ノ法理ニ於テ常ニ斯ク々々ノ事ハ必ラス有ルヘシト推測スヘキ事項ヲ云フ例令ヘハ賣買ノコトニ付テハ必ラス若干ノ代價ヲ定ムヘキコトヲ推測スルカ如シ斯ク其ノ事柄ノ有ルヘキモノト推測スルモノヲ常素トハ名クルナリ（昔日羅馬ニテハ賣買ノ場合ニ於テ代價ノ額ヲ定メタルトキヲ以テ所有權ノ移轉スル時トナシタルコトアリ）

（第三）偶素、 偶素トハ常素ノ如ク斯ク々々ノ事ハ必ラス有ルヘシト推測ヲ下シ得ヘキモノニアラス却ツテ之レニ反シテ無キ方ニ推測スヘキモノトス故ニ其ノ事柄ノ有リタルヿヲ主張センニハ其ノ之レヲ主張スル位地ニ立ツ者擧證ノ任アリトス例令ヘハ人アリ若干ノ金員ヲ他人ニ與フルニ當リ約シテ曰フ之レヲ他ニ用フル勿レ必ラス學資ニ充テヨト此ノ如キ事ハ即チ偶素ノ一種トモ云フヘキナリ

○常素ト偶素トハ私人相互ノ間ニ於ケル承諾ヲ以テ變更スルヿヲ得ヘキモノナリトス

以上陳述スル所ニテ稍ク本章（權利ノ分拆）ヲ講シ終ハレ

リ偖前々回以來本章ヲ講述シタル所ヲ顧ミルニ匆々ノ際或ハ順序ノ錯雜シテ明切ヲ欠クモノ或ハ省畧ニ失シテ諸君ノ胸中ニ氷解セサルヘキモノアルヲ覺フ諸君幸ニ其ノ明暸ナラサルモノハ之レヲ質サレ其ノ誤謬ニ係ルモノハ之レヲ論駁セラレテ充分考究アランヿヲ希望ス尚ホ是レヨリ次章ニ移ツルヘキナレ𪜈今日ハ先ツ之レニテ講述ヲ終フヘシ

法理學講義 第五回

法學士 江木衷講述 奥山十平筆記

第九章 權利ノ類別

凡ソ權利ハ之ヲ區別スレハ細分小別至ラサル所ナク殆ト其極メテ知ルヘカラスト雖圧今之ヲ大別シテ四種トス即チ左ニ之ヲ擧ク

第一 公權私權ノ區別
第二 正格變格權ノ區別
第三 對人權對世權ノ區別
第四 原權救濟權ノ區別

夫レ此ノ如ク區別シ來タレハ各々分離隔絶氷炭相容レサル者ノ如シト雖圧其實敢テ然ルニアラス例セハ流動体ノ

如シ夫レ流動体ハ之ヲ類別シテ粘着ヲ帯フル者ト濕氣ヲ含ム者ト蒸發ノ氣ヲ蓄フル者等ト爲シ各其名ヲ異ニストヽ雖𪜈其元ハ一ノ流動物ニ過キスシテ其性中甲ノ含ム處乙モ亦之ヲ含ミ乙ノ帯フル質丙モ亦之ヲ帯フルカ如キ先キノ四權利ノ如キモ公權ニシテ原權救濟權ヲ併有スルアレハ私權モ亦タ之ヲ有スヘク對人權中正格變格ノ二様アレハ則チ對世權中亦其二格アルヲ見ル之ヲ要スルニ右四元素ハ皆疏通シ相共ニ相容ルヽヲ謂フニ過キス而シテ今之ヲ區別スルハ唯其便ヲ得ンカ爲メノミ

第一公權私權ノ區別（公法及私法）

此ノ區別ヲ説カント欲セハ先ツ公人私人ヲ説カサルヘカラス而シテ公人トハ如何ナル者ヲ謂フカト問フ者アラン

ニ國家ノ如キ或ハ國家ノ一部分ノ如キ或ハ之ヲ各人ニ就テ論スレハ主權者ヨリ其權利ノ一部ヲ負擔セシメラレタル官吏ノ如キ之ヲ公人ト稱シ其公人相互又ハ公人ト私人トノ關係ヲ規定スル者之ヲ公法ト謂ヒ私人ト私人ノ關係ヲ規定スル者之ヲ私法ト云フ然レ圧私人相互ノ關係ヲ規定スルモノニシテ公法ニ屬スル者極メテ多キノミナラス殊ニ行政法中ニ於キテハ私人相互ノ間ニ於ケル專項其ノ過半ヲ占ムル者アルハ詳説ヲ要セスシテ自ラ明カナリ故ニ今マ諸學者ノ説ヲ掲ケテ尙ホ汎ク公私兩法ノ區別ヲ説カントスレ圧英人オースチン氏ハ公法私法ノ區別ヲ廢シタレハ全ク之レヲ置キ又ブルンチユリー氏ノ所説ハ之レヲ國法汎論ニ讓リ茲ニブルンチユリー氏ニ一歩ヲ進メタ

ル

獨逸人モール氏ノ説ヲ載セン其説ニ曰ク國法私法二ツノ者ニ就テ之レカ一般ノ區別ヲ爲スハ又甚タ難シト爲サス即チ私法ハ各箇人各家族相互ノ間ニ於ケル法律上ノ關係ヲ規定シ公法ハ一般人民ノ全体公同ノ租税及ヒ其ノ之ヲ執行スルニ必要ナル制度方法ヲ規定スル者ヲ謂フ此ノ區別ニ關シテハサビニープフタースタールノ諸學者各其所見ヲ異ニシ碩學ツアハリエー氏ハ其著書國法論第一卷第二章ニ論述シテ言ヘルアリ曰ク國法ノ私法ト異ナル性質ニ於キテ其主タル者ニアリ即チ私法ハ私人雙方ノ意志ニ從ヒテ之ヲ變更シ得レ𪜈國法ニ至リテハ即チ然ル能ハサル是レ一ナリ國法ニ於キテハ權利ハ即チ義務ニシテ義務ノ存スル所ハ即

チ權利ノ存スル所ナレ𪜈私法ニ於キテハ卽チ然ラサル
是レ二ナリ然レ𪜈氏カ說未タ盡サヽル所アリ實ニ氏カ
說ノ如ク或ハ私人ニシテ自己ノ意志又ハ契約ニヨリテ
私法ヲ變シ得ルノ塲合素ヨリナキニアラス之ヲ例セハ
卽チ負債ノ事ニシテ凡ソ負債ハ其返濟期限ニ至レハ必
ス之ヲ返濟セサルヘカラサル者ナレ𪜈債主自ラ其權ヲ
捨ツルカ又ハ債主負債主雙方ノ契約ニ因リテ返濟ノ期
限ヲ延引シ又ハ全ク之ヲ免スルカ如キハ間見ル處ナレ
𪜈其慣習法ニ出ツルト成文法ニ出ツルトヲ問ハス凡テ
私法ニ於キテ命シタル義務ハ又必ス變更シ得ヘキ者ト
爲スヘカラス之ヲ例セハ相續法遺囑法ノ如キハ私人其
意ヲ以テ決シテ法律ヲ左右スルヿ能ハサルカ如シ國法

ニ於キテモ亦然リ權利ハ即チ義務タルノコ絕テナシト言フ能ハス之ヲ例セハ裁判官ハ啻タニ訴訟事件ヲ判決スルノ權利アルノミナラス又判決ヲ爲サヽルヘカラサルノ義務アルカ如シ然レ氏又未タ必スシモ然ル能ハサル者甚タ多シ之ヲ例セハ人民ニ屬スル者ニアリテハ請願ノ權利、集會ノ權利、出版ノ權利ノ如キ又君主ニ屬スル者ニアリテハ不認可ノ權、特赦ノ權等ノ如キハ必ス之ヲ執行セサルヘカラサルノ義務アルモノニアラサルナリ

○斯ク國法ト私法ハ各其區域ヲ異ニスト雖氏尙ホ細ニ其分界ヲ區畫セサルヘカラサルモノアリ即チ凡ソ國家ハ私法ニ于涉スルハ其目的ニアラサレ氏私法ヲ整理スルカ爲メニハ又法律ハ原則ニ因リテ私人ノ權利義務ヲ

定ムル者ナキニ非ス蓋シ然ラサレハ或ハ一私人獨リ其ノ權威ヲ擅ニシ或ハ公同ノ利益ニ反スルノ行ヲ爲ス者アラン是ヲ以テ國家ハ斯ノ如キ私法ノ弊害ヲ防カンカ爲メニハ完全ナル法庭ヲ設ケ判決ヲ爲スヲ要スヘシ而シテ此ノ如キ塲合ニ於キテ其私法ノ整理ニ屬スル者ハ國法ニ隷シ其事實ニ關スル法則ハ即チ私法ニ屬セシムヘキ者トス故ニ民法ハ全ク民事ニ屬スルモノニシテ私法ニ屬スレ𪜈此ノ民法ヲ整理スル訴訟法ハ公法ニ屬セサルヲ得ス現ニ獨逸人ホルツエントルフ氏ノ法學通論ニハ訴訟法ヲ以テ公法ノ首ニ置キタリ

又政体ノ如何ヲ問ハス國家ハ無形ノ一体タルハ言ハスシテ明ナリト雖𪜈其ノ國家ニ必要ナル諸種ノ機關ヲ備

フルカ爲メニ皮相上ノ看ヲ以テスレハ或ハ其ノ一体タルノ性質ヲ失フ者ノ如シト雖圧決シテ之レヲ失フヿナク又此等ノ機關ハ單ニ國家ニ隷屬スルノ機關ナルニアラス各二樣ノ關係ヲ有スル者ニシテ蓋シ其國家機關ノ一部タル資格ニ於キテハ國家ト相與ニ協同シテ國法ニ屬シ其一私人ノ資格ヲ以テ事實ト相干係スル時ニ於キテハ私法ニ屬スヘキ者ナリトス今純理國法學ニ於キテ此區別ヲ立ツルハ難キニアラスト雖圧又極メテ其區別スヘキ場合少ナキヲ以テ實際事アルニ臨ミ各其資格ニヨリ之ヲ定ムヘク唯タ國法學ニ於テハ二樣ノ資格ヲ併論スルヲ以テ最モ便利ヲ得ル者トセリ○國家ニ属スル私有物ハ私法ノ範圍ニ在ルヲ以テ常トス此事特ニ別種

ノ法理原則ニ準據スルモ亦理ニ於キテ敢テ不可ナルヿナシ而シテ此場合ニハ其私有物ニ關スル法律ハ國法ニ屬シテ國法學ノ論求スヘキモノナリトス彼ノ有名ナルブルンチユリー氏ハ其國法汎論第一巻ニ論シテ曰ク國家ノ所有物ノ法ハ私法ニ屬スヘシ何トナレハ國家專有ノ財産ヲ所持スルハ一私人ノ如クナレハナリト然圧是レ論理法ニ所謂問ヲ以テ答ト為スト云ヘル誤謬ニ陷イル者ト謂ハサルヲ得ス蓋シ同氏ノ論ハ別ニ其ノ理由ヲ明説セスシテ其終局ヲ論シタルニ過キス余カ今玆ニ論セントスル點ハ國家ノ所有物ニ關シテ國家民人孰レカ其法律原理ニ從フヘキヤ之ヲ詳言スレハ即チ國家ノ私有物ハ國法ニ屬スヘキ者ナルヤ將タ私法ニ屬スヘキ

者ナルヤヲ定ムルニ在リ然ルニブルンチユリー氏ノ論理ニ於キテハ國家ノ私有物ナルカ故ニ私法ニ屬スト云フニ過キス是レ單ニ其ノ問ハントスル所ヲ以テ答辭ニ充テタルノミ蓋シ氏ハ專有ノ財產云々ノ語ヲ加ヘタレ𪜈專有ノ一事ハ未タ以テ此ノ問題ヲ決スルニ足ラス何トナレハ國家ノ專有スル權利ハ獨リ其ノ私有ノ財產ニ止ラスシテ其數極メテ多シト雖𪜈未タ必スシモ私法ニ屬スヘキモノニアラサレハナリ

猶ホ一言セサルヘカラサルハ國法、會社法ノ區別是レナリ凡ソ國家ト會社ハ其區別素ヨリ判然ナリト雖𪜈二者共ニ生活ノ範圍ヲ有シ及ヒ其一体タルニ至リテハ則チ一ナリ會社、敎會、貴族等其ノ法律權利或ハ私法ニ屬スル者アルヘク或ハ公法ニ屬スルモノモアルヘク而シテ其公私如何ヲ區別スルハ只タ其國家機關ノ一部ナルカ將タ福利ヲ共ニスル人民自然ノ團結ナルカ否ヤヲ一見スルニアルノミ然レトモ二者相交ハリテ往々其區別ヲ明カニシ難キ場合ニアリ一ハ即チ國家時アリテ全ク會社團結ノ自由ヲ束縛シ之レヲ命令禁止シテ干渉スルノ場合一ハ則チ會社團結ノ微弱ナルニヨリ其目的ヲ達スル能ハサルニ際シテ國家特ニ之ヲ設立シ又ハ保護ヲ與フルコトアル場合トス此等ノ場合ニ於キテハ能ク其公法ニ屬スルモノト私法ニ屬スル者トヲ區分セサルヘカラス例ヘハ工業會社ノ組織、開閉、社員ノ特權等ヲ定メタル法律ハ公法ニ屬スレトモ社員相互ノ關係、社員ノ共同資金ニ對

スル權利、會社內ノ規律等ハ會社法乃チ私法ニ屬スヘシ其他貴族欽會等ニ於キテモ亦推シテ知ルヘキナリ

ホルランド氏カ公法私法ノ區別ハ已ニ用ユヘカラス又獨逸人ツアハリエーブルンチユリー氏等ノ諸説ハモール氏此ノ説ヲ以テ論破シタレトモモール氏ノ所説モ亦稍ヤ明切ヲ鈌ク所ナキニアラス而シテ公法私法ノ區別果タシテ存スヘキモノナラハ古來諸學者ノ所説未タ一定シタル者ナシト云フモ敢テ不可ナル所ナシ蓋シ學者ノ法律ヲ大別スルヤ專ラ古代ノ羅馬法ノミヲ固守シテ別ニ新區別ノ存スル者アルヲ知ラス文運ノ進化ト共ニ公私二法ノミヲ以テ區別スヘカラサル一種ノ新事項ヲ發生スルヲ

覺ラサルノ致ス所ナリ而シテ此ノ新區別トハ法律ヲ公私ニ二別セスシテ私法社會法國法ノ三者トスルニ在リ今マ講師カ曾テ東京大學ニ於キテ演説シタル筆記文ヲ得タレハ左ニ之レヲ掲クヘシ尤モ演説ノ筆記ナレハ俗話餘談少ナカラスト雖圧茲ニ其全文ヲ掲出ス讀者就キテ法律區別ノ存スル所ヲ了知セハ即チ可ナリ

筆記者誌

成器社々員幷ニ傍聽諸君「男女席ヲ同フセス」ト云ヘル道德ノ規則ハ我々カ父祖傳來ナル家庭敎育ノ奥義ニシテ幼少ノ時ヨリ男女共聞キ慣レ見慣レテ珍シキ事柄トモ思ハス又此規則ハ果シテ條理ニ合スル者ナルヤ否嘗テ毫末ノ沙汰ニモ及ヒタルヿナキ程ナレ圧井

戸端會議ヨリ一町内一町内ヨリ一國内一國内ヨリ數國万國ト我々カ眼界ヲ推シ弘メテ廣ク世界ヲ見渡セハ方今文化ノ中心ト誇リタル歐州ニハ「男女席ヲ同フスヘシ」「男子ハ勉メテ婦女ノ中ニ交リ能ク其交際ヲ全フシ得ルコソ中等以上ノ人間ナルソ」ト宛モ反對ノ規則ヲ設ケタリ東西風俗ヲ異ニスレド何レノ風俗カ美ニシテ何レノ風俗カ醜ナルヤ茲ニ始メテ疑團ヲ生シテ能ク々其條理ヲ考察スレハ悲哉東洋普通ノ格言ナル「男女席ヲ同フセス」ト云ヘル底意ハ男女席ヲ同クスルヿアレハ十中八九ハ必ス怪シキ振舞アルモノト推定シテ一切同席ヲ禁シタル者ニテ其實野蠻時代ノ風俗ヲ徵スルニ過キサレド歐州ノ文明世界ニ生シタ

ル男女ハ流石ニ文明ノ男女丈ケニ各其内ニ存スル高尙ノ德義ヲ備ヘテ男女同席ハ勿論之ヲ無人ノ野ニ放ツモ安心極マリタルヿ共ナリト悟ラハ彼我道德規則ノ差違モ明カニシテ其醜美善惡モ亦判然スルヿナランン去レハ聞慣レ見慣レテ敢テ不思議トモ思ヒソメサルヿモ我々カ思想ノ範圍ヲ大ニスルニ從ヒテ珍ラシクモナリ耳新シクモナリテ思ヒモ寄ラヌ所ニ疑ヲ生スルヿ多シト知ルヘシ而シテ此疑カ即チ學問ノ進步人類ノ發達ヲ促スノ母ナリ父ナリ疑ノ一字吾輩ニ取リテハ此上モ無キ大切ノ珍寶重器ト尊奉シテ不可ナル所ナシ法學ニ於キテモ亦然リ或ハ公法私法ト區別シ或ハ國法、憲法、行政法、刑法、治罪法、民法、訴訟法、萬國公法、萬國私法ト云ヒ諸君モ余輩モ共ニ聞慣レ見慣レタル言葉ナレ𪜈疑ノ一字果タシテ學問ノ進歩ノ父母ナラハ此等ノ事柄ニモ亦疑ノ存セサルヿノアルヘキヤ何故ニ公法私法ト區別シ憲法民法ト區別スルヤ如何ナル尺度ヲ標準トシテカヽル區別ヲ爲シタルヤ我々ノ已ニ知リタル區別ノ外他ニ尙之ニ勝ルヘキ者アラサルヤ此レ皆余輩ニ取リテハ重要ノ疑點タリラングデルノ判決錄ヤオースチンノ時代物ヤホチエーノ虎ノ巻ヤコードシビールノ解釋法ヤ此等井戸端會議ノ小天地ヲ離レテ男女席ヲ同フスヘシトスル文明世界ヲ窺ヘハ此等ノ疑問ハ甚シク其解ニ苦ム程ニハアラサルヘシ當ラスト雖𪜈遠カラス是レヨリ愚考ヲ畧述

シテ後學ナル我々ヨリ尙ホ后學ナル法學篤志ノ諸君ニ告クル所アラン

法律トハ抑モ何物ナルカ諸先哲カ細密ノ議論數多ナレ𪜈本題ニ重要ナラサレハ今之ヲ略シ稍ヤ强迫ノ氣味合アレ𪜈諸君乞フ法律ハ先ツ行爲ノ規則ト合點セラルヘシ然レ𪜈法律ハ敢テ禽獸草木ノ行爲ノ規則ヲ言フ義ニアラサレハ無論人類ノ行爲ニ關スル者ニ相違ナカルヘシサレハ如何ニ不合點ノ凡腦ニテモ法律ハ兎ニ角人類ヲ相手ニスル者タルヿヲ知ルハ容易ナラン而シテ此一事カ論據ノ發端ニテ此一事已ニ明カナレハ進ンテ人類ハ如何ナルモノナルカトノ疑ヲ生シ此疑解ケテ法律區別ノ標準モ亦自ラ明カナルヲ得

ヘシ即チ近世ノ學術上ヨリスレハ凡ソ人類ハ各人各個社會國家ノ三樣ノ點ヨリ之ヲ考察スルヿヲ得ルモノトセリ語ヲ換ヘテ之ヲ言ヘハ人間ニハ各人各個社會國家ト云フ三面アリ此三面ノ區別ヨリシテ法律ニモ亦之レニ應スヘキ種類ヲ生スルヿナリ今先ツ此三面ノ顏色容貌ノ性質異同ヲ論述セン

各人各個トハ天然上ニ存スル人類ノ一個人々々ヲ指スモノニシテ手ニ觸レ目ニ見ルヘキ有形ナル實人間ヲ云フ而シテ其性質ハ孤立獨居ヲ旨トシ其容貌ヲ相スレハ自ラ井ヲ堀リ自ラ鍬ヲ製シ自ラ耕シタルロビンソンクルトソーノ相アリテ一切他人トノ關係ヲ絕タント欲スル氣風アルカ如シ

國家ハ一個ノ擬爲人タル資格ヲ有スル無形ノ人ニシテ人間中申合ヒノ手細工ニ成リ敢テ天然有形上ニ存スルモノニアラス其容貌ヲ相スレハ無形ナレ𪜈流石ニ一個人タレハ自ラ一個人タル我意モアリテ兎角ニ其配下ノ人民ヲ壓制セント欲シ宛モ劒ト斧トヲ兩手ニシタル古代軍神ノ相ニ似タリ

社會ハ一個人ト等シク天然上ニ成リ敢テ人爲ニ屬セスト雖𪜈社會ニ於キテハ各人各個ヲ分離孤立セシムルヿナク多數ノ人民ヲ一体ニ集メタル共同一致ノ有樣ヲ云フ故ニ國家ト異ニシテ一個人タル資格ナシト雖𪜈好ンテ他人ト共同シ以テ共ニ其文化ノ進歩ヲ爲サントスルモノナルヲ以テ苟モ文化ノ度ニシテ同一

ナラハ數國數十國又ハ全世界ヲモ通シテ一社會ヲモ成サントスル者ナリ即チ現今歐州諸國ノ如キハ殆ト之ヲ一社會ト稱スルヿヲ得レ圧國家ハ然ラス英國ハ英國佛國ハ佛國獨逸ハ獨逸ト分レテ各一國ヲ成シ未タ嘗テ歐州一國タルヲ見ス而シテ此國家及ヒ各人各個ト反對ナル社會コソ眞ニ優勝劣敗作用ヲ行ハルヽ舞臺ニシテ社會進化ノ原理ハ社會ヲ捨テ他ニ行ハルヘキ所アラサルナリ故ニ英佛獨各其邦國ヲ異ニスルモ文化發達ノ活動アラン以上ハ英佛獨ハ勿論歐州全土世界萬國ヲモ併セタル一層廣大ナル大舞臺即チ大社會ヲ爲シテ優勝劣敗ノ作用モ亦從テ一層自由ナル活動ヲ得ルニ至ルヘシ今人類三面中ニ就キテ社會ノ

面相ヲ相スルニ社會ハ宛モ鐵道ヲ足ニシ電線ヲ手ニシ羽衣着ケタル天津乙女カ飄々乎トシテ青空ニ飛行スル窈窕ノ姿容アルカ如シ右ノ如ク人類ハ各人各個社會國家ノ三點ヨリ考察シ得ヘキモノナルカ故ニ人類ヲ相手トスル法律モ亦分レテ三種トナリ各人各個ニ關スル者ヲ私法ト云ヒ社會ニ關スル者ヲ社會法ト云ヒ國家ニ關スル者ヲ國法ト云フ○私法ハ各人各個ニ限レハ天然上ノ事項ヲ論スルモノニシテ其私法上ヨリ來レル權理ノ主体即チ權理ヲ有シ得ヘキ者ハ各人各個ナリ故ニ其私權理ハ各人各個自由ニ之ヲ讓與存敗スルヿヲ得ル設令ヘハ「他人ノ金錢ヲ借用シタル者ハ義務者之ヲ償却スヘシ」ト云フハ私法上ノ法律ナ

レハ債主ニシテ敢テ之レカ返償ヲ促サス或ハ全ク其義務ヲ免セント欲スルカ如キハ皆債主ノ隨意自由ニテ右ノ法律規則ヲ履行セシムルヲ要セサルナリ是レ私法ノ他ノ法律ト異ナル所以ノ主タル者ナリ○社會法ハ前ニ述ヘタル如ク民人共同ノ進化發達ニ關スル事項ヲ規定スルモノナルカ故ニ英佛獨等國人ノ差別ヲ問ハス優勝劣敗作用行ハルヽ同一ノ文化ニ遭遇セル舞臺ハ數國若クハ數十國ヲ共通セル同一ノ法律ヲ成スコヲ得ヘキ者タリ其適例ヲ擧クレハ鐵道電信航海等ニ關スル法律成規ハ歐州諸邦殆ト同一ナリトス是レ偶然ニ生シタル事實ニアラスシテ歐州諸邦ノ一大社會タルカ故ノミ又タ社會ハ各人各個ト等シク天

然上ニ成リタルモノナルカ故ニ社會法上權理ノ主体タル者ハ各人各個ナレヒ各人各個自由ニ其權理ヲ存廢スルヿ能ハス國家政府モ亦之ヲ束縛スルヿアルヘカラス設令ヘハ自ラ承諾ノ上ニテ自分ヲ奴隷トシテ賣買セント欲スルモ社會法ハ之ヲ私人ノ意思ニ一任シテ之ヲ許容スルヿナシ是レ社會ノ大舞臺ニ於キテ優勝劣敗ノ活動ヲ爲サントスルニハ人々ニ人身ノ自由ナルモノナカルヘカラス故ニ人身ノ自由權ヲ束縛スル事項ハ各人各個自ラ之ヲ爲スヿ能ハス國家政府モ亦此自由ヲ束縛スルヿヲ得ス是レ私法ト社會法ト相異ナル性質中ノ著大ナル者ナリ○國法ハ國家ト云フ無形ノ一個人ニ關スル事項ヲ規定スルモノニシテ

權利ノ主体ハ即チ國家ナリ故ニ國家ニ屬スル權利ヲ存廢スルハ國家ノ自由ナレトモ各人各個ノ自由ニアラス設令ヘハ參政權ノ如キハ全ク國法上ニ屬スル權利ニシテ彼ノ社會法上ニ屬スル人身ノ自由權出版ノ自由權、宗敎ノ自由權等ト大ニ其性質ヲ異ニシ苟モ此等社會上ノ自由ヲ害セス適當ニ國家ノ區域內ニ屬スル權利ナラハ國家ノ之ヲ制限存廢スルハ無形人ナル國家ノ意見一ト通リニ存ス其他政体ノ變更或ハ不認可權ヲ執行スルト否トハ全國家ノ隨意ナレハ各人各個ノ之レニ其口嘴ヲ容ルヘキモノニアラサルナリ

私法、國法、社會法ノ區別ハ大畧上ニ述ヘタル如クナリ

然レトモ茲ニ尚ホ注意スヘキ一事アリ即チ右三種ノ法

律ハ各々其區域範圍アリテ整然紊レサル者ナレ𪜈同一ノ事項ニシテ此等三種ノ法律中ニ屬スル者甚タ多キ事是ナリ今一二簡易ノ例ヲ示サンニ設令ヘハ年齢ト云フ事ハ只タ年齢ト云フ一事ナレ𪜈民法上ヨリスル時ハ契約或ハ治産ニ關スル能力如何ヲ定ムルヲ以テ其目的トシ大凡ソ二十一二歳位ヲ度トスレ𪜈之ヲ社會法上ヨリスル時ハ或ハ結婚變宗ノ能力如何ヲ定ムルヲ以テ目的トシテ大凡ソ十三四歳ヨリ十七八歳ノ間ニ止マリ更ニ之ヲ國法上ヨリスル時ハ參政ノ權利ヲ使用シ又ハ官吏タルヲ得ヘキ能力如何ヲ定ムルヲ目的トシテ大凡ソ二十五六歳以上ヲ限リトセリ物品ノ如キモ亦然リ物品ハ物品ト云フ一事ナレ𪜈其各

人各個ノ所有ノミニ屬スル者ナルトキハ私法ニ屬シ之ヲ商品等トシテ社會進歩ノ活動上ニ使用スルトキハ社會法中ニモ亦論述スヘキモノトス故ニ交通狹隘ナリシ昔日ハ全ク私法ニ屬セシ事項モ交通漸ク開ケテ優勝劣敗作用ノ範圍次第ニ擴張スルニ從ヒテ之ヲ社會法上ヨリ論述セサルヘカラサルニ至ルナリ故ニ同一ノ事物ト雖モ私法ハ私法、社會法ハ社會法、國法ハ國法ト各々其異ナリタル目的ニ從ヒ之ヲ講究セスンハ大ナル誤謬ヲ招クニ至ルヘシ

右ニ述ヘタル法律三種ノ區別ハ法律中ノ主人タル人類ノ面想ヲ標準トシテ立テタル者ナルカ故ニ其論理ニ至リテハ余ハ甚タシキ誤謬アルヘキ者ニアラスト

確信セリ然レ𪜈諸君及ヒ余輩カ今日學ヒ得タル英佛法學ハ之ヲ此標準ニ照サハ如何アルヘキカ余カ上來述ヘタル論理ヲ以テ英佛法學ノ制ニ照サハ諸君如何ナル論局ヲ得ヘキヤ諸君ハ知ラス余ハ斷シテ曰ハントス英佛法學者ノ眼中只タ國家ト各人各個トアリテ社會ナシ只タ國法ト私法アリテ會社法ナシト然レ𪜈英佛二國ト雖𪜈鐵道モアリ電線モアリ宗教ヲ奉スル者モアリ婚姻ヲ結フノ男女モアリ從ツテ又此等ニ關スル法律規則モアルヘキ筈ナレ𪜈英佛學者ハ之ヲ論スルヤ其論述ノ方法社會法ハ一派ヲ缺クカ故ニ異ニ社會法ニ屬スヘキ斯ル事項ハ之ヲ私法若クハ國法中ニ混入分論シテ顧ミル所ナシ其狀恰モ人類ノ進化發

達ニ促サレタル社會文化ノ事項ハ敝履ノ如クニ之ヲ見做シテ其捨テ處ニ困却シ遂ニ國法私法二者ハ厄介物トナシタル者ノアルニ似タリ今其重要ナル結果ノ證跡ヲ擧グレハ左ノ如シ

(一)結婚、宗教、家族、住所、土地ノ義務、職業、營業等ニ關スル法律ハ正ニ社會法上ヨリ論スヘキ者ナレドモ英佛學者ハ往々之ヲ民法中ニ論述シ或ハ民法上ノ論理ヲ基トシテ之ヲ論述ス故ニ其弊害タル譬ヘハ民法上ニ定メタル年齡ヲ以テカヽル事項ニモ亦之ヲ適用セント欲シ承諾ニ出テタル行爲ハ他人ヲ害シタル者ニアラストスル格言ヲ一般法律ノ原則トシ承諾ニ出タル賣淫ノ行爲ハ公法上ニモ敢テ之ヲ罰スヘキモノニアラストスルカ如キ誤謬ヲ生シ或ハ公用土地買上ノ權ハ社會法上至當ノ權利ナレトモ之ヲ私法上ヨリ論シテ他人ノ所有權ヲ犯スヘキ變例ナリトスルカ如キノ誤見ヲ發生セルハ現ニ英佛學者カ著書中ニ珍ラシカラサル所説トス

(二)水利法、銀行法、鐵道法、町村法ノ如キ社會法ハ原理ニ依ルヘキ者モ國法ハ原理ニ由ルカ故ニ往々國家ノ壓制ヲ蒙ムルヿ少ナカラス設令ヘハ町村團結ノ如キハ人民共同自治ノ原則ニ基クヘキ者ナレトモ國法上ヨリシテ之ヲ論スルカ故ニ往々國家ノ過度ナル干渉ヲ受ケ或ハ行政法ノ如キ單ニ國法上ニ於キテノミ之ヲ論スルカ故ニ常ニ國家政府ノ束縛ヲ受ケテ中央集權ノ

大弊ヲ見ルニ至ル

(三)法律上萬民同等ノ權、人身ノ自由、結社ノ自由、宗教ノ自由等社會法ハ原理ニ據ルヘキモノナルモ之ヲ國法ノ上ニ適用シテ同一ノ原理ニ基ツカントシ往々過激ノ空論タルコアリ例セハ國法ニ屬スヘキ參政權ニモ萬民同等權ノ原理ヲ適用シ普通撰擧ノ制ヲ用ユル邦國ナルニアラサレハ人民ノ自由ナシトスルカ如キノ類ナリ

其他英佛學者カ誤謬ハ實ニ枚擧ニ暇アラスト雖モ要スルニ英佛學者ノ眼中ニハ國家ト各人各個トアリテ社會無ク國法ト私法トハ有リテ社會法無キヲ以テ其眞ニ社會法ニ屬スル者ハ已ムヲ得スシテ之ヲ國法ト私

法トニ配分シタルカ故ニ適當ニ社會法ニ屬スヘキ事項ニシテ其國法中ニ混入シタル部分ハ自ラ國家ノ壓制干涉ヲ受ケ其私法中ニ混入シタルモノハ自ラ過激ノ空論ニ化スルニ至レリ語ヲ換ヘテ之ヲ言ハヽ英佛學者ハ人間ニ三面相アルヿヲ忘レテ只タ國家各人各個ノ二面相ノミヲ認識スルカ故ニ可惜《アタラ》社會ノ本色ヲ顯ハシタル天津乙女カ窈窕タル花ノ顏セヲ讚《ツアシ》ニシテ之ヲ各人各個ナル「ロビンソンクルーソー」ト綽號シタル水香百性カ髯面ト腕力一方ナル國家ヲ代表スヘキ軍神カ瘤面トニ練リ合セタリ而シテカヽル英佛學者ノ手際ハ巧ミナリト言ハンカ拙ナリト言ハンカ諸君ノ判斷ニ一任シテ又タ諜々ノ辨ヲ費サヽルナリ

法律ニハ斯ク三種ノ大別アリ各其性質目的ヲ異ニセリ故ニ諸君ニシテ法律ヲ學ハント欲セハ先ツ豫メ此區別ヲ察シテ各其方向ヲ取ラサルヘカラス營業ヤ結婚ヤ居住ヤ其他千百ノ事項ニシテ是レマテ私法ノ範圍內ニ於キテ論述スヘキ者ト思ヒタル者モ近世進化主義ノ光リニ其當サニ社會法ニ屬スヘキ者タルノ理由明白トナリ從ツテ又進化主義ニ基キタル新法理ニヨリテ之ヲ考究セサレハ法官タリ代言人タリ政治家タリ又ハ行政官吏タルモ自ラ其本務ヲ盡スコト能ハサルニ至ルヘシ然ルニ尙ホ恬然英國ノ判決錄ヤ佛國民法等ノミニ首ヲ入レ而シテ他ニ法學ノ大海アルヲ知ラサルハ宛モ生レナカラニシテ三尺ノ獄室ニ禁錮セ

ラレテ鐵道電信ノ社會ヲ一見シタルコトナキ者ニ異ナラス諸君モ知ラルヽ如ク我カ大學ノ敎師タリシテリー氏ハ余モ多年其敎ヲ受ケテ英國法律ノ奥義ヲ聞キ得タル恩人乍ラ學術上ニ於キテハ氏ニ對シテ反對ノ言ヲ吐カサルヲ得ス即チ同氏カ新著英米法律原論ハ同氏カ前著法律原論ニ比スレハ大部ノ著述ニシテ氏ノ心中或ハ一歩ヲ進メタルモノト思惟スルナラント雖𪜈余ヲ以テ見レハ同氏カ新著ノ一大冊ハ單ニ英米ノ斷例ヨリ綴リ出シタル屁理屈ニシテ前著法律原論ニ劣ルコト數等ナリ諸君試ミニ此ノ書ヲ通讀セラレ氏カ一派ノ意見ニテ創立シタル權利ノ類別ヲ確信シ大學ノ課目ヲ卒ヘテ實務ニ就クノ日ニ當リテヤレ保護

權タノヤレ許容權タノト公言セラルヽヿアラハ此上モナキ世上ノ物笑トナランヿ必然ナリ是レ米英ノ斷例ノミニ基キタル區別ニシテ眞ニ英米法律ノ原理ヲ究メタル標準ヲ基トセルモノニアラサレハナリ蓋シ實際學トモ稱スヘキ社會學及ヒ經濟學ハ法理ノ骨髓ニシテ此二學ヲ外ニシタル法學ハ素ヨリ其眞確ヲ得ルヿ能ハサルヤ必セリ然レ𪜈ミル氏ノ經濟論ヤスヘンサー氏ノ社會學ヲ一讀シテ經濟論ハ價直ト自由貿易ノ豫論ヲ爲シ社會學ハ猿ヤ犬ノ例ヲ枚擧シテ人間ハ進化スヘキモノタルノ一事ヲ記シタル者ト心得尙ホ他ニ實際ニ應用スヘキ廣大ナル社會學ト經濟學トアルヲ知ラサルニ至リテハ抑モ誤レリ而シテ米佛學

派ノ社會學及ヒ經濟學ニ就キテハ余大ニ意見アリト雖圧是レハ尚ホ他日ニ論スル所アルヘケレハ今之ヲ畧スヘシ只タ余今日諸君ニ告ク願クハ近世法學ノ傾向ニ注目シ判決錄トポチエーノ囚徒タル資格ヲ脫シテ發達進歩ノ社會ニ呼吸シ宛モ彼ノ天津乙女ヲ相手トシテ男女同席ノ眞理ヲ發見スルノ狀ヲ爲シ以テ此法學ノ進歩ヲ務メラレンヿヲ

第二　正格變格ノ區別

先キニ權利ノ分拆ヲ論スルニ當リテ四元素アルヿヲ述ヘ且ツ其前后ハ人ニシテ中間ハ物及ヒ事實ニ屬スルヿヲ述ヘタリ是レ則チ人ニ屬スル法律ト物ニ屬スル法律ノ區別ヲ來タシタル原由ニシテ抑モ此ノ區別ヲ爲シタルハ至リ

テ近世ノ如クナレ𪜈古代羅馬法ニ於キテモ亦此ノ區別ヲ爲シ其區別ニ於キテハ人ニ屬スル者トシテハ其身分ヲ論シ物ニ屬スル者トシテハ其有形無形ヲ論セス權利義務ノ如キヲモ之レヲ幷セ說キタリ此ノ區別甚タ曖昧模糊トシテ了解ニ苦シム者ナキニアラス即チ人ニ屬スル法律ニ就テ之ヲ言ヘハ家族法ヲモ猶ホ含畜シテ啻タニ人々資格ノ差違ヨリ生スル諸權利ヲ論スルノミナラス相互ノ關係ヨリ生スル權利ヲモ倂論セリ又物ニ屬スル法律ニ就テ之ヲ言フモ權利義務ノ如キモ無形物ナリトシテ之ヲ物ニ屬シタリ是ヲ以テベンタムプロンドーウヱストレーキポスト等ハ其區別ヲ明ニセントスルヨリ種々ノ詞ヲ以テ之ヲ形容祖述シタリト雖𪜈遂ニ其當ヲ得ル者鮮ナクホルラン

ド氏ノ如キハ正格變格ノ語ヲ以テ之レカ區別ヲ為シ且ツ自ラ喜ンテ相當ノ詞ヲ得タリト為ス而シテ其正格ト為ス所ノ者ニ於キテハ物又ハ行為ヲ論シ其變格ト為ス所ノ者ニ於キテハ人ニ關スル者ヲ論シタリ

夫レ此ノ如クホルランド氏ハ正格變格ヲ以テ之ヲ區別シ其所屬ヲ定メタリ然ラハ何故ニ人ヲ變格ニ屬セシメテ物及ヒ行為ヲ正格ニ編シタルヤト謂フニ抑モ人ニ就テ論スヘキ者ハ其數至リテ寡少ニシテ權利者義務者ノ身分ヲ論スルニ過キス且ツ其權利者義務者ノ身分ハ同一ノ法律ニ依準シテ之ヲ支配スルヲ得ヘク特ニ其人丁年男子ニシテ國民ノ資格ヲ有スル者タラハ契約ヲ為スニ於キテモ又別ニ論スヘキ者ナシ夫レ斯ノ如ク論スヘキヿ寡ナシ是レ變

格ニ屬スル所以ナリ若シ夫レ物及ヒ行爲ニ至リテハ其論スヘキヿ饒多ニシテ且ツ重大ナリト云フヘシ之ヲ例セハ幼者ノ土地ヲ所有スルアリ隣家亦一ノ瘋癲者アリテ家屋ヲ創建シ其幼者ノ住居ノ窓明ヲ妨クルアリトセンニ此時ニ當リ此ノ事項ヲ論セント欲セハ四箇ノ法律ニ論到セサルヘカラス即チ

第一　幼者ニ關スル法律

第二　所有權ニ關スル法律

第三　土地ノ義務ニ關スル法律

第四　瘋癲者ニ關スル法律

以上四箇ノ法律ニシテ此ノ法律中第一第四ハ同一ノ法律ニ屬シ其論スヘキ事項ノ如キモ甚タ僅少ニシテ唯タ幼者

瘋癲者結婚婦外國人等ニ過キスト雖モ第二第三ノ如キニ至リテハ其論スヘキ事項多クシテ殆ト其極メヲ知ルヘカラス夫レ斯ノ如ク論スヘキ事多シ是レ則チ正格ニ編スル所以ナリ之ヲ約言セハ正格ニ於キテハ則チ人ノ資格如何ニ關セス一般普通ノ法律ヲ論シ變格ニ於キテハ單リ人ニ屬スル法律ヲ論スル者ナリ其正變何レヲ先キニシテ之ヲ論スル等ノ如キハ法律學者ノ自由ニ放任スト雖𪜈抑モ亦其重且ツ大ナル者ヲ先キニスルハ普通ノ事ト言ハサルヲ得ス

正變ノ區別及ヒ其所屬ノ所以ハ己ニ之ヲ論シタリ言茲ニ至リテ更ラニ研究スヘキハ即チ正格變格ヲ分ツニハ人ノ身分ノ表準トナルヘキ事項ヲ定ムルヿ是レナリ此ノ事ニ

關シテハオースチン氏ノ說アリ即チ曰ク資格ノ標準トスヘキ者三アリ
第一　身分タルヘキ事項ノ必ス一組一團ノ一員タル人ニ存スルコ
第二　身分ヲ組織スル權利義務能力不能力ノ特ニ右ノ一團一組ニ屬スル人ニ關係シテ利害アルコ
第三　此ノ權利義務能力不能力ハ其數夥多ニシテ此ノ身分ヲ有スル人ニ著シキ性質ヲ具備シ若シクハ社會中ニ於キテ他人ニ對シ有要ノ關係アルコ
猶ホ之レニ附シテ論シテ曰ク第三要件中權利義務能力不能力等必スシモ其數ノ夥多ナルヲ要セス法理上ヨリスレハ全ク之ヲ缺クモ猶ホ可ナリト余ヲ以テ之ヲ見レハ間然

スヘキコトナキニ非ス則チ若シオースチン氏ノ所説ヲシテ其歸果タシテ正鵠ヲ失ハサル者トセハ何ソ唯タ幼者疾廢者等一種ノ身分ノミニ限ランヤ地主株主等ノ如キモ之ヲ身分トシテ論セサルヲ得サルニ至ラン豈此ノ如キノ理アランヤアンソン氏ハ其缺ヲ補ヒ自ラ得タリトシテ曰ク身分トハ自己ノ意ヲ以テ能ク之レヲ變スル能ハサルヲ謂フト余猶ホ贊賞ノ言辭ヲ呈スル能ハス乃チホルランド氏ノ説ニハ身分トハ權利者義務者ニ對シテ執行シ得ヘキ行爲ニ關スルコトナキ性質ヨリ生出スル一箇人タル資格ノ變例ニシテ法律上之レヲ一定シタル者ナリト以テ其當ヲ得タリト爲スヘシ

ホルランド氏ノ説ニ從ヘハオースチン氏ノ説ノ如ク地主

株主等ヲモ猶ホ身分ノ内ニ入ル、ノ不都合アルナシ今其地主ノ權利ハ果タシテ之ヲ人ニ屬スル法律ニ於キテ論スヘキ者ナルヤ否ヤヲ判定セント欲セハ先ッ地主ハ地主タル一体ノ身分ニ於キテ借地料契約事項ノ履行等凡ソ其借地人ニ對シ請求シ得ヘキ行爲ト全ク關係ナキ法律上特種ノ變例ナルヤ否ヤヲ定ムルニ在リ盖シ誰レカ之レニ應シテ其特種ノ變例ナリト謂フ者アランヤ即チ地主トハ人ニ屬スル身分ニアラスシテ啻タ借地料ヲ得有シ契約事項ノ執行ヲ請求シ得ルノ權利ヲ有スル者ニ過キス是故ニ今假リニ地主ヲシテ幼者タラシメナハ此時ニアリテコソ其能力ハ身分ニ歸シテ其行爲トハ全ク干係ナカルヘシ

上來論スルカ如クナルヲ以テ身分ノ何物タルヲ一言セハ

第一擬爲人即チ無形人ナルコ第二年齡、男女、精神力、犯罪人外國人又ハ公務ニ任スル者此等ノコヨリ生スル不能力或ハ例外等ヲ以テ一ノ身分ト稱スヘク且ツ其身分ハ特別ニシテ且ツ永遠ナルヲ要ス彼ノ兵士盲目者私生ノ子等ハ或ハ之ヲ以テ人ニ屬スル一種ノ身分ト云フヘキカ如クナリト雖𪜈實際上此等ノ者ヲ指シテ身分トハ爲サヽルナリ

第三　對人權對世權ノ區別

凡ソ對人權ト對世權ノ分ルヽ所以ノ者ハ其權利ニ相對スル義務者ノ定不定ニ因リテ其區別ヲ來タシタルニ外ナラスヽ之ヲ詳言セハ即チ其義務ヲ負フ者確然固定シアル時ハ之レヲ對人權ト云ヒ之ヲ例セハ奴僕ト主人トノ如シ其奴僕タル者ハ主人ヨリ給料ヲ得ルノ權アリ主人ハ奴僕ヲ使

役スルノ權アリ是レ則チ雙方共ニ對人權ヲ有スル者ト云フヘキナリ對世權ハ之レト異ニシテ其義務者確然ナラスト雖𪜈世上一般其義務者タルヲ免レサル者之ヲ對世權ト云フ之ヲ例セハ土地ヲ所有スル者アリトセンニ此時ニ在リテハ何人モ其土地ヲ侵スヘカラサルノ義務アリテ又之ヲ侵畧セシメサルノ權利アリ此權利卽チ對世權ト稱ス又其兩權ヲ人權物權ト謂フ者アリト雖𪜈之レ適セサル譯ト謂フヘク且ツ之ヲ人ニ屬スル法律ト物ニ屬スル法律ト混同スヘカラサルナリ

第四　原權救濟權

或ル學者ハ原權救濟權ヲ第一權第二權ト稱スル者アリ而シテ此ノ原權救濟權ヨリ主法助法ノ二類ヲ生シ來タル者

トス今其主法助法ヲ後ニシテ先ツ原權救濟權トハ果タシテ如何ナル者ナルヤヲ研究センニ夫ノ原權トハ人類ノ行爲ノ爲メニ存スル者ニシテ即チ或種ノ事業ヲ爲シ得ルノ權是レナリ又其救濟權ナル者ハ其原權ノ毀損ヲ受クルニ當リ之レヲ救正スルニ起ルノ權ニシテ法律ノ結果ヨリ生出シ來タル者ナリ尙ホ注意ヲ要スヘキ事アリ即チ訴訟權ハ原權ニ屬スヘキヤ將タ救濟權ニ屬スヘキヤノ事ニシテ一方ヨリ看察ヲ下セハ或ハ救濟權ノ如クナリト雖モ未タ損害ヲ被ラサルニ當リテ訴ヲ起スノ權モアルヘケレハ之レヲシモ猶ホ救濟ノコト云フヘカラサルナリ因テ以テ其屬附何レニ在ルカヲ定ムルニハ義務ヲ負フ者如何ニ因リテ之レヲ區別スルナリ即チ未タ我カ權利ヲ破ラレ又ハ損

害ヲ被ラサル以前ニ訴ヲ起シ得ルノ權ハ原權ナレ𪜈此ノ權利ニ對スル義務ヲ負フ者ハ裁判所ナリ之レニ反シテ已ニ我カ權利ヲ破ラレ或ハ損害ヲ受ケタルヨリ生スル起訴ノ權ハ救濟權ナレ𪜈此ノ權利ニ對スル義務者ハ加害者ナリトス又此ノ原救兩權ノ區別ヨリ主法助法ノ區別ヲ生ス近ク譬ヲ取レハ刑法ハ卽チ主法ニシテ治罪法ハ助法ニ屬シ民法ハ主法ニシテ訴訟法ハ助法ニ屬スルカ如シ

以上講述シタル全体ヲ局論スレハ唯タ其權利ノ何物タルヲ論スルニ過キスシテ未タ權利ノ活動ニ於キテハ一言ノ推及シタル者ナシ次回ヨリハ乃チ權利ノ活動ヲ講究セン

法理學講義　第六回

法學士　江木衷講述　　奥山十平筆記

第十章　動權及ヒ靜權ヲ論ス

凡ソ權利ナル者ハ之ヲ論究スルニハ表裏兩面ヨリ觀察ヲ下シテ之レヲ考究セサルヘカラス故ニ權利ハ一面ヨリ之レヲ觀察スル時ハ靜止ノ體ヲ爲シ又他ノ一面ヨリスルトキハ運動ノ體ヲ爲ス可シ動權トハ其運動ノ體ヲ爲スモノヲ云ヒ靜權トハ其靜止ノ體ヲ爲スモノヲ云フ尙ホ言ヲ換ヘテ云ヘハ權利ノ性質實積分解ヲ論スルハ所謂ル其靜止ノ體ヲ論スルモノニシテ權利ヲ有スル人ト併行ス可キ權利ノ讓與等ヲ論スルハ運動ノ體ヲ論スルモノニ外ナラス今先ツ靜權ノ何物タルヲ論センニ其論述ノ方法ニ表裏ノ二

様アリ而シテ表裏ノ兩面ヨリ觀察ヲ下ス片ハ或ハ二樣ノ論結ヲ得ルカトノ疑ヲ起サシムルコナシトセサレ𪜈決シテ然ルニアラス例ヘハ或ル一定ノ場所ニ至ルニ一ハ本道ヨリシ一ハ裏道ヨリスルモ其到着スル處ハ敢テ異ナラサルカ如シ然レハ此ノ例ニヨリ權利ヲ論スルニ其本道ヨリスルトハ如何ナルコヲ云フカ他ナシ權利ノ實積ヲ論スルコ是レナリ而シテ此ノ實積トハ權利ヲ有スルヨリ得ル處ノ諸般ノ利益ノ總額ヲ指シテ云フナリ又權利ヲ論スルニ裏道ヨリストハ他ニアラス違犯ノ點ヨリ考察スルモノナリ即チ權利者ノ有スル利益ヲ害スル點ヨリ論スルモノナリ尙ホ他ノ例ヲ以テ之レヲ說カンニ彼ノ所有權ヲ論スルニ其實積ハ所有ヨリ生スル利益ヲ論スルモノニシテ違犯

ハ其所有ヲ害スル處ノ竊盗横奪等ノヿヲ説クモノナリ如此ク權利ハ兩面ヨリ論スルヿヲ得ヘシトハ雖ヒ凡テ法律ハ裏面即チ本道ニアラスシテ裏道ヨリ論スルモノヲ以テ甚タ多シトス彼ノ刑法ニ規定スル事柄ハ千種萬別殆ト枚擧スルヲ得スト雖モ其事一トシテ違犯ヨリ論シタルモノニアラサルハナシ然ハ法律上ニ於テ論スル事項ハ裏面ヨリ論スルモノ甚タ多クシテ正面ヨリスルモノ却テ少ナシト謂ハサルヘカラスホルランド氏曰ク權利トハ毫末モ他ノ侵犯ヲ受クヘキモノニアラス故ニ權利ヲ破リ幷ニ利益ヲ害スル者アルトキハ訴權直チニ生スルモノナリト即チ違犯ノ點ヨリ論シタルモノニシテ所謂ル私犯ノヿヲ論シタルニ外ナラス私犯トハ契約ニ關セサル事柄ヨリ生シタル

損害ニ就キ其起訴權ノ有無ヲ論スルモノナリ抑モ訴權ノ生スルニハ蓋シ二樣ノ別アリ一ハ他人ノ權利ヲ破リタル片他ノ一ハ直接ニ他人ノ權利ヲ破ラス自己ノ不注意ヨリ他人ニ損害ヲ加ヘタル片是レナリ今他人ノ權利ヲ破リタル場合ノ例ヲ擧ケンニ嘗テ英國ニテ國會議員ニ撰擧セラレタル者アリ然ルニ撰擧ノ際投票調査係ハ投票數百一點ナリシヲ百點ナリトセリ去レ圧其撰擧者ハ多數ノ投票ニテ議員トナルヲ得タリ然カモ尙ホ其被撰者ハ權利ヲ害サレタリトテ右ノ役員ヲ被告取リタリ法庭ハ之ヲ判決シテ權利ヲ破リタル者トシテ名義上ノ損害即チ我日本ノ一錢程ノ賠償ヲ命シタリ此場合ニ在リテハ原告ハ現ニ議員トナルヿヲ得タル者ナレハ實際毫モ損害ナキモ只タ權利ヲ

破ラレタリトハ一點ヲ以テ訴權ヲ有シタルナリ此ノ如キ名義上ノ損害ノ場合ニハ其訴訟入費ハ通例原告ノ負擔タルヿ英國ノ慣例ナリ往年我國ニテ代言人諸氏カ名譽ヲ毀損サレタリトカ云フ口實ヲ以テ東京日々新聞社ヲ被告取リタルヿアリ此ノ事件果シテ受理スヘキモノニシテ若シ此事ヲ英國ニ生セシメタリトセハ英國ノ裁判所ハ只タ僅カニ一錢ノ賠償ヲ命シタルニ過キサリシヿナラン閑話ハ先ツ措キ前例ニ反シテ實際上ノ損害アルモ權利ヲ破ラサルトキハ訴權生セサルヿヲ隙ヘンニ例令ヘハ一ノ唐物屋アリ頗フル繁昌セリ然ルニ其隣家ニ來タリテ唐物店ヲ開キ非常ノ廉價ヲ以テ商業ヲ初メタル者アリテ一方ノ唐物屋ハ悉ク其得意ヲ奪ハレタリ此ノ場合ニハ一方ノ損害容易

ノコニアテス左レ𪜊之レカ爲メニ其新店ヲ被告取ルノ權ヲ有スルコ能ハス如何トナレハ毫モ權利ヲ破ラレタル處ナキヲ以テナリ此ノ二例ハ即チ他人ノ權利ヲ破リタルニアラサレハ訴權生セストノコヲ示シタルナリ茲ニ又直接ニ他人ノ權利ハ破ラサルモ自己ノ義務ヲ破リタルヨリ訴權ヲ生スルノ場合アリ而シテ此場合ニ訴權ノ生スルニハ二要件アリ一ハ義務ヲ破ルコ一ハ他人ノ利益ヲ害スルコ是レナリ一例ヲ設ケテ説カンニ三尺以上ノ手綱ヲ以テ馬ヲ曳クコヲ禁セラレタル𪜈之レヲ守ラスシテ四五尺モアル手綱ヲ以テ馬ヲ曳キタルニ其馬何カ事ニ驚キ一蹶路人ヲシテ怪我ヲ爲サシメタリ此ノ場合ニハ訴權生スルモノナリトス如何トナレハ義務ヲ怠リ且ツ損害ヲ他人ニ加ヘ

タルヲ以テナリ斯ク訴權ノ生スルニハ二樣アリテ一ハ他人ノ權利ヲ破リタルトキニ起リ又一ハ他人ノ權利ヲ破ラス自己ノ義務ヲ怠リタリ損害ヲ他ニ及ホシタルトキニ起ルモノナリ故ニ今英國私犯法中起訴權ニ關スル原則ヲ擧クレハ左ノ如シ

第一　毫末ト雖モ他人ノ權利ヲ破リタルトキハ損害ノ有無ヲ問ハス起訴ノ權ヲ生ス

第二　他人ノ權利ヲ破ラスト雖モ本分ノ義務ヲ怠リ爲メニ現實ノ損害ヲ與ヘタルトキハ起訴ノ權ヲ生ス

然レトモ此ノ原則ヲ一覽セハ忽チ疑團ノ生スルコト必然ナリ已ニ前々回ニモ論述シタルカ如クホルランド氏ハ權利アレハ必ス義務アルヘキモノトセルカ故ニ義務ヲ怠リタル

キ即チ右第二ノ原則ノ場合ハ必ス他人ノ權利ヲ破リタルモノナラサルヘカラス不都合極マリタル者ト云フヘシ故ニ余ハ只タ此ノ原則ヲ以テ實務家ノ便宜ノ爲メニセル目安ニ過キサルモノトセン而シテ今マ論理ニ依リテ此ノ原則ヲ推究セハ余ハ左ノ數點ノ一ニ歸スヘキモノト考フルナリ

一　右第二ノ原則ヲ以テ正確ナリトスル時ハ權利義務ハ必ス相對立スヘキモノトスル法理ヲ破リ法律ハ先ツ義務ノミヲ創設スルトスルオースチン派ノ法理ヲ取ラサル可カラス

二　權利義務ハ必ス相對立スヘキモノトスル近世ノ法理ニシテ誤謬ナクンハ右第二ノ原則ハ法理學上許容

スヘキモノニアラス

三　第二ノ原則ノ所謂義務トハ原告人ニ對スル義務ヲ怠ルヿ即チ此レニ對スル原告ノ權利ヲ破ルノ意ニアラスシテ原告外ナル三者若クハ官衙ニ對スル義務ヲ怠リタルヲ云フモノトスルトキハ權利義務ハ必ス相對立スヘキモノトスル法理ヲ破ラスシテ此ノ原則ヲ維持スルヿヲ得ルニ似タリ設令ヘハ前ニ示シタル例ニテ三尺以上ノ曳綱ヲ以テ馬ヲ曳クヘカラサルノ義務ニ對スル權利ハ警察官衙ノ有スル所ナレハ只タ此ノ義務ヲ怠リタルノミニテハ違警罪ニ處セラルヽヿヲ以テ事結了スヘシ是レ此ノ權利義務ハ被告人ト警察官衙ノ間ニ存スルモノニシテ原告人ト毫末ノ關係ナ

ク只タ三尺以上ノ綱ニテ馬ヲ曳キタルノ事ハ決シテ私人ノ權利ヲ破リタルモノニアラサレハ私人此ノ馬夫ニ對シテ損害要償ヲ爲スノ權ナカルヘシ而シテカヽル原被兩造ノ關係外ニ存スル義務ヲ怠タリ爲メニ原告ニ損害ヲ來シタル時設令ヘハ三尺以上ノ綱ニテ馬ヲ曳キタルカ爲メニ原告ヲ負傷セシメタル時ハ被告ハ他人即チ官衙ニ對スル義務ヲ怠リタレ圧原告ニ損害ヲ來シタルモノナレハ即チ第二ノ原則ニ由リテ起訴ノ權アルヘキモノトスルヿヲ得ヘシ

四　然レ圧右第三ノ論點ハ尚ホ深ク之レヲ考察スル時ハ矢張リ原告ノ權利ヲ破リタルモノニ歸セサルヲ得ス設令ヘハ前ニ示シタル例ニテ云ハヽ原告ハ「被告ハ

警察規則ヲ怠リテ爲メニ原告ヲ損傷セシメサル」ノ權ヲ有スト云フヿヲ得ヘシ故ニ理論上ヨリ云ハヽ起訴ノ權ハ自己ノ權利ヲ破ラレタル時ノミニ發生スヘキモノニシテ第一ノ原則ヲ以テ充分ナリトスレ𪜈實務家ノ便宜ノ爲メ前第三ノ論點ノ場合ヲ以テ第二ノ原則トナシタルニ過キサルナリ

上來述フルカ如ク法律上ノ議論多クハ違犯ノ點ヨリスルモノナリ依テ左ニ違犯ニ付キ注意スヘキ事柄ヲ擧ケン

第一　眞ニ行爲ニアラサル場合

其行爲全ク自己ヨリ出テサルモノ即チ自己ノ力ノ及ハサル處ヨリ出テタル結果是レナリ例ヘハ馬ヲ曳キテ市街通行ノ際其馬他ノ車輪ノ轟然タルニ驚キ狂躍

シテ傍人ニ怪我ヲ為サシメタルカ如キモノヲ云フ

第二 結果ノ原因明白ナラサル場合

結果ノ原因明白ナラサル場合トハ例令ヘハ鐵炮ヲ以テ人ヲ傷ケタル𪜈ノ如キ其原因ヲ詳カニ論スル𪜈火藥ノ爆烈彈丸ノ飛行火藥彈丸ノ製造及ヒ其販賣者等ヨリシテ装藥狙撃負傷等ノ事ヲ細カニ論スル𪜈ハ其原因ハ何處ニ在ルカ之レヲ知ルヿ難キ者アリ然レ𪜈是等ノ事ハ嘗テ第三回ノ講義ニ於キテ説キタルヿアルヲ以テ茲ニ詳説セス只タ茲ニ畧言スヘキハ助成ノ懈怠ノヿナリ助成ノ懈怠ハ私犯ノ場合ニ甚タ多キモノニルテ被害者ノ方ニ於テモ幾分カ參與シテ或ル損害ヲ生セシムルヿヲ云フ例令ヘハ鐵道線路ノ傍ニ牧

場ヲ有シタルニ其持主ノ不注意ヨリシテ圍ヒノ戸ヲ閉ツルヿヲ怠リシカハ羊群圍ヒヲ脱シ其線路ニ逍遙セシニ滊笛羊群ヲ驅ルノ奇功ナク慘酷ニモ若干頭ヲ壓殺シタリ是レ即チ牧場主カ助成ノ懈怠ヲ爲シタル場合ナリ而シテ英ノ法律ニ於キテハ此ノ如キ場合ニ鉄道會社ハ損害ノ責任ナキモノトセリ併シ助成ノ懈怠アレハトテ必ス責任ナシトスルヲ得ス故ニ假令ヘ助成ノ懈怠アリタリトスルモ些少ノ注意ヲ以テ其害ヲ止ムルヲ得ヘキニ其注意ヲ爲サスシテ害ヲ釀シタルトキハ其責メヲ免レス例令ヘハ銀坐通リニテ人力車ノ衝突スルカ如キハ先ツ通例ノ場合ニ於キテハ些少ノ注意ヲ爲ストキハ決シテ害ヲ招カサルモノナリ如何

トナレハ通路狹隘ナルニアラス又屈曲ノ街路ニモアラサレハナリ

第三　權利ヲ拋棄スルヿニ因テ訴權ヲ失フ

例令ヘハ姦通ノ場合ニ於テ夫ノ承諾ニ出タル時ノ如キハ即チ權利ヲ拋棄シタルモノナリ法律上ノ格言アリ曰ク「ボロンテー、ノー、インジユリヤ」(承諾ニ出ツルノ行爲ハ權利ヲ犯シタルモノニ非ス)ト即チ此ノ如キ場合ヲ云フモノナリ茲ニ注意スヘキハ此ノ格言ハ民法上ノ原則ニシテ公法上ニハ適用スルヲ得サルヿ是レナリ此ノ事ハ余已ニ社會行政法論ニ譯出シタレハ該書ヲ參考セラレナハ明白ナルヘシ

第四　權利沒入ノ場合

例令ヘハ暴人アリ猥リニ他人ノ所有地ニ入ル片ハ之レカ爲メ突キ出サレタルカ如キヿアルモ訴權ナキカ如キ場合ヲ云フ

第五　公ケノ政畧上ヨリ訴權ヲ許サヽル場合

例令ヘハ危急ノ時ニ際シテ他人ノ土地ニ踏込ミタルカ如キ場合是ハ全ク行政上ヨリ訴權ヲ許サヽルモノニシテ公法ニ屬スルモノナリ

右ハ即チ違犯ニ付キ注意スヘキ事柄ノ大要ヲ示シタルマテナリ此ノ他ニモ代理人雇人ノ爲シタル損害ニ就テハ其本人タル主人タル者ニ於テ責任ヲ負フヿ雇人相互ノ間ニ於テ爲シタル損害ニ付テハ主人其責メナキカ如キヿ（英國ニテ千八百八十年發布ノ條例ヲ以テ之ヲ除キタリ）アレ𪜈餘リ必要ナラサルヲ以テ詳論

セス
是ヨリ動權ノヿヲ說カン
ベンタム氏曰ク動權トハ權利ノ發生消滅讓與ノ事實ヲ總稱スト即チ其大要ヲ擧クレハ左ノ如シ

第一　得權ノ事實

今茲ニ羅馬法ノ契約法ヲ以テ例セハ所有權ヲ他ヨリ得ントスルニ只タ其約束ノミニテハ其所有權ヲ得ルヿ能ハス引渡シアリテ始メテ所有權ヲ得ヘシ此ノ場合ニハ引渡シハ即チ得權ノ事實ト云フヘキモノナリ然レ𪜈今日トナリテハ多クハ契約ト共ニ其權ヲ得ルモノトスルカ如シ是レ畢竟世ノ開クルニ從ツテ事ヲ神速ニモセサルヘカラサルノ必要アルニ由ルナラン

之レヲ要スルニ權ヲ得ルニハ其方法二アリ即チ一ハ主權者ヨリ與フルモノ例セハ專賣特權ノ如キ是レナリ他ノ一ハ一般法律ノ規定ニ由テ得ルモノ例セハ父死シテ其子相續權ヲ得ルカ如キモノナリ

第二　喪權ノ事實

例ヘハ借地人カ期限經過ノ後ハ直チニ其借地ヲ使用スルノ權ヲ失フカ如シ又債主カ負債主ヨリ返金ヲ受ケタルトハ債主權ヲ失フカ如キ是レナリ

第三　轉權ノ事實

轉權ノ事實トハ一方ヨリ見ルトハ權利ヲ失ヒ他ノ一方ヨリ見ルトハ之ヲ得ル事實ヲ云フ者ナリ而シテ此事實ハ自己ノ發意ヨリ出ル者ト否ラサル者トノ別ア

リ自己ノ發意ニ出ルトハ賣買ヲ爲シ又ハ或契約ヲ爲スカ如ク自己ノ意ニ由テ一所爲ヲ爲ス者ナリ而シテ其否ラキル者トハ父ノ死ニ因テ先人ノ財產ヲ得ルカ如ク自己ノ發意ニアラスシテ轉スル者ヲ云フ是等ノ轉權ハ如何ナル人之ヲ爲スヿヲ得ヘキカト云フニ現ニ生活スル人死亡人又ハ會社ノ如キ無形人モ亦此轉權ヲ爲スヿヲ得ルモノナリ

第十一章　私法

對世權ヲ論ス

凡ソ法律ニ公私ノ別アルハ已ニ論シタルガ如シ今ヤ公私ノ中其私法ニ係ル者ヲ論セン而シテ其法ノ順序ヲ舉ケ之

レカ區別ヲ立ツレハ私法之ヲ大別シテ體法助法ノ二類トシ其體法ニアリテハ諸權利ノ何物タルヲ論シ其助法ニアリテハ諸權利ヲ保護スル方法ヲ論ス其諸權利ノ何物タルヲ論スル事項ニ於キテ又之ヲ小別シテ正權利變權利トシ正權利之ヲ細別シテ原權救濟權ノ二類トシ此二權利亦各二類ニ區分シテ對世權對人權ト爲ス細別區分茲ニ至リテ先ツ其對世權ヨリ研究セントス

夫レ對世權ヲ論セント欲セハ又之ヲ區分セサルヘカラス乃チ之ヲ區分スレハ六種ニ分ルヘシ

第一　人身ノ安全及ヒ自由權

第二　家族權

第三　名譽權

第四　社會一般ニ共通スル權
第五　占有權及ヒ所有權
第六　詐僞ノ爲メニ損害ヲ受ケサル權

今茲ニ此ノ六種ノ權利ノ性質ト此ノ權利ヲ破ルヘキ行爲ノ性質及ヒ其ノ發生讓與消滅等ノ方法ヲ逐次論究セン然レ𪜈其論ニ入ルニ先チ茲ニ一ノ注意スヘキ事アリ是レ他ナシ「ホルランド」氏ノ此ノ說タルヤ多クハ英國法ニ止リタルヲ以テ近世ニ於キテハ以上六種ノ權利中其ノ公法即チ社會法ニ屬スヘキモノ半ハニ居ルコ是レナリ蓋シ此ノ事タルヤ余ノ曾テ譯述シタル社會行政論ニ詳論スル所アレハ諸君看照シテ其詳細ヲ知ルヘシ

第一　人身ノ安全及ヒ自由權

此ノ權利ハ人類生レナカラニシテ有スル尤モ貴重スヘキ權利ナレ𪜈或ハ幼年ノ時ニ當リ父母後見人等ヨリ多少ノ束縛ヲ受クルヿアルヲ免レス○此ノ權利ハ之ヲ他人ニ讓與スルヿ能ハスト雖𪜈彼ノ水夫等ニ在リテハ自ラ承認シテ其幾分ヲ抛棄スルヿアルヘシ之ヲ例セハ乘込船ノ航海中ニ在リテハ水夫ニ於キテ自由ノ運行ヲ得サルヘシ又今日ニ至リテハ全ク廢滅ニ歸シタリト雖𪜈奴隷ノ制度盛ンニ行ハルヽノ世ニ在リテハ其奴隷ノ如キ又此ノ權ヲ抛棄シタル者ト云フヘキナリ○該權利ノ消滅ニ歸スヘキ場合ハ唯タ死ノ一事アルノミ○其損害セラルヽハ人類ノ怠慢ニ職由ス

此ノ權利中ニハ大小種々アリテ今其大ナル者ヨリ論シ漸

ク小ナル者ニ論及セン

第一　凡ソ人類ハ威赫セラレサルノ權アリ之ヲ例セハ拳固ヲ擧ケ或ハ小銃ヲ擬スル等ニ因リテ強迫ヲ受ケサルノ權ナリ然レモ若シ其小銃ヲ携提スル者遠隔ノ地ニアリテ敢テ其危害ヲ被フルヘキ畏レナキ時或ハ其携提者危害ヲ加ヘサルコヲ聲言シタル時ハ此權ノ生スルコナシ

第二　凡ソ人類ハ自己ノ意ニ反シ踈暴ニ其身體ニ觸レテ爲メニ壓迫ヲ受ケ又ハ毆擊セラレサルノ權ヲ有ス然レモ群集ノ中ニアリテ壓倒セラレ或ハ注意ヲ促スノ方便ニ打タレ或ハ戲レニ打タレ或ハ法律ニ觸ルヽコアリテ爲メニ鞭笞ヲ受タル片ハ例外ナリトス

第三　負傷ヲ受クルコトナキノ權

第四　各人ハ他人ノ權利ヲ侵害セサル限リハ其意ニ任セ彼處ニ行キ此處ニ止マルノ權利アルヘシ是故ニ何人タリト雖モ此ノ權利ヲ妨害スル者ハ其手段ノ束縛ヲ用ヒタルト壓制ヲ以テスルトヲ論セス皆猥リニ他人ヲ拘禁スルノ罪アリトス

第五　人類ハ他人ノ有スル危險物又ハ動物ノ爲メ損害ヲ受ケサルノ權アリ之ヲ例セハ野獸ヲ畜フ者之レカ爲メ非常ノ注意ヲ要スルハ固ヨリ論ヲ待タサルコトナリト雖モ若シ誤テ他人ヲ損害セシメタル時ハ之ヲ償ハサルヘカラス

第六　人類ハ他人ノ怠慢ニ因リテ其身體ノ安寧ヲ害セラ

レサルノ權アリ之ヲ例セハ危險ナル建設物或ハ店頭ノ陷穽等ノ爲メ其身ニ害ヲ被リタル時ハ之ヲ償ハシムヘキ權アリトス

人身ノ自由及ヒ安全ニ屬スル諸權利ハ上來論シタルカ如シ夫レ此ノ如ク諸權利ヲ有スル者ナレハ又他人ニ殺害セラレサルノ權利アルハ言ヲ待タサルカ如シト雖モ決シテ然ルハ能ハサルナリ蓋シ他人ニ殺害セラレサルノ權利ハ原權ニアラスシテ救濟權ニ屬シ故ニ又死亡ト共ニ消滅ニ歸セサルヲ得ス然レ𪜈人或ハ「ロルト、カムペル」氏ノ條例ヲ疑フ者アラン蓋シ此ノ條例ハ死者ノ相續人ニ損害要償ヲ許スモノナレ𪜈其要償ノ權ハ敢テ殺害セラレタル當人ニアラスシテ其親族ニ存スル者ナリ

第二　家族權

此ノ權利ヲ簡短ニ説明セハ家族タルノ權及ヒ家族ヲ統轄スル權利ヲ謂フ者ニシテ此權利ハ則チ對世權ナルヘキヤ將タ對人權ナルヘキヤ是レ甚タ混同シ易キヲ以テ特ニ注意ヲ要スヘキ所トス蓋シ家族權ハ對世權ナリ而シテ其發生何レヨリスルヤヲ討究スレハ皆婚姻ニ基カサルハナシ今其細詳ナルヿヲ擧ケン

第一　夫タル者ノ權　此權利如何ヲ研究スレハ他人ノ爲メニ其婦ヲ奪掠セラレサルノ權ヲ有シ此ノ權利アルカ故ニ又從テ他人ニ其婦ト姦ヲ行ハシメサルノ權アリ而シテ近來米國ノ判決例ニ於キテハ婦タルモノニモ亦此ノ權利ヲ許容セリ夫レ此ノ如ク夫ト婦トヲ問ハス此權

利ヲ有スル源因ハ皆ナ婚姻ニ在リト雖ドモ此ノ婚姻ナル者ハ古來其性質種々アリテ漸ク今日ニ至リ凡テ民事上ノ制度トナリ敢テ宗敎ノ式ニ依ルヲ要セサルニ至レリ今此事ニ就キ詳論セント欲スレドモ余カ社會行政法論中ニ詳述スレハ諸君同書ニ就テ其精細ヲ見ルヘシ○此ノ權利ノ讓與スヘカラサルハ固ヨリ論ヲ待タサルヿニシテ其消滅ニ歸スルハ夫婦ノ中一人死亡スルカ又ハ離婚シタル場合ニ於テス而シテ此ノ離婚ノ原因トナルヘキ者諸國大ニ差違アリテ羅馬ニ於キテハ即チ夫婦何レヲ問ハス隨意ニ離婚スルヲ得ヘシ敎會法ニ於キテハ決シテ之ヲ許スヿナシ又彼ノ佛國ノ如キモ嘗テ離婚ヲ許サスシテ唯タ夫婦別居ニ止マリシカ數月前ニ於キテ再ヒ

之ヲ許シタリ英國ニ於キテハ又夫ノ姦通シタル時或ハ婦ニ對シテ甚タ殘忍ノ所業アル片ハ婦ヨリ離婚スルコヲ得ヘク婦ハ只其姦通ノ場合ニ於キテノミ夫之レヲ離婚スルヲ得ヘキナリ○此ノ權利ヲ破ルノ場合ハ他人ノ妻ヲ姦シ之レヲ我カ家ニ止メ置キ又ハ其妻ヲ害シテ夫タル者ノ用ヲ缺キタル片ニ於テス然レ𪜈姦通ノ相手人其ノ他人ノ妻タルコヲ知ラサル片ハ其責ニ任スルコナカルヘシ

第二　父母ノ權　此ノ權利ハ子女未タ丁年ニ至ラサル以前ニ在リテハ之ヲ保護監督シ又ハ其勞働ヨリ生スル收獲ヲ得ルノ權是レナリ夫レ此ノ如ク父母ニハ子女ノ勞働ヨリ生スル收獲ヲ得ルノ權アリ故ニ若シ父母一致セ

サルヿアレハ父母何レニ之ヲ收ムヘキヤヲ定メ又ハ之ヲ配當スルノ要ヲ來タスヘキナリ○此ノ權利ノ生出スルハ何レヨリスルヤト云フニ即チ子女ノ出產及ヒ或ル邦國ニ於キテハ養子ヲナシタルヨリ生出スル者トセリ○此ノ權利ハ往々之ヲ他人ニ讓與スルヲ得ヘク之ヲ例セハ自己ノ子女ヲ以テ他人ノ養子ト爲シタル時ノ如キ即チ讓與シタリト謂フヘシ唯タ此ノ權利ニハ讓與ノヿアルノミナラス又之ヲ依賴スルヲ得ヘキナリ之ヲ例セハ子女ヲ以テ學校教師ニ依托スルカ如シ○此權利ノ消滅ニ歸スヘキ原因ニ五種アリ即チ父母若クハ子女ノ死亡他家ノ養子ト爲ス事丁年ニ達スル事、結婚、法庭ノ判決等是レナリ○此ノ權利ヲ破ル行爲ハ子女ニ對スル父母ノ權利ニ干渉スルヿ又ハ父母ニ於キテ其子女ノ使役ヨリ得有スヘキ利益ヲ奪掠スルヿ等ナリ之ヲ例セハ子女ヲ誘拐スルヿニ於キテ假令ヒ其子女之レヲ承諾シタリト雖モ父母ニアリテ其子女ヲ使用スルノ利益ヲ奪ハレタルカ爲メニ之レカ損害賠償ヲ爲スヲ得ヘキナリ而シテ英國ニ於キテハ政畧上ヨリ現ニ其蒙リタル損害ヨリ多額ノ償金ヲ拂ハシムルヲ常トス

第三　後見人ノ權　此ノ權利ハ全ク幼者ヲ保助スルカ爲メニ設ケタル者ニシテ之ヲ必竟スルニ父母タルノ權利ヲ擴張シタルニ過キス○此ノ權利ノ生出ハ父母ノ遺言判決及ヒ法律等ヨリスル者ニシテ又佛國ニ於キテハ親族會議ヨリ監察者ヲ撰任シ後見人ノ權利ト幼者ノ權利

ト相抵觸スルニ當リ幼者ノ爲メニ之ヲ處分スルノ用ニ備ヘタリ○此ノ權利ノ消滅ニ歸スル場合ハ後見人又ハ幼者ノ死亡後見人ノ辭職幼者ノ結婚丁年ニ達スル事等ノ時ニ於テス○此ノ權利ヲ破ル場合ハ幼者瘋癲人等ノ人身財産ニ關シテ後見人ノ管督ニ干渉スルノ行爲アル時ニ於テス

第四　主人ノ權　此ノ權利ハ即チ主人ノ奴隷ニ對スル權ヲ云ヘル者ニシテ奴隷ハ其性質全ク財産ト同シキカ故ニ此ノ權利ノ得喪讓與等ニ於テモ總テ財産ニ異ナルナシ只タ僅カニ異ナルヲ見ルハ奴隷ハ往々其主人ノ意ニ任セサルヿアルノミ○此ノ權利ヲ破ル場合ハ其ノ奴隷ヲ殺害シ又ハ奴隷ノ價直ヲ減シ或ハ之ヲ奪掠スル等ノ

時トス

第五　契約ヨリ生スル權　　此ノ權利ハ前二權利即チ後見人ノ權主人ノ權ト髣髴シタル者ニシテ之レヲ對世權ト爲スヘキ者ナリ即チ對世權トハ三者ノ之ヲ破リ得ヘキ者ニシテ凡ソ英國法律ニ於キテハ主人タル者其奴僕ノ使用ヲ全フスヘキ對世權ヲ有シ何人ト雖𪜈其奴僕ヲ奪ヒ去リ又ハ使役ノ用ヲ欠キタル片ハ之レカ主人タル者起害者ニ對シ損害賠償ヲ爲スヿヲ得ヘク且ツ此ノ原理ハ啻タニ一家中ノ奴僕ノミニ止マラス凡テ如何ナル職業ノ雇人ニモ適用スルヲ得ヘキナリ乃チ近世英國ノ判決例ニ於キテ著名ノ判決アリ其事件ハ之ヲ日本ノ事ニ擬シテ言ヘハ茲ニ團十郎ナル俳優アリテ一定ノ時日間

千歳座ニ於キテ演劇ヲ爲スヘキヿヲ其座主ト契約シタリ此ノ時ニ當リ守田勘彌ナル者團十郎ヲ慫慂シテ右ノ契約ヲ破リ新富座ニ於キテ劇ヲ演セシメタリ故ニ千歳座主ハ之レヲ新富座ニ訴ヘ出テ判事クロンフトン氏之レヲ判決シテ曰ク破權幷ニ損害ノ性質及ヒ起訴ノ權等共ニ主人ト奴僕トノ間ニ於ケル場合ト大ニ相類似スルモノアレハ此ノ契約ノ場合ニ之レヲ適用スルモ妨クルヿナシ故ニ新富座ハ若干ノ償金ヲ千歳座ニ拂フヘキナリト

ホルランド氏ハ右ノ英國判決例ヲ引用シテ斯ノ如キ權利ハ對世權ニ屬スヘキ者トセリ然レ𪜈諸君ハ右ノ判決ヲ見テ如何ナル感ヲ惹クヤ果タシテ條理ニ適スル者ト

スルカ苟モ學海ニ游泳シタル徒ノ判決ナリト思惟セラルヽカ余ハ斷シテ曰ハントス右ノ判決ハ英國法官カ徒ラニ古來ノ慣習ト判決例トノミニ拘泥シ博ク法理ヲ究メ所謂判決錄ノ小天地ヲ脱シ難ク其無學無識ナル證跡ヲ世界ニ披露シタル者ニシテホルランド氏ノ如キモ半ハハ獨逸學者ノ口調ヲ擬スルニモ似ス尙ホ英國判決錄ノ空氣中ニ生息シテ知ラス識ラス其弊風ニ感染スル者ナリト今其理由ヲ左ニ述ヘン

英國ニ行ハルヽ主人ト奴僕トノ關係ヲ定メタル法律ハ實ニ古代野蠻ノ風俗ニ基キタル者ニシテ今其由來ヲ討究スレハ先ツ其ノ第一ニ位スル者ハ犬ノ所爲ヲ以テ主人ニ其ノ責任ヲ負シメタルヿニシテ漸ク進ン

テ奴隷トナリ又一歩ヲ進メテ奴僕トナリタルナリ而シテ斯ノ如ク其事項ヲ定メタルノ理由ハ全ク一時ノ政畧《ポリシー》ニ出テタルニ過キス故ニ今日英國ノ現行法律ハ其主人ト奴隷トノ間ニ於ケル關係ヲ基トシ已ニ人類ヲ禽獸視シタル者ニシテ其條理ニ反スルヤ疑フヘカラサルナリ然ルヲ況ンヤ之ヲ純平タル承諾ニ出テシ職業ノ契約ニ適用スルオヤ乃チ此ノ場合ニ於キテ團十郎ハ其業賤ナリト雖モ幼者ニアラス又婦女子ニアラス一箇ノ丁年男子ニシテ契約ヲ爲スヘキ能力資格ニ於キテ一モ足ラサル所ナシ而シテ此ノ能力アル團十郎ト其同等ノ者ナル千歳座主ト完全ナル契約ヲ爲シタルニ於テハ其契約ノ有效ナル固ヨリ論ヲ待タサ

ルナリ故ニ團十郎ト千歳座主トヲ問ハス此ノ契約ヲ破ラント欲セハ玆ニ之ヲ破ルハ其任意ニシテ若シ團十郎ヨリ之レヲ破リタル件ハ千歳座主ノ權利ハ團十郎ニ對シ破約ノ損害賠償ヲ求ムルニ過キサルヘシ夫レ此ノ如ク此ノ契約ハ自由ナル人類ノ團十郎ト自由ナル人類ノ千歳座主ト自由ナル契約ニシテ三者ニ對シ毫末ノ關係ナシ甲乙二者ノ間ニ於ケル契約ハ甲乙二者ノ外他人之レヲ破ラントスルモ決シテ之レヲ破ルヿ能ハサルモノナリ然ルニ其後團十郎カ新富座主ノ誘惑スル所トナリ同座ニ於キテ演劇シタルハ是レ團十郎ノ過チトハ云ヒ乍ラ敢テ千歳座トノ契約ヲ破リタルニアラサレハ團十郎ヨリ充分ノ償金ヲ新富座

ニ出セハ可ナリ新富座豈ニ千歳座ニ對シテ毫末ノ義務アランヤ然ルニ今英國判官ノ判決ニ由ルトキハ團十郎ハ無能力者ニシテ契約スルノ能力ナキノミナラス全ク禽獸物品ト其格ヲ均シクシテ宛モ自由ヲ有セサル余カ飼犬ノ隣人ヲ咬嚙シタルニ當リ隣家ノ主人ヨリ飼主ナル余ニ對シテ損害賠償ヲ爲シタルト異ナルナシ余ハ團十郎ヲ以テ言語不通ノ犬羊ト同視スルハ斷シテ其非ナルヲ知ルナリ

又尙ホ茲ニ注意スヘキアリ主人ト奴僕即チ雇人トノ間及ヒ之レヨリ生スル對世權ハ其ノ本來契約ニ出ツルモノナルカ故ニ右判決ノ場合モ亦只タ契約ノミヲ以テ論スヘカラサルニ似タリトノ疑アルヘシ然レ𪜈

余ハ之レニ答ヘテ曰ハン前ニ述フルカ如ク英國現行法律ニ於キテ主人ト奴僕ノ間ニ定メタル事項ハ實ニ野蠻ノ遺俗ニ出ツル者ニシテ之レヲ學理上ヨリ見レハ取ルニ足ルヘキ者ニアラス今又一歩ヲ讓リ英國ノ法律ニ於キテ主人ト奴僕ノ關係ノ論議ハ能ク其道理ニ適合スル者トスルモ右ノ判決ノ場合ニ於キテハ團十郎ト千歳座トノ間ニ未タ實際主人ト奴僕即チ雇人ノ關係ヲ生シタルニ非ス單ニ契約ニ止マレリ何トナレハ團十郎已ニ千歳座ノ舞臺ニ在リタルモノヲ強迫シテ新富座ニ連レ歸リタルニアラサレハナリ

上來陳ヘタルカ如キヲ以テ英國ノ判決例ハ取ルニ足ラスシテ唯タ無學無識ヲ世界ニ披露スルニ過キスト言ヘキ所

以ナリ尚ホ續キテ名譽權ヲ論セントト欲スレトモ閉筵ノ時己ニ來タレハ之ヲ後回ニ讓ラン

法理學講義　第七回

法學士　江木衷講述
奥山十平筆記

第十一章　私法中ノ對世權

第三　名譽權ヲ論ス

前回マテニ於キテハ對世權中ノ第一第二ヲ講シ正ニ之レヲ終レリ今ヤ第三ニ轉シテ之レヲ研究セン而シテ其第三ニ位スル者ハ即チ名譽權是レナリ名譽權トハ果タシテ如何ナル者ナルヤ蓋シ他人ノ爲メニ其名譽ヲ毀損セラレサルノ權ヲ云フ然レ𪜈今日茲ニ論セントスル者ハ敢テ刑法中ノ讒謗ヲ言フニアラスシテ素ヨリ私法中ノ事ニ關スル者ナレハ唯タ私訴ノ起ル原因トナルニ過キサル者ヲ云フナリ夫レ然リ而シテ英國ニ於キテハ一ト風異ナリタル法

律アリ今マ之レヲ畧述セン

凡ツ其ノ書キ物、出版物、圖書、口頭ヲ論セス苟シクモ其言ノ虛ニシテ且ツ之レヲ搆造スルハ惡意ニ出ツルニアレハ則チ以テ讒毀ト爲ス此ノ讒毀ヲ左ノ二類ニ分ツ

第一　書讒

第二　口讒

第一書讒ト稱スヘキ者ハ之レニ要スルノ件三アリ即チ其言ノ虛ナルヿ讒ヲ搆ヘルハ惡意ニ出ツルヿ及ヒ之レヲ公ケニスルヿ是ナリ

第二口讒是レモ亦要スルノ件アリ即チ書讒ノ三要件ニ附スルニ被讒者ニ於キテ爲メニ損害ヲ惹キ起スヿノ一事ナリ但シ損害ノ有無ハ書讒ニ在リテハ更ニ關係ナシ故ニ書

讒口讒ニハ左ノ五要素アルヲ知ルヘシ即チ
第一　其言ノ虚妄ナルヿ
第二　其言辭ハ誹毀ノ意ヲ含ミ被讒者ノ行爲ヲ卑下スルヿ旨ヲ帶ヒ他人ヲシテ侮蔑ノ感ヲ起サシメ或ハ畏懼ノ念ヲ惹カシムル意味ヲ蓄フルヿ
茲ニ注意スヘキヿアリ蓋シ其讒毀ノ言辭ヲ吐露シ或ハ其意ヲ書スルニ當リテヤ假令ヒ間接ニ讒毀ノ意ヲ含マシメ巧ミニ之レヲ讒毀シテ直接ニ其語氣ヲ顯ハサヽルモ一般普通ノ鑒識ニ於キテ其讒毀タルヲ認ムルニ足ル者ナレハ則チ以テ讒毀トス
第三　其讒毀ノ公然ナルヿ
此項ニ於キテモ亦論スヘキヿアリ即チ公然トハ果タ

シテ如何ナル場合ヲ指スカト云フ是レナリ此ノ事ニ關シテハ諸學士種々其説ヲ異ニスト雖モ之レヲ畢竟スルニ被讒者ヨリ他ニ外人ノ居ル場所ニテ之レヲ讒毀スルヿアラハ則チ以テ公然トナス蓋シ書讒ニ於キテモ亦異ナルヿナシ故ニ其夫ヲ讒毀シタル書面ヲ其婦ニ贈レハ亦以テ公然ナリトスヘキナリ

第四　惡意アルヿ

英國ノ法律ニ於キテハ已ニ第一第二等ノ元素アレハ總テ又惡意アリテ之レヲ搆造シタル者ト認定ス是故ニ若シ其ノ惡意ナキヲ證セント欲セハ其擧證ノ責任ハ被告者ニアリトス

第五　損害アルヿ

此ノ項ハ獨リ口讒ニ要スルノ元素ナリト雖圧左ニ列叙スル讒毀ハ之レヲ三〇口〇讒〇ト稱シテ例外トナシ此ノ例外ニ於キテハ假令ヒ被讒者ニ損害ヲ來タサヽルモ之レカ訴ヲ起スノ權アリトス而シテ其ノ三口讒トハ即チ左ノ如シ

第一　其讒毀ニシテ某ハ犯罪者ナリト云ヒシ庤

第二　世間ノ交際ヲ絶タサルヘカラサルノ讒毀即チ某ハ或種ノ傳染病ニ罹レリト讒毀シタル庤

第三　職業上ニ就キ不品行ナリト讒毀シタル庤

玆ニ論スヘキノ一事アリ何ソヤ即チ他人ノ言ヲ聞キ之レヲ世間ニ流布シタル者是レナリ此ノ場合ニ於キテハ若シ被讒者ニ損害ノアルアラハ之レカ流布者其ノ損害ヲ償ハ

サル可カラス之レヲ例セハ則チ新聞記者ノ如シ夫レ新聞記者ハ自己之レカ譏ヲ搆ヘタルニ非ス乃チ世間ノ風説ヲ漏聞シテ之レヲ紙上ニ記載シタルニ過キサレ𪜈尚ホ其ノ損害ヲ賠償セサルヘカラス英國ノ如キハ新聞屋ニ關シテハ別ニ法規ノ存スルアリテ若シ其事ヲ訴ヘラレ其賠償ヲ求メラルヽニ當リ記者分疏シテ曰ク某事ハ記載シタルハ正ニ記載シタリト雖𪜈暫ラクニシテ其事ノ虚ナルヲ知リ直チニ之レヲ正誤シタリト或ハ又原告者ニ向ヒ余ハ足下ヲ惡シ樣ニ記載シタリト雖𪜈直チニ其誤謬ナルヲ知リ之レヲ改メテ他日ノ紙上ニ於キテ正誤シタリ尚ホ足下ノ望所ニ任セ如何ナル新聞紙上ニ於キテモ之レカ正誤ヲ爲サント斯クノ如クセハ新聞記者ハ其賠償ノ責ヲ免ルヘシ尚

ホ一言スヘキアリ即チ讒毀ヲ免ルヽ場合是レナリ此ノ場合ハ即チ惡意ナクシテ唯タ自己ノ利益ノ爲メニスル時トス即チ

第一　議會ニ於テ討論ノ場合ニ其語氣誹毀ニ涉ル時

第二　自己ノ利害ニ關シ又ハ通報ノ義務アル時他人ノ惡事ヲ通知スル場合

其例ヲ擧クレハ會社々員ニアリテ其社ノ利害ヲ計リ某人ノ其社ニ用ラルヽノ不利ヲ知ル時ハ其人ノ惡事ヲ社長ニ上申スル場合ノ如シ

以上二個ノ場合ニアリテ其惡意アルヲ證スルノ責任ハ一般ニ原告者ニアリト又已ニ擧證ノ責任原告者ニアリトセハ十中ノ八九ハ決シテ之レヲ證明スルヿ能ハサル可シ

第四　社會一般ニ共通スル權

社會普通ノ權利ニ種別アリ即チ營業權、公道ヲ通行スル權、他人ニ誣告セラレサル權等是レナリ是等ノヿハ極メテ必要ナル者ナリト雖𪜈今此ノ講筵ニ於キテ論シ盡シ難ケレハ之レヲ他日ニ讓ラン

第五　財產權

此ノ財產權ニ就キテハ論議百端之レヲ分明ナラシメント欲スルハ固ヨリ容易ノヿニアラス彼ノ名譽權等ノ如キハ無形ナル者ナリト雖𪜈財產ハ有形ノ者ナレハ之レヲ論スルモ亦緻ニシテ密ナラサルヘカラス而シテ財產トハ果タシテ如何ナル物ヲ謂フヤト問フ者アランニ諸君モ知ルカ如ク敢テ空氣海水等ノ如キヲ云フニ非スシテ人類ノ所有

シ得ルモノヲ云フニ過キス夫レ然リ然ラハ則チ財産權トハ果タシテ如何ナル者ソヤ是レ其財產ヲ使用スルノ權ヲ謂フト雖モ寧ロ他人ヲシテ其財產ニ干渉セシメサル權ト謂フヘキナリ或獨逸學者謂ヘルアリ財產權ノ貴キハ夫レ唯タ他人ヲシテ自己ノ財産ニ干渉セシメサルニアルヘシ若シ之レヲ使用スルノ權ノミニ限ラハ一人孤立ノ時ニアリテモ亦財產權アルヘキヤト其ノ說甚タ可ナリトス而シテ此ノ財產權ニハ種々大少ノ差アリテ其大ナル者ハ所有權其小ナル者ハ即チ占有權ナリトス今先ツ其小ナル者即チ占有權ヲ論シ次キニ所有權ヲ論スヘキナリ

甲　占有權

夫レ占有權トハ之レヲ一言セハ即チ物ヲ握リ得ル權トモ

謂フヘキナリ今之レヲ分チテ盗物ヲ占有スルカ如キ者及ヒ其物件ニ於キテハ假令ヒ所有權アラサルモ之レヲ借リ受ケテ占有スルコトノ二者トス

今其ノ占有權ノ所在ヲ分明ナラシムルニ適例ノアルアレハ之レヲ擧ク乃チ曾テ英國ニ煖室爐ノ掃除人アリテ或ル日或ル家ニ至リ煖室爐ヲ掃除セシニ金剛石ノ指環ヲ得タリ然レ圧其眞確ナル金剛石ナルヤ否ヤハ未タ心中ニ確定スル能ハサルニヨリ其鑒定ニ熟シタル者ニ就キ其眞僞如何ヲ質セシカハ其者之レヲ見テ曰ク之レ眞正ノ金剛石ナリ汝ヲ之レヲ何レニ得ルヤト掃除人告クルニ實ヲ以テセシカハ其ノ者之レヲ取リテ復タ返サス是ヲ以テ掃除人之レヲ法衙ニ訴ヘタリ此ノ時ニ當リ法衙ニ於キテ被告者ノ

答辯ニハ此ノ指環ハ自己ノ所有ニアラサルハ固ヨリナリト雖𪜈亦彼ノ原告者ノ所有ニモアレス故ニ自分ニ於キテ之レヲ占有スト此ノ如ク辯シタリト雖𪜈裁判官ハ敢テ之レヲ許サスシテ乃チ指環ハ掃除人ニ歸サレタリ是レ掃除人ニハ先キニ占有シタル事實アリテ已ニ占有權ヲ有スレハナリ而シテ占有ニハ左ノ二元素アルヲ要ス

第一　物品ヲ占有シテ他人ヨリ掠奪セラレサルノ力アルヿ

第二　占有セントスル意志アルヿ

右ノ二元素合同セサレハ以テ占有ト稱シ難シ之レカ例ヲ擧クレハ今玆ニ天涯ヲ望ミ鴻鴈ノ遙カニ翺ケルヲ見テ之レヲ得ント欲スルノ意頻リニ起ルト雖𪜈遂ニ之レヲ得ル

ノ力ナシ之レ意志ノミアリテ其力ナキ場合ニシテ占有ト云フヲ得ス又路上ニアリテ戯レニ石ヲ拾ヒ忽チ之レヲ放擲スルハ其採拾スル力アレトモ占有スルノ意志ナキカ故ニ亦以テ占有ト云フヘカラス是ヲ以テ此ノ二元素相合シテ始メテ占有ノ權ヲ生出スヘキナリ

第一　占有ニ要スル力ヲ論ス

羅馬法ニ於キテハ此ノ力ヲ名ケテ「コルプス」ト云フ蓋シ他ヲ反排スルノ義ナリ然レトモ此ノ占有ニ要スルノ力ハ强チ其物ヲ握持スルヲ要セス之レヲ例セハ兵士ニシテ其携持スル銃炮ヲ交錯佇立セシメ其傍ラニ休憩スルアルニ當リテ假令ヒ其兵士銃炮ヲ握持セサルモ亦他ノ之レヲ奪去スルヲ反排スルノ力アルカ故ニ乃チ以テ占有ニ要スヘキ力

ヲ有スル者ト云フヘシ故ニホルランド氏曰ク凡ソ占有ニハ他ヲ制スルノ力アレハ事充分ニシテ敢テ之レヲ握持スルノ力アルヲ要セスト今茲ニ其占有ノ事ニ關シテ數種ノ譬喩アレハ之レヲ左ニ列擧シテ其詳細ナルヲ示サン家內ニ米穀ヲ蓄ヘ置クノ家アリト假定シ此ノ家ノ主人ハ假令ヒ其米穀ヲ把持セサルモ亦占有ノ權アリト云フテ可ナリ然レ𪜈今住所地內二百丈ノ下ニ寶玉ノ埋沒シアルヲ知リテ此ノ寶玉ハ我カ占有ナリト云フモ世人許サヽルヘシ蓋シ此ノ時ニ於キテハ未タ之レヲ掘採セサレハ以テ占有ト云フヘカラス又雉子ヲ狙擊シ巧ミニ之レニ的中シテ數間ノ距離ニ落チタルノ雉子アリト雖𪜈寶玉ノ例ト同シク未タ手ニ取ラサレハ占有ト稱スルヲ得ス又漁獵ニ關シテモ

種々ノ判決例アリ今先ツ其漁獵ノ景狀ヲ擧ケンニ大川ノ中流ニ於キテ左右漁船ヲ列シ其中央ニ羅網ヲ張リ以テ漁ニ從フナリ此ノ時ニアリテ圍中ノ魚屬大小ヲ問ハス皆漏脱ノ途ナクシテ已ニ其漁夫ノ占有ニ歸シタルカ如シト雖𪜈未タ尙ホ占有ノ權ナシト判決セリ其理由何トナレハ魚屬或ハ漏脱スルヿナキヲ保スル能ハサレハナリト是故ニ此ノ時ニ於キテ他ノ漁夫其圍中ニ入リ其魚屬ヲ漁スルモ亦云々スル能ハサルナリ又一ノ判決例アリ亞米利加氷州近海ニ於キテ鯨ヲ獵スルヿ是レナリ其獵方ハ有銘ノ手裏劍ヲ鯨ノ身體ニ抛擲スルノヿニシテ乃チ其鯨ノ占有ハ第一着ノ抛擲者ニ歸セリ夫レ或ハ前ノ例ト齟齬スルナキカノ疑ヒアレ𪜈此等事實上ノ問題ノ如キニ至リテハ裁判官

ノ判決ニアラスシテ専ラ陪審官ノ判定ニ係ル者ナレハ其判決例モ亦此ノ如キコアルハ已ムヲ得サルニ出ツルナリ」

茲ニ又一ノ注意スヘキ事アリ即チ凡ソ力ハ其之レアルコヲ現ハスノミニシテ可ナリ敢テ其大小ヲ問ハサルナリ之レヲ例セハ深山幽谷ノ間ニ於キテ金嚢ノ遺失シアルニ其金嚢ノ左右各々二十間ノ距離ヲ去リ二人ノ人アリテ其一人ハ顔色粗暴筋骨強剛ナル盜賊ニシテ一人ハ容姿温和體格柔軟ナル少年ナリ而シテ其少年走リ往サ其金嚢ヲ握持シ終レリ此ノ時ニ當リテ若シ其盜賊拾ヒ去ル勿レトノ言モナク默視シタルニ於キテハ其占有權全ク少年ニ歸シテ復タ動カス能ハサルナリホルムス氏之レヲ評シテ少年ニ歸シタル占有ノ堅固ナルコ恰モ百千ノ巡査アリテ其少年ノ

后部ヲ警護スルカ如シト以テ其力ノ強弱ヲ問ハサルヲ知ルヘシ

第二　占有ニ要スル意志ヲ論ス

此ノ意志ヲ甲乙丙ノ三類ニ區別ス即チ左ノ如シ

甲　奴婢等ノ主人ノ物品ヲ提携スル塲合ノ如キ者ニシテ其占有ノ意志甚タ尠少ナリ故ニ他人ノ其物品ニ危害ヲ加フルノ懼レアラサレハ敢テ他ノ把持スルヲ咎メサルナリ

乙　借地人、預リ人等ノ如キ者ニシテ之レヲ甲ニ比スレハ其意志稍々大ナリト云フヘシ

丙　竊盜ノ如キ者ニシテ占有ノ意志之レヨリ大ナル者ナシ即チ竊盜ナル者ハ他人ニ屬スル或種ノ物品ヲ占

有スレハ其事ヲ掩蔽シテ所有權ヲモ併セ有セント欲スル者ナリ

ホルランド氏ノ所說ニ從ヘハ以上三箇ノ場合ニ於キテ甲ニ位スル者ハ別ニ占有ノ意志ナキ者トシ唯タ乙丙ノ場合ニ於キテノミ專ラ占有ノ意志アリトセリ

以上甲乙丙三箇ノ中ニ就キ其乙ニ位スル者ニ於キテハ議論百出殆ト其取捨ニ惑フ者ノ如シ即チ先キニ言フカ如ク所有スレハ乃チ占有ストノ言ニ從フトキハ同物ヲ二人ニテ占有セリト云ハサルヘカラサルノ場合アラン土地貸借ノ如キ貸主借主ノ間ニ於キテ其占有何レニ歸スヘキヤ又一坪ノ地內ニ兩人足ヲ入レ此ノ地ハ我カ占有スル所ナリト爭フトキハ其占有果タシテ何レニ屬スヘキヤ其判定容易ノ

コニアラサルヘシ蓋シ羅馬法ニ於キテハ借地人ハ敢テ占有スル者ニアラスシテ恰モ奴婢ノ如ク更ニ其占有ノ意志ナキ者トセリ然𪜈英國ノ法律ニ於キテハ之レト異ニシテ預リ人借地人ノ如キモ皆占有者トセリ唯タ預リ主地主ニ對シテ其權ナキノミニシテ其他ノ者ニ對スル時ハ充分ニ其權ヲ主張シ得ヘク故ニ若シ借地ノ内ニ亂入スル者アレハ之レヲ捕ヘテ訴フルハ借地人ノ權ニ屬シ地主敢テ起訴スルニ及ハサルナリ

之レヲ概論スレハ羅馬法ハ占有ヲ保護セスシテ英國法ニテハ之レヲ保護スト言フニ過キス然𪜈羅馬法ニ於キテモ陽ニハ之レテ保護セサルカ如シト雖𪜈種々ノ名義ニ依リ陰ニ之レヲ保護スルヲ常トス借テ羅馬法英國法ヲ問ハ

ス如何ナル理由ニヨリテ占有ヲ保護スル者ナルヤ次ニ之レヲ講セン

占有ヲ保護スル理由

夫レ占有權ノ論タルヤ至難ニシテ諸學者之レヲ評シテ法海中ノ玄海灘ト云ヘリ是故ニ占有ヲ保護スル理由ヲ說クニ當リ或ハ前言ト重複スルコアルヤモ知ルヘカラス諸君之レヲ恕セヨ

抑モ占有ノ理論タルヤ歐洲大陸中左ノ二派ニ分ル

第一　大陸諸邦ノ說

大陸諸邦ノ說中獨逸ノ說尤モ其勢ヲ得ル者ナレハ專ラ獨逸ノ說ヲ擧ケン是レ蓋シ羅馬法ヨリ分派シ來タルニ過キス而シテ獨逸ノ說又左ノ三種ニ區別ス然レ

𪜈今此區別ヲ爲スハ別ニ理由アルニアラス唯タ講述ノ便宜ニ因ルノミ

甲　自由說

ブルンスガンスヘーゲルカント等ノ諸學者ハ皆自由說ニシテ今此ノ講筵ニ於キテハ主トシテカントノ說ヲ述ヘン抑モ彼ノカントナル學者ハ佛國ニテ有名ナルルーソーノ說ニ心醉スル者ナルニ因リ彼ノ人權布告中ニアル詞卽チ人類ハ生レナカラニシテ自由平等ナリトノ說ニ從ヒ之レヲ其法理ノ基礎トシ特ニ其自由ヲ採リテ曰ク凡ソ思想ノ自由ハ貴且ツ重ナルモノニシテ法律ハ其自由ヲ保護シ政府ハ其自由ヲ維持スルヲ以テ其目的トセサルヘカラ

ス而シテ占有トハ他ナシ其思想ノ範圍内ニ物品ヲ持來タスニ過キス然ラハ則チ自由ニ一物ヲ占有スル者アレハ政府ハ必ス之ヲ保護セサルヘカラス故ニ獨リ國家ニ於キテ之ヲ奪フノ外又誰レカ之レヲ契ヿヲ得ンヤト是レ其第一説ニシテ之レヲ駁スル者ノ説ニ曰ク斷然ト其占有ヲ保護スルハ果タシテ何レノ時ヨリ爲スヘキヤト今現ニカントノ説ニ從ヘハ占有ニハ必ス其物品ヲ自己ノ所有ニ爲サント欲スル目的ナカルヘカラサルカ如シ然レ𪜈余ヲ以テ之レヲ見レハ所有スルノ目的ハ敢テ占有ニ要セサル所ナルカ如シ

羅馬法ニ於キテモ占有ニハ其所有スルノ目的アル

ヲ要セシカ是レカントノ説ヲ助補シタル所以ノ一
ナリ即チ羅馬法ニ因レハ抑モ占有ト稱スヘキ者ハ
其意中經時ノ効ヲ得テ其占有シタル物品ヲ所有ニ
セントスルノ目的ナクンハアラス是故ニ借地人
受託人等ハ別ニ占有者ト云ハサルナリ

乙　平等説

ウヰントシヤイド、イエリンク等ハ皆平等説ニシテ
是レ亦ルーソーノ説ヨリ生シ來タル者ナリ即チ甲
説ハ自由平等ノ中ニ就テ其自由ヲ主眼トシ此レハ
平等ヲ基礎トシテ其説ヲ構成セリ蓋シ其説ニ曰ク
人類ハ平等ナレハ他ヲ害シテ己レヲ利スル能ハス
若シ此ノ事アレハ法律之レヲ罰セサルヘカラス是

レ萬世ノ理ニシテ今此ノ理ヲ推シ占有ノ事ニ及ホスヲ得ヘク乃チ一物ヲ占有スル者アラハ他人之レヲ奪フ能ハサルハ論ヲ待タスシテ若シ之レヲ奪フ者アラハ平等ヲ害スルモノトシテ法律之レヲ罰シテ其占有者ヲ保護セサルヘカラストブルンス氏此等ノ説ヲ駁シテ曰ク若シ此ノ平等説ニ從フ者トセハ唯タ先キニ占有シテ其物件ヲ奪レサランコトヲ防ク者ノミヲ保護シテ抗撃者ヲ顧ミス防禦者毎ニ利ニシテ抗撃者毎ニ不利ヲ蒙ルノ弊ヲ免ル丶能ハスト

丙

此ノ説ハ別ニ名ヲ附スル程ニモアラスシテ唯タ占

有ヲ保護スルハ人身ヲ保護スルニ均シトセリ蓋シ他ノ占有ヲ奪ハント欲セハ必ス其占有者ノ身體ヲ侵害セサルヘカラス已ニ法律ニ於キテハ身體ヲ侵害スルコヲ禁スル者ナレハ又從テ其占有ヲモ保護セサルヘカラストレニ反對スル者曰ク占有ヲ奪フニハ別ニ腕力ヲ出シテ人身ヲ侵害スルニ及ハサルコアルヘシ即チ詐僞ヲ搆ヘテ之レヲ奪フノコアラハ是レ人身ヲ侵害セサルナリト

已上ハ獨逸學者ノ說ニシテ以下英國ノ說ヲ述ヘン

第二　英國ノ說

英國ノ說ハ全ク已上ノ諸說ト異ニシテ凡ソ占有ニハ之レヲ所有スルノ意志ヲ要セス只タ他人ノ占有ヲ拒

ムノ意志ヲ以テ充分ナリトスルカ故ニ借地人受託者等ノ如キモ之レヲ占有者ト做シテ保護ヲ與ヘタリ夫レ斯ノ如ク所有ノ意志ハ要セサル者トシタルカ故ニ別ニ難件ノアルヿナシ曾テ獨逸ニ於キテ借地人ヲ保護スルノ條例ヲ發シタルヿアリシカ獨逸ノ學者ハ喋々トシテ其非理ナルヲ論シ道理ヲ曲ケテ便利ノ奴隷ト爲シタリトセシカ𪜈英國ハ之レヲ見テ却テ得色ヲ顯ハセリ而シテ英國ノ說ハ如何ナル者ヲ基礎トシテ此ノ說ヲ爲セシヤト謂フニ別ニ其理由アルニアラスシテ嘗テ慣手ナル便利主義ニ依リ立論ノ根本トセリ故ニ其判決例ニ於キテモ往々差違アルヲ見ル今二三ノ例ヲ擧クレハ「グリーランド」ニ於キテ鯨ヲ獵スルニ

當リ最初ニ手裏劍ヲ擲中シタル者若シ之レヲ逃逸セシメハ已ニ其占有ノ權ナシト判決シ之レニ反シテ「カリパート」ニ於キテハ先キノ手段ヲ以テ諒ヲ獵セハ假令ヒ逃逸シタルモ其第一着劍者ハ利益ヲ當分シテ其一ヲ保ツヘシトセリ此ノ如ク差ノアル所以ハ唯タ便宜ニ從フノミ有名ナル裁判官コンスタールド曾テ言フアリ占有ノ事ハ所有權等ノ如ク一定シタル法律ノ證據ノ存スルアリテ之レヲ證明スルモノニ非サルカ故ニ若シ便宜ニ從ヒ判決例ヲ設ケテ占有ヲ保護セサレハ終始爭論ノ絶ユルナシ是レ占有權ヲ保護スル所以ナリトホルム氏モ亦便宜ヲ主トシテ沿革法理ヨリ之レヲ論シ尤モ善美ヲ盡シタリ

此ノ他ハ前回已ニ論シタルコニシテ又茲ニ説クハ重複ノ懼レアレヽモ注意ヲ要スヘキノコアレハ敢テ反説スルヲ厭ハス蓋シ其説カントスル者ハ占有ノ解剖是レナリ先ツ之レヲ解剖シテ占有ハ權利ナルカ將タ事實ナルカト謂フニ此ノ事ニ關シテハ獨逸ニ於キテ辯論辯駁至ラサル處ナシ之レニ反シテ英國ニ於キテハ恬トシテ敢テ關スルナキカ如ク其所説ヲ聞ケハ占有ハ即チ占有、權利ハ即チ權利ナリト無味淡泊又辯論ノ存スルナシ且曰ク事實ト權利トハ併立シテ離ルヘカラス即チ事實アル所權利モ亦存シ權利アル所事實モ亦存ストスト

上來論スル如クナレハ占有ノ事實トハ果タシテ如何ナル者ナルヤヲ研究セサルヘカラス而シテ事實トハ意志ト力

量トヲ要スルコ是レナリ今先ツ力量ヲ要スルノ證ヲ擧クレハ世界ノ中ニ唯タ二人ノ住ム者アリテ且ツ一人ハ牢獄ニ入リ他ノ一人ハ其開闔ノ鑰ヲ所持スルコアリト假定セヨ此ノ時ニアリテ青空燕子ノ翩翻トシテ飛行スルアランニ鑰ヲ所持スル者ノ外他ニ人ナキカ故此ノ燕子ハ其占有スル所ナルヤト云フニ是レ決シテ占有ト稱スルヲ得ス蓋シ之レヲ獲取スルノ力ナケレハナリ又獵者ニシテ銃ヲ擬シ兎ヲ追フ者アランニ此ノ時ニ於キテハ已ニ其占有ニ歸シタルカ如シト雖モ未タ占有シタリト謂フヘカラサルナリ蓋シ未タ其兎ヲ獲取シタルニアラサレハナリ

其他々人ヲ除去スル意ヲ要スルコニシテ羅馬ニテハ之レヲ「アニムス、ドミーヌ」ト稱シ英國ノ説ト羅馬ノ説ノ分ルヽ處ハ實ニ此ニアリトス即チ英國ニ於キテハ他人ニ干渉セシメサルハ意アレハ以テ足レリト爲シ羅馬ニ於キテハ所有セントスルノ意志ナカルヘカラストセリ茲ニ好例アレハ之レヲ左ニ擧ク

今呉服店アリテ來客其店頭ニ金嚢ヲ遺失スルアリ主人未タ之レヲ覺ラサルニ次キニ來タレル客之レヲ拾ヒ得タリ此ノ時ニアリテ其占有ノ權ハ何レニアルヤト謂フニ呉服店ノ主人ハ未タ其遺失物アルヲ知ラサルカ故ニ他人ヲシラ之レニ干渉セシメサルノ意ナキハ論スルマテモナク又從テ之レヲ拾得スルノ力モアルヿナシ此ノ場合ニ於キテハ英國羅馬共ニ其說ヲ異ニスルヿナク占有ハ來客ニ歸スト雖モ若シ主人ノ居間ニ於キテ此ノ如キヿアレハ英國ニ

於キテハ其占有ノ權主人ニアリト爲ス蓋シ其理由トスル處ハ大ハ小ヲ含ムノ道理ヲ推シ乃チ居間ノ大ナル者已ニ其主人ノ所有ニ屬シテ他人ヲ入ラシメサルノ權アレハ其ノ處ニ遺失シタル物ヲ拾ハントシテ來タル者アルモ之レヲ拒絶スルヲ得ヘシ故ニ其遺失物占有ノ權モ亦主人ニアリト爲セリ之レニ反シテ羅馬ニ於キテハ假令ヒ其居間ニ遺失シアルモ主人ノ占有ニ歸スルヿナシ其理由トスル處ハ主人未タ其遺失シアルヿヲ知ラサルカ故ニ之レヲ所有ニセントト欲スルノ意モ亦從テアルヿナケレハナリ已ニ其意ナケレハ以テ占有ノ權アリト云フヲ得スト然レ𪜈余ハ英國ノ説ヲ以テ其理ニ適スル者ト爲サヽルヲ得ス尚ホ一例アリ海岸ニ居ヲ占ムル者アランニ潮流木材ヲ送リ來タ

リテ其所有地內ニ入レタリ此ノ時傍看スル者アリテ意ヲクヽ今木材某ノ地內ニ流入セリ夫ノ木材ハ果タシテ誰レノ所有ナルカ未タ知レサレハ己レ往キテ之レヲ占有セントシ走リテ其門ニ到ルモ其地ノ所有主ハ其闖入ヲ防禦スルノ權アレハ其人ヲ拒絕シテ敢テ其木材ヲ拾フヿヲ許サヽルヲ得ヘシ是レ蓋シ大ハ小ヲ含ムノ理ヲ推シテ其木材モ土地所有者ノ占有ニ歸スヘキノ道理ナレハナリ

上來述ヘタルカ如ク英國ノ說ハ所有ノ意志ナキモ占有ノ權アリトセリ然レヒ茲ニ一ノ矛盾スルヿナキ能ハス即チ奴婢ノ主人ノ器具ニ就テ占有ノ權ナシトスルヿ是レナリ是レ蓋シ奴婢ハ別ニ其器具ヲ所有トスルノ意志ナキカ故ナルヘシ羅馬派ノ學者ハ此ノ點ニ乘シ英國ノ說ヲ論難シ

テ曰ク見ルヘシ奴婢等ニ占有ノ權ナシトスルハ之レ其所有ノ意志ナケレハナリ故ニ占有ニハ必ス所有ノ意志ヲ要スルヤ疑フヘカラサルナリトホルム氏沿革法理ニ因リテ之レヲ辯シテ曰ク凡ソ主人ト奴婢トノ制度ハ奴隷ノ制度ヨリ轉化シ來タル者ニシテ抑モ奴隷ノ制度ハ之レヲ第十一章ニ論シタルカ如ク其第一ハ物品ニシテ次キニ犬トナリ尙ホ進ンテ奴隷トナリタル者ナレハ英國人ノ奴婢ヲ見ルヤ恰モ其手足ト異ナラサルノ感ヲ爲シ敢テ他人ヲ以テ之レヲ目サヽルナリ故ニ自己ノ手足同樣ノ者ニ物品ヲ預クルヤ或ハ預ケサルヤ或ハ占有權ノアルヤ否ラサルヤ等ヲ論スルニ及ハサルナリ故ニ若シ其主人奴婢某ニ對シ汝ヲニ之レヲ預クルナリト明言シタルアラハ此ノ時ニアリ

テコソ奴婢ニ占有ノ權アルヘシ如何トナレハ此ノ時ニハ奴婢ノ資格ヲ變シテ某ノ資格トナレハナリト以テ英國奴婢ノ制度ヲ保護シテ羅馬學派ノ說ニ抗シタリ

尙ホ二三ノ注意スヘキ場合アリ即チ之レヲ左ニ擧ケン

第一　事實アレハ乃チ權利アル者ニシテ事實トハ他人ヲ排除スル力アルヲ云フニ過キス而シテ英國ニ於キテハ其力ノ强弱ヲ問ハス唯タ其力アルノ證據アレハ以テ足レリトス故ニ之レヲ極言スレハ唯タ其占有ノ意志ヲ表示シテ可ナルカ如シ此ノ如クスレハ力量ト意志ト相密着シテ殆ト其差違ヲ見ルナキカ如クナレトモ其意志ト力量ト判然相分ルヽ場合ハ即チ其物ノ占有ヲ爭フ時ニ於テス此ノ時ニアリテハ單ニ力量ノ强弱ニ依ラサルヘカ

ラサルナリ

第二 羅馬法ニ於キテハ受托人借地人等ヲ保護スルニ對スル權ヲ有スル者トシテ之レヲ保護シ敢テ對世權ヲ有スル者トシテ物件上ヨリ其保護ヲ與ヘタルニアラス然レ𪜈若シ所有ノ意志アリテ占有シタルトキハ對世權ヲ有スル者トシテ充分ノ保護ヲ與ヘタリ

第三 權利ノ占有ハ之レヲ爲シ得ヘキヤ否ヤノ事ニシテ此ノ事タル權利ト事實トノ區別ヨリ源因シ來タレル論ナリ然レ𪜈此等ノ事ニハ別ニ占有ナカルヘシ唯タ類似占有トモ稱スヘキナリ

注意スヘキハ以上三件ニシテ其終リニ臨ミ尚ホ一言スヘキハ占有權ノ得喪破壞等ノ事ナリ即チ占有權ノ發生ハ其

事實アレハ茲ニ生シ喪權ハ其權ヲ捨ツレハ茲ニ之レヲ失フヘシ然レ圧其喪權ノヿニ就テハ定度ヲ要スル者ニシテ假令ヒ其占有物ヲ捨ツルモ又之レヲ得ントスル思想ヲ起シ得ルノ能力アル限リハ未タ全ク之レヲ捨テタリト云フヘカラス次キニ其破權ノヿハ其占有物ヲ奪掠スレハ是レ其權ヲ破レルナリ

以上論述シタルハ占有權ノヿニシテ本日ハ之レヲ限リトシ次回ニ於キテハ所有權ノ事ヲ研究スヘシ

法理學講義　第八回

法學士　江木衷講述　奥山十平筆記

第十一章　私法中ノ對世權(承前)

第五　財產權

乙　所有權ヲ論ス

前回ニ至ルマテハ占有權ノ事ニ關シテ講述シタリシカ本日ハ所有權ニ移リテ講述スル所アラントス然レ𪜈所有權ハ之レヲ詳説スレハ夥多ノ時日ヲ費スヲ以テ今唯タ其綱目ヲ示スニ過キサルヘシ偖テ所有權トハ果タシテ如何ナル者ナルカ先ツ其定義ヲ定メンニ此ノ定義ニ就テハ獨逸、佛蘭西、英吉利共ニ皆同一ナリ即チ物件ニ對スル全權ナレ𪜈公法ノ爲メニ多少制限セラルヽヲ免レサル者トス佛民法第五百四十四條ニ曰ク財產所有ノ權トハ法律及ヒ規則ニ因リテ禁止スル用方ヲ爲スノ外隨意ノ方法ニ從ヒ其財產ノ益ヲ得及ヒ財產ヲ取扱フノ權ヲ云フト然レ𪜈唯タ財產ニ對スル全權トノミニテハ其定義充分ナラスオーステン氏曰ク所有權トハ一定シタル品物ニ對シテ永遠不朽ニ之レヲ處分シ之レヲ使用スルノ權利ナリト是レ則チ所有權ノ定義ナリ

右ノ如ク先ツ其定義ヲ一定シタル後チハ此ノ所有權中ニハ如何ナル權利ヲ包轄スルヤ言ヲ換ヘテ之レヲ言ヘハ所有權ト稱スル量桝ノ内ニハ幾種ノ權利ヲ混合スルヤヲ硏究セサル可ラス即チ其包轄スル處ノ者ハ左ノ諸權利トス

第一　占有權

此ノ權利ハ其ノ物件ヲ所有スル者之レヲ拋棄シタリト明言セサル限リハ存スル者ニシテ所有權ト其終始ヲ同シクス

第二　使用權

此ノ權利ノ中ニハ又附屬スル權利アリ即チ收實權是レナリ

第三　處分權

此ノ權利中ニハ即チ物品ヲ讓與變造破壞シ得ヘキ權利ノ附屬スル者ニシテ唯タ其讓與ノ事ハ法律ニ因リテ制限セラルヽ事アルヘク又破壞ノ事ニ於キテモ物品中ニハ破壞シ得ヘカラサルモノモアルヘキナリ

以上三箇ノ權利ハ所有權中ニ含蓄スル者ニシテ玆ニ至リ

研究スヘキハ所有シ得ヘキ者トハ如何ナル者ヲ云フカト
ノ事ナリ而シテ其所有スヘキ者トハ有形物ニ限ルト雖𪜈
今日ノ不完全ナル社會ニアリテハ法律ニ庇蔭シテ無形ノ
品物ヲモ設ケ權利義務ノ如キモ之レヲ物件ノ中ニ加フル
ノコアリ之ヲ例セハ即チ商標、版權、專賣權等ヲ所有スルカ
如シ佛國有名ノ辯士ミラボー氏嘗テ曰ク無形ノ財產ハ法
律ノ庇蔭ヲ以テ得有セラルヘシ故ニ所有權ハ有形物無形
物ヲ問ハサルナリト以下先ツ有形ノ物件ヨリ論セン

第一　有形物

有形物ヲ區分スレハ即チ左ノ如シ

第一　動產、不動產

第二　主タル物件、附屬ノ物件

第三　消費スヘキ物件、消費スヘカラサル物件
第四　單純ナル物件、復雜ナル物件
第五　代表物、不代表物
第六　賣買スヘキ物件、賣買スヘカラサル物件
以上六ケノ物件ニ區別スレモ此ノ事ハ嘗テ論シタルヿアレハ別ニ論セサル可シ

第二　無形物

無形物ハ權利義務等ノ如キ者ニシテ之レヲ一ケノ財產トスルモノヲ云フ今序ヲ逐ヒ之レヲ論ス可シ

第一　商標

英國ニ於キテハ其商法ニ云フアリ曰ク凡ソ商標トハ自己ノ賣品カ世間ニ博ク知ラルヽカ爲メニ

用ユル記號ヲ云フト而シテ今如何ナル者ハ其商標トナルヤト云フニ自己ノ姓名、文字、圖書等ヲ論セスト雖モ其目的トスル處ハ世人ヲ欺罔セサルニアルカ故ニ唯タ其商標ノ紛ラハシカラサルヲ以テ其ノ原則トス假令ヘハ同シ舞鶴ヲ以テ商標トスルモ其形體ノ大小ヲ異ニスルカ又ハ其趣キヲ異ニシテ何人ノ見ル所ニ由ルモ判然相違スルヿアレハ原則ノ咎ムル所ニアラサルヘシ之レニ反シテ異類ノモノヲ商標トシ即チ一ハ猫ヲ商標ト爲シ一ハ虎ヲ以テ商標トスルモ其形ヲ一ニシ其趣キヲ同シクスレハ原則ニ於テ許サヽルヘシ又人ノ姓名ノ如キハ充分ナル商標トナルヿ能ハサルノ場合アリ蓋シ自己ノ姓名ヲ用ユルハ人類固有ノ權ナレハ敢テ之レヲ禁スルヿ能ハサルヘシ又他人ノ權利ヲ破ルヿナカルヘシ曾テ日本ニ於テ實見スル所ナルカ彼ノ有名ナル守田治兵衞君ハ寳丹ヲ發賣シ守田ノ寳丹ト稱シテ世ニ名高キ靈藥ナルハ人ノ知ル所ナレ𪜈池ノ端ニモ亦守田ナル者アリテ寳丹ヲ發賣シテ守田ノ寳丹ト云ヘリ眞ノ守田君ハ爲メニ多少ノ損害ヲ被ムリ他人ノ製造ニ係レル寳丹ヲ自己ノ寳丹ト世上ニ誤マラルヽハ遺憾ノヿナリシヿナランナレ𪜈相手ノ人モ亦守田ナルハ之レヲ如何𪜈スルヿ能ハス已ムヲ得スシテ他ニ特種ナル商標ヲ用ヒサルニ

至レリ

此ノ商標權ヲ所有スル者ハ又之ヲ用ユルノ權アル者ニシテ他人之ヲ冒用セハ法庭ニ訴ヘテ禁制ヲ請フヲ得ヘシ唯タ之カ爲メ損害ヲ被ムルヿアルモ英國法ニ於キテハ之レカ賠償ヲ求ムルノ權ナシ然レモ其事詐欺ニ出テタルトキハ其損害ヲ賠償セシムルヲ得ヘシ

此ノ權利ハ讓與スルヲ得ヘシト雖モ若シ其ノ製造ニシテ特別ノ技能ヲ要スルカ或ハ其ノ熟練ヲ要スルモノナルトキハ之カ讓與ヲ爲スヿヲ得ス

第二　專賣免許

此ノ權利ハ新規製造者或ハ發明者ニ一定ノ年限

間與フルノ特許ナリ而シテ此ノ特許ヲ得ルニ左ニ記スル要件ヲ備ヘサルヘカラス

第一　製造物ナルヿ

第二　其物品ノ新規ナルヿ

第三　其製造者ハ其發明者ナルヿ

第四　公衆ニ利益トナルヘキ物ナルヿ

以上四箇ノ要件アルヲ要スト雖𪜈實際其ノ有無ヲ判スルハ至リテ困難ナリトス其故如何トナレハ他人ノ製造物ニ多少ノ變形ヲ加ヘ以テ新規ナル者ナリト云フ者モアルモ容易ニ判別シ難ケレハナリ

第三　版權

自己ノ著述シタルモノヲ印刷シテ之ヲ世間ニ擴布シ得ルノ權是レナリ而シテ佛國千八百五十七年ノ條例ニ依リ此ノ版權モ亦財産ノ一部ニ加ヘタリ

右ノ外無形財産中ニハ特許ヲ加入ス今マ一二ノ例ヲ擧ケンバンレヒトト稱メ獨逸ノ或ル地方ニ於キテハ某ノ所有ニ屬スル臼ニアラサレハ決シテ穀類ヲ搗ク能ハサルヿヲ定メ又ミューレンツワンクト稱シテ總テ粉類ハ某家ノ賣買品ト定ムルカ如シ此レ等モ亦無形ノ財産ニメ猶ホ羅馬法ニ於キテハ人ノ資産金額ヲ計算シ之レヲウニユルシテートト稱シ權利義務ノ證書類等マテ之レニ合算

シタルカ如シ以下所有權ヲ得ルノ方法ヲ說カン
所有權ヲ得ルニ二方法アリ之ヲ元得、轉得ト云フ今元得ヨ
リ論センニ此ノ元得ニモ亦タ二類アリテ第一占有ノ行爲
ト隨伴スル者第二占有ノ行爲ト隨伴セサル者是レナリ先
ツ其行爲ト隨伴スル者ヨリ論スヘシ
第一　占有ノ行爲ト隨伴スル者
甲　他人ノ物品ヲ押領シテ其所有ト爲スヿ
此ノ事タルヤ不正ハ即チ不正ナリト雖𪜈現ニ敵軍
ヨリ獲收シタル物ノ如キハ之ヲ所有トスルヲ得ヘ
キナリ
乙　原語「スペシヒカシオー」ト稱シ他人ノ物品ヲ改造
シテ自己ノ所有トスルヿ

例セハ他人ニ屬スル金塊ニモアレ或ハ銀塊ニモアレ之レヲ得テ彫刻ヲ加ヘ或ハ他物ニ改造シテ之レヲ自己ノ所有物ト爲スカ如シ此時ニアリテ其原品所有者ハ彫刻師ニ對シ其賠償ヲ求ムルノ權ヲ有スルノミニシテ彫刻師ニアリテハ之ニ反シ對世權ヲ得ルニ至ルヘキナリ然レモ茲ニ注意スヘキハ其彫刻等總テ裝飾ヲ加ヒシ事ノ非常ニ巧緻ニシテ金銀塊ノ價値ト其彫刻ノ價値トヲ比較シ却テ彫刻ニ價値アルヲ要ス若シ然ラスシテ彫刻至リテ素拙ニシテ原品ノ價値ヨリ劣リタルトキハ自己ノ所有トスルヲ得サルナリ

丙　原語「フラックツム」「ペルセプシオー」ト稱シ他人ノ所

有ニ屬スル物品ヨリ利益ヲ得ルヿ是レナリ之レヲ例セハ土地ヲ借リテ其收獲ヲ得ルカ如シ

丁 期滿得免ニ依リ他人ノ所有物ヲ自己ノ所有トスルヿナリ

茲ニ一ノ注意スヘキヿアリ即チ期滿得免ヲ得ントスルニハ一定ノ期限間繼續シテ其ノ物品ヲ占有セサル可ラス且ツ又此ノ期滿得免ノヿタルヤ英國ニ於キテニ絶テナキ所ニシテ唯タ英國ニテハ訴訟期限ノ經過シタル爲メ訴訟權ノ消滅スルヿアルノミ借テ訴訟期限ト期滿得免トノ差違ハ如何ナル者ナルカ即チ期滿得免ニアリテハ原權ニ屬シ訴訟期限ニアリテハ救濟權ニ屬シ且ツ期滿得免ニテ得タル

者ハ全ク自己ノ所有ニ屬シ訴訟期限經過ノ爲メニ得タル者ハ未タ全ク自己ノ所有ニ屬シタリト云フヘカラス近ク例ヲ擧クレハ茲ニ甲ナル者アリテ乙ニ金百圓ヲ貸與シ又乙ヨリ五十圓ノ預リ金アリトセンニ若シ其貸金百圓ハ訴訟期限經過シタルカ爲メ之レカ取戻シノ途絶エタルヿアラハ其ノ預リ金五十圓ハ之レヲ引キ留メテ差引スルヲ得ヘシ此事タルヤ嘗タ金圓ヲ預リシ場合ノミニ限ラス物品ヲ預リシ時ニ於テモ亦其ノ差引ヲ爲スヲ得ヘシ且ツヤ訴訟期限ノ法ニアリテハ三四回ニ金圓ヲ貸與シタル場合ニハ先ツ其ノ舊キモノヲ訴ヘ置キ日限ノ未タ迫ラサル者ハ後チニ訴訟ヲ起スノ便益モアル

ヘシナレ𪜈期滿得免ニ就キテハ決シテ此等ノヿナキナリ

以上四箇ノ場合ニハ是レ占有ノ志意ト隨伴シテ其所有權ヲ得ル者トス而シテ其占有ノ意志ト隨伴セスシテ其ノ權ヲ得ル者モ亦三類ニ分ツヘシ

第二　占有ノ意志ト隨伴セスシテ所有權ヲ得ル者

甲　不動產ノ不動產ニ附屬シテ其所得トナルヿ

之レヲ例セハ海岸ノ地ヲ所有シタルニ海水砂礫ヲ寄セテ若干ノ砂原ヲ造出シ或ハ所有ノ湖沼等ニ島地ノ現出スルヿアレハ亦其所有ニ歸スルモノ等ノ如シ

乙　不動產ニ附屬シタル動產ヲ得ルヿ

之レヲ例セハ土地ヲ購ヒ求メ其土地ニ生茂セル草木ヲモ併セテ所有トスルカ如シ

丙　動産ノ動産ニ附屬シテ其所得トナルヿ

之レヲ例セハ羽織ヲ購ヘテ紐ヲモ併セ得ルカ如シ

其他共通ノ財産ヲ生スルヿアリ即チ兩人ノ米穀ヲ混和シタル時ノ如シ

以上列擧シタルモノハ其第一第二ヲ問ハス皆ナ元得ニシテ以下轉得ノヿヲ論セン夫レ轉得トハ生前ノ讓與死後ノ相續等ノヿニシテ又賣買ニ依リテ其權ヲ轉スルヿアリ然レモ此ノ賣買ノヿニ關シテハ英佛兩國ノ法律ニ於キテ各差アリ即チ佛國ニ於キテハ賣買ハ契約ニシテ英國ニ於テテハ取引ヲ云フ今其詳細ヲ示サン

然レモ英佛兩國ノ賣買法ヲ論スルニ先タチテ羅馬ノ賣買法ヲ一言セサル可ラス是レ蓋シ佛國賣買法ハ羅馬法ヨリ轉化シ來タレハナリ而シテ所謂羅馬法ノ賣買タルヤ啻タ賣主ニ賣物引渡シノ義務ヲ生シ買主ニ代價拂渡シノ義務ヲ生スルノミ言ヲ換ヘテ之レヲ言ヘハ賣主ハ買主ニ向テ代價ヲ請求スヘキ權利ヲ得テ買主ハ賣主ニ向テ物件ヲ請求スルノ權利ヲ得ルニ過キス而シテ其物件ノ所有權ハ賣買雙方間何レニアルヤト云フニ即チ其代價ト交換シテ物件ヲ買主ニ引渡シスルニ至ルマテハ依然トシテ其權賣主ニ存スル者トス是ヲ以テ羅馬法ノ所謂ル賣買トハ他日買主ヨリ代價ヲ拂ヒ渡シ賣主ヨリ物件ヲ引渡サントノ合意ニシテ其間ニ生出スル權利ハ對人權ナリトス夫レ斯ノ如

ク他日ヲ期シテ雙方兩間ニ對八權ヲ生出スル合意ハ之レヲ畢竟スルニ契約ニ過キサルヲ以テ羅馬法ノ賣買ハ賣買ト謂ハンヨリ寧ロ賣買契約ト謂フヘキナリ

其源ヲ羅馬法ニ汲ミテ設ケタル佛國賣買法モ亦賣買契約ト謂ハサルヲ得ス乃チ佛國民法第千五百八十二條ニ曰ク賣買トハ一方ニ物件引渡シノ義務一方ニ其代價拂渡シノ義務ヲ生スル所ノ合意ナリト是レニ由テ之レヲ見レハ賣買ハ雙方間ニ物件ト代價ヲ交換セントノ合意ニ過キスシテ此ノ合意ハ即チ羅馬法ト同シク賣主ニ物件引渡シノ義務及ヒ代價ヲ請求スルノ權利ヲ生シ買主ニ代價拂渡シノ義務及ヒ物件請求ノ權利ヲ生スル者トス是レ即チ事ヲ他日ニ期スル所ノ契約ニシテ羅馬賣買法ト別ニ撰フ所ナキ

ナリ

此ク論シ去レハ羅馬法ト佛國法ト絶テ異ナルナキカ如ス
ト雖ﾓ其際又小差ナキ能ハス即チ羅馬法ノ賣買ヲ斯ノ如
ク定メタル所以ハ羅馬國ニ於テヂユスチニアン帝ヨリ以
前ノ昔日ニ在リテハ羅馬固有法ト萬國普通法トノ二法ア
リテ固有法ハ即チ羅馬都人ノ奉スル所普通法ハ即チ外人
ノ戴ク所タリ而シテ固有法ニ於テ保護スル諸權利ハ外人
之レヲ享クルヲ得スシテ却テ普通法ニ於テ科スル義務ハ
都人之レヲ負フヲ厭フノ傾向アリタリ此ノ年代ニ在テ內
外人ヲ問ハス完全ノ所有權ヲ得ント欲セハ必ス固有法
ノ有式口約ニ據ラサルヘカラス是ニ於テカ外人ニ在リテ
ハ到底羅馬國ニ於テ所有權ヲ得ルノ術ナシ故ニ法官萬考

千慮外人ノ益ヲ謀ルモ總テ其道ヲ得ル能ハス是ニ於テカ一ノ法則ヲ設ケ外人ヲシテ名ヲ占有權ノ移轉ニ籍リ以テ所有權ノ授受ニ同一ナル實益ヲ受ケシメタリ是レ則チ今日ノ羅馬賣買法ナリ

佛國賣買法ハ之レト少シク異ニシテ羅馬法ノ如ク敢テ占有權ノ授受ニアラスシテ乃チ其然ラサル證憑ハ民法第千五百九十九條ニ曰ク他人ノ所有物ノ賣買ハ無効ナリト由テ以テ賣買ノ目的ハ正ニ所有權ノ授受ニアルヲ見ルヘシ是レ蓋シ羅馬法ト異ナル所ナリ然レ𪜈其實佛國ニ於キテモ占有權ニ重大ナル効力ヲ付シテ殆ト所有權ト相撰フヿナカラシメタリ

之レヲ畢竟スルニ羅馬法ト云ヒ佛國賣買法ト云ヒ正確ナ

ル法理ヨリ論シ來タレハ其非難スヘキ所少ナシトセス即チ凡ソ物件ノ所有者ハ其所有スル物件ニ增益スル所アレハ則チ其利益ヲ得減損スル所アレハ則チ其損失ヲ負擔スヘキハ古今普通ノ法理ニシテ又動カスヘカラス然ルニ羅馬佛國等ノ賣買法ニヨレハ已ニ賣買契約ヲ爲スモ其物件ノ所有權ハ尙ホ賣主ニアリト爲シ而シテ其物件ニ關シ生出シタル損失利益一ニ買主ニ歸セリ之レヲ例セハ甲ナル者乙ヨリ馬ヲ買ヒ受クヘキノ約ヲナシ未タ引渡シ濟マサルニ乙ノ家祝融ノ難ニ罹リ其馬ヲ併セテ燒死セシメタリ此ノ場合ニ於テハ買主甲ニ於テ其約束通リノ代金ヲ拂ハサルヘカラス之レ實ニ思議スヘカラサルノヿニシテ豈此ノ如キ法理アランヤ是レ則チ物件所有主ニ其利益損失ヲ

併セ與フヘキノ法理ニ反背スルノ法律ト云ハサルヘカラス

英國ノ賣買法ハ之レト異ナリ英國法ニテハ凡ソ賣買トハ通貨ニテ拂フヘキ代價ニ易フルニ動產ノ所有權讓渡シヲ以テスル者ニシテ其賣買ト物件ト代價ニ付賣買主雙方ノ意相投スルトキ直チニ成立スル者トス故ニ物件ノ引渡シ又ハ代價ノ拂ヒ渡シヲ待タスシテ所有權直ニ移轉シ嘗タニ賣買主雙方ノ間ノミナラスシテ世上萬人ニ對シテ其効果ルヘキ對世權ナリトス

故ニ賣買ハ對世權ヲ生スル者ニシテ之レヲ對人權ト云フヲ得サルナリ以下所有權ノ得喪讓與ノコトヲ說カン

夫レ所有權ヲ得有スルノ事實ヲ一言セハ此事實中二種ニ

區別セサルヲ得ス即チ自己ノ發意ニ成ルト否ラサルト是レナリ其發意ニ成ル者ハ讓與贈遺等ニシテ其否ラサル者ハ身代限結婚等トス是等ノヿハ即チ得權ノ事實ニシテ喪權ノ事實ハ一般ニ死去ヨリスル者ナレ𪜈又一箇人ノ資格ヲ失フ𪜈即チ法律ノ禁スル所トナリテ治產禁ヲ受クルノ時ニ於テモ其權ヲ失フヘシ而シテ總テ所有ノ方法ニハ種々アリテ或ハ共有スルアリ占有スルアリ又之レヲ法律上ノ所有衡平法上ノ所有等ニ區別ス然レ𪜈已ニ英國ニ於キテハ衡平法ト普通法トノ區別ヲ廢止シタレハ今日ニ至リテハ衡平法上ノ所有トハ稱スル能ハサルナリ又羅馬ニ於キテボニタリアン派キリタリアン派ノ所有等ト稱スル者アリシカ如キモ亦同一理ナリ

其品物ハ他人ノ手ニアルモ其所有權ハ尚ホ自己ニ存スルヿアリ此等ノ權ヲ指シテ原語ジューラ、イン、アリヤナト稱ス又其所有權ノ一部分即チ占有權使用權等ヲ他人ニ讓リ殘ル權利ヲ稱シテ原語ニーダープロプリタースト云フ此等ノ權ニハ種々區別アリテ其尤モ著大ナル者ハ土地ノ義務質入等トス是レ等ハ其占有ノ權總テ他人ニ屬スル者ニシテ其他々人ノ土地ヲ永遠ニ所有スルヿアリ然レ𪜈此時ニアリテハ其地代ヲ拂ハサルヘカラス尚ホ又他人ノ所有地ニ家屋ヲ建築スルヿ等アリ然レ𪜈此等ハ總テ羅馬法ニ係ル者ニシテ之レヲ講スルモ大ナル裨益アラサレハ其中ニ就キ必要ノ者ヲ撰ヒ之レヲ講セン蓋シ土地ノ義務ハ必要ナル者ナレハ之レヲ詳述スヘシ夫レ土地ノ義務トハ其原語セルビチュードト稱ス其譯或ハ妥當ヲ失フ者ノ如シ何ントナレハセルビチートナル語中ニハ土地ノ義務ヲ含ムノミナラス其權利ヲモ含包スル者ナレハナリ故ニ以下土地ス義務ト云フ處ニハセルビチュートナル原語ヲ用ユヘシ

セルビチュードノ簡單ナル解釋ハ所有物件ニ就キ他人ノ爲メニ多少ノ制限ヲ受クルコト是レナリ之レヲ例セハ隣家ニ接近スル土地ハ之レヲ深ク堀ルコト能ハス蓋シ其隣家ノ崩壞ニ至ルノ懼アレハナリ是レ即チセルビチュードニシテ其起原ハ自然ヨリ漸ク轉シ來リテ人定ノ事ニマテ推及シタル者ナリ而シテ此ノセルビチュードハ其性質對世權ニ屬スヘキカ將對人權ニ屬スヘキカ蓋シ對世權ト云ハサルヲ得

ス何トナレハ今茲ニ一ノ土地ヲ有シ兼テセルビチュードヲ持ツ者アランニ其義務ハ何人カ隣家ニ轉シ來タルモ敢テ消滅スルヿナシ又其權利ヲ有スル者ニ於テ何人ニ對スルモ其權ヲ執行スルヲ得レハナリ然ラハ則チ此ノ權利義務ハ對世權ナルヿ疑フ可カラス恰モ其權利義務ノ屬スル所ハ人ニアラス却テ土地ニ有ルニ似タリ

上來論スルカ如クナレハ專ラ對世權ナルカ如シト雖モ亦對人權ナルヿモアリ此レハ別ニ土地ノ所有ニハ關係セスシテ其權利ヲ有スル時ニ於テス即チ羅馬ノ或ル地方ニ於キテ年々他村ニ往キ競馬ヲ爲スノ權アリ此場合ニハ即チ對人權ナルヘシ原語ニテハ之ヲヘルソナールセルビチードト稱ス

論シテ此ニ至リテハ先ツ物上ノセルビチードハ人ニ属スルセルビチードトヲ區別セサルヘカラス而シテ今物上ノセルビチードヲ論セン

物上ノセルビチードニ關シテ佛國民法第六百三十七條ニ曰クセルビチードハ他人ノ所有ニ属スル不動産ノ使用及便利ノ為メ他ノ不動産ニ属ス義務ヲ云フト

英國ニテハ之レヲ左ノ二種ニ區別ス

第一　プロフィット、ア、プランドル

他人ニ属スル土地ヨリ或種ノ物件ヲ採取スル權之ヲ例セハ他ノ所有地ニアル鑛山ヨリ其鑛石ヲ採堀スルカ如シ

第二　イーズメント

此部ニ屬スル權利ハ他人ノ所有地內ヲ通行シ得ルノ權飲水ヲ使用スル權他人ノ爲メニ窓明ヲ妨害セラレサルノ權及ヒ空氣ノ通流ヲ障害セラレサルノ權是レナリ

此ノユーズメントノ生スルハ何レヨリスルヤト云フニ英法ニ於キテハ最早今日ニ至ルマテ事實ノ明瞭ナル者ニアラサレハ之レカ權利ヲ許スコトナシ又些細ノ事ニハ之レヲ許サヽルナリ即チ隣家ノ樹木等ノ爲メニ其眺望ノ景色ヲ妨ケラルヽ者アリト雖𪜈之レカ爲メ其隣家ニ對シテ樹木ヲ伐採セシムルノ權アルナシ然レ𪜈特約アルトキハ敢テ然ラス故ニ此ノ時ニアリテハ對世權ヲ生セサルナリ此ノ如ク景色ノ眺望等ニハ敢テ其權利ヲ許サヽル理由ハ景色ヲ

眺望スルカ如キ偏ニ快樂上ヨリ生スル者ナレハナリ羅馬法ニ於キテハ其景色ノ如キモ皆セルビチードノ部ニ加ヘタリ

物上ノセルビチードヲ生スルハ他ノ許可ヲ受クルカ或ハ贈遺及ヒ期滿免除等ヨリスル者ニシテ其ノ之レヲ失フハ其權利ヲ抛棄シ或ハ其隣地ヲ贖買スル時ニ於テス蓋シ此等ノ事ハ法理上ニ於キテハ以上講述セシ者ニ過キスト雖𪜈經濟上ニ於キテ重大ノ議論アルヿナラム

獨逸國ニ於キテセルビチュードニ類似シタル者アリ獨逸語ニテ之レヲレアラステントスト稱シ此事能クセルビチートニ類似スル者ニシテ唯タ其異ナル所ハセルビチュートニアリテハ此ノ如キハ爲ス可カラスト云ヿニアリテレアラステ

シニアリテハ斯ノ如キヲ爲スヘシト云フニアリ之レヲ例セハ門前一流ノ小河アリ上流ニ位スル家ニテ其流ヲ浚ハサレハ下流ニ位スル家ニ多少ノ妨害アリ然ルトキハ上流ノ家其河ヲ浚フノ義務アリ之レヲレアラステント稱ス

終リニ臨ミ一言ス可キハ免許特許ノ事ナリ此等ニ由リテ得タル權利ハ別ニ財産權ノ一種ヲ生スル者ニアラスシテ之レヲ失フモ財産ニ關係ナク之レヲ得ルモ財産ニ益ナシ今一例ヲ擧ケレハ英國ノ私立堀割會社ニテ甲某ニ對シ其堀割ニ船舶ヲ入ルヘキ特許ヲ與ヘタリ然ルニ乙某ナル者アリテ亦其堀割ニ船舶ヲ入レタリ此時ニ當リ堀割會社ニテ乙某ヲ相手取リ起訴スルハ充分ノ權利ナルヘキモ直チニ甲某ヨリ其訴ヲ起スノ權利ナカルヘシ是ヘ蓋シ特許ハ

財產權ヲ生セサレハナリ
抵當トハ原語ヲプレッジト云ヒテ此ハ單一ノ目的ヲ以テ人ニ與ヘタル財產トハ徑庭アリ即チ此抵當ハ對人權ヲ確實保固ナラシムル爲メニ債主ニ與フル者ニシテ債主ニアリテハ對世權ヲ生スル者トス然レ𪜈唯タ其執行ヲ得ルハ賣買ニ因ラサルヘカラス之レヲ詳言スレハ金員ノ貸借ハ對人權ヲ生シ之レヲ確固ナラシムル爲メニ債主ニ對世權ヲ與フル者ニ過キス而シテ其對世權ノ存在ハ如何ナルヘキカ即チ其對人權ト始終スル者ニシテ對人權消滅セハ從テ對世權モ消滅セサルヘカラス且此抵當ニハ其重大ナル者四アリ今之レヲ左ニ擧ケン

第一　モルゲージュ

モルゲージュトハ現物ヲ債主ニ渡シ置キ豫メ後日ノ買戻ヲ約束スル者ナリ言ヲ換ヘテ之レヲ言ヘハ一物ノ賣買ヲ爲シテ某レノ期限マテニハ買戻スヘシト約束スルニ過キス故ニ其物ノ所有權ハ直チニ債主ニ移ルヘキナリ

第二　質

質ハ其物件ノ所有權ハ依然トシテ負債主ニアレ𪜈唯其占有權ハ債主ニアル者トス羅馬ニテハ之レヲピッナスト稱シ其債主ニアリテ其物件ヲ使用スルノ權ナシ蓋シ已ニ契約期限ヲ經過スルモ負債主ニアリテ其債ヲ償ハサル時ハ此限ニアラス

第三　リアン

リアントハ之レヲ例セハ甲ナル者アリテ時計ノ直シヲ乙ニ委託シタリトセンニ乙ニ於テ已ニ時計ヲ直シタレトモ甲ニアリテ其約束通リニ直シ賃ヲ拂フヿ能ハサルトキハ乙ハ其間時計ヲ留置ノ權アルヘシ

第四　書入

書入トハ羅馬ニテヒホテカト稱シ所有權占有權共ニ負債主ニアリテ往昔ハ動產不動產ヲ問ハス其書入ヲ許シタレトモ今日ニ於テハ動產ハ其書入ヲ許サヽルナリ唯タスエーデン一國ハ今日モ尙ホ動產ノ書入ヲ許セリ其他各國即チ佛國ノ如キモ其民法第二千百十九條ニ於テ曰ク動產ハ書入質ニ依リ追及ヲ有セサルモノトスト然レトモ商法ニ於テハ船ノミニ限リ其書入質

ヲ許シタリ而シテ其起因ハ或ハ契約ニヨリテ生シ或ハ裁判ニヨリテ生スル者トス
此書入タルヤ其債主ニアリテハ所有占有ノ兩權共ニ有セサルヲ以テ其危險言フヘカラス是ニ於テカ登記ノ法起リ債主ニ與フルニ安全ノ具ヲ以テシタリ
此書入ノ論ヲ終ルニ際シ注意スヘキ一事アリ以上論シタル四類ノブレッジハ其負債額其物件ノ實價ニ充タサル時ハ幾人ニモ之レヲ抵當トシテ負債ヲ起スヲ得ヘシ之レヲ例セハ茲ニ一萬圓ノ價格アル物件アリト假定シ甲ナル者之レヲ五百金ノ抵當トシテ乙ヨリ負債ヲ起シタリ其後又丙ヨリ千金ノ抵當トシテ之レカ負債ヲ起スヲ得ヘク別ニ又之レヲ抵當トシテ丁ヨリ

モ負債ヲ起スヲ得ヘシ之レヲ畢竟スルニ物件ノ實價即チ萬金ナルニヨリ其格ニ充ツル迄テハ數人ニ對シ之レヲ抵當トシテ負債ヲ起スヲ得ヘシ
夫レ斯ノ如シ故ニ其抵當物件ノ實價ニシテ負債額ニ充タサル時ハ所有權移轉ニ就キ紛爭ノ起ラサルヲ得ス此場合ニハ時ノ早キモノハ所有權モ先キニ移ルヘシトノ確言ニ從ヒ日ノ順序ヲ以テ特權ヲ得ヘキナリ然レモ又例外アリテ若シ債主中占有權ヲ有スル者アレハ所有權ハ其債主ニ移ルヘキナリ

第六　詐僞ノ爲メニ損害ヲ受ケサル權

此事ヲ論スルニ當リテハ先ツ詐僞トハ如何ナル者カヲ論セサルヘカラス即チ詐僞ト稱スルニハ要素ナキ能ハス

第一　其事實ノ虛ナルコ

第二　其事實ヲ術フ者カ自己ノ心中ニ於テハ其虛ナルヲ信スルコ

第三　詐僞ヲ行フ者ニ於テ其被詐僞者カ云々スレハ斯ノ如キ方向ニ向フヘシト豫謀スルコ

詐僞ニハ以上ノ三要素ヲ有スヘキ者ニシテ之レヲ畢竟スルニ詐僞露顯スレハ斯ノ如キ危險ニ陷イルコヲ自ラ負擔スル者ナリ

以上論スル事實ハ第十一章私法ニ係ル者ニシテ後回ヨリハ第十二章ニ轉シテ研究スヘキナリ

法理學講義　第九回

法學士　江木衷講述
宮城政明筆記

第十二章　私法中ノ對人權

前章ニ於テハ私法中ノ對世權ヲ論述シタレハ今ヤ私法中ノ對人權ニ論及セントスレ𪜈其ノ講述ノ順序方法ハ茲ニ於テ羅馬法及羅馬法律ノ流ヲ汲ミタル諸學者ノ採用セル所ト大ニ其ノ趣ヲ異ニスルニ至レリ羅馬法律ノ制度ニ於テハ權利ヲ大別シテ二種トナシ一ヲ物上權トシ一ヲ法鎖(或ハ義務ト譯ス原語ノ「オブリゲーション」ニシテ佛國法律ノ義務篇中ニ論述スル權利義務ヲ總稱ス)トシ而シテ此ノ法鎖中ニハ原權即チ本來成立スル所ノ權利義務及ヒ犯罪アリテ初メテ生スル所ノ權利義務即チ救濟權及ヒ之レニ

對スル義務ヲモ包括セリ然レ𪜈今マ此書ニ於テ論述スル順序方法ハ之レト異ニシテ先ツ一般ノ權利ヲ大別シテ犯罪ニ由リテ始メテ發生スルモノト犯罪ヲ待タスシテ本來成立スルモノトノ二種ニ區別シ犯罪ニ由リテ始メテ發生スル權利ハ凡テ之ヲ後章ニ讓リ今マ只本來成立スヘキ權利(即チ原權)ノミヲ論述スルニ在レ𪜈此ノ原權中ノ對世權ハ已ニ前章ニ於テ畧述シ了リタレハ本章ノ目的ハ原權中ノ對人權即チ確定シタル人ニ對スル權利ノ何物タルヲ論究スルニ在リ

右ニ述ヘタル區別ヲ了知セハ原權中ノ對人權ハ羅馬法ノ所謂契約若クハ準契約ヨリ生スル法鎖ト相符合シ救濟權ハ羅馬法ノ所謂犯罪若クハ準犯罪又ハ破約ヨリ生スル法

鎖ト相ヒ符合スルヲ見ルヘシ
此書ニ於テ採用シタル權利ノ區別論述ノ方法ハ斯ク羅馬法ト其趣ヲ異ニスレ𪜈古來法理學家ノ慣用セル法鎖ノ一語ハ深遠ノ意義ヲ含ミ法理ヲ講述スルニ於テハ法鎖ノ一語ヲ用ヒサラントスルモ亦決シテ得ヘカラサルモノアリ
抑モ法鎖トハ如何ナルモノヲ指スカ古代羅馬諸學者ノ説數多ナレ𪜈甚タ必用ナラサレハ今マ暫ク之ヲ畧シ其ノ最モ完全ナルモノト稱セラレタル碩學サビニー氏ノ下セル定義ヲ示サン即チ同氏所著法鎖論第一卷ノ首ニ曰ク「法鎖トハ他人ニ對スル拘束《コントロール》ノ義ナレ𪜈萬事萬端盡ク他人ノ全部ノ行爲ヲ拘束スルノ意ニアラス（若シ果シテ然ラハ他人ノ獨立自主ヲ害スヘシ）只タ他人カ其ノ自由ナル意思ヨリ

其ノ幾分ヲ引去リテ我カ意思ニ服從セシメタル個々ノ行爲ヲ拘束スルモノニ過キス」ト然レ𪜈今マ一言ニテ之ヲ盡サハ法鎖トハ其ノ字義ニ於テ明カナルカ如ク一方ノ者カ他ノ一方ノ者ノ利益ノ爲メ或ル行爲ノ執行ヲ爲サシムヘキ鎖鑰ナリ而シテ此法鎖ハ或ハ二人以上ノ合意ニ成リ或ハ其ノ承諾ナクシテ發生スルモノアリト雖モ何レノ場合ヲ問ハス此ノ法鑰ヲ結合スル者モ法律ニシテ之レヲ解除スルモノモ亦同シク法律ナリ然レ𪜈此ノ結合解除ハ必スシモ法律ニアラスシテ單ニ道德上ヨリ性法上ノ義務ヲ發生シ從ツテ法律上ノ認了ヲ得タルモノナキニアラス設例ヘハ訴訟期限ノ已ニ經過セルヿヲ知ラスシテ償還シタル負債ノ如キハ法律負債主ニ與フルニ再ヒ之レヲ返却スル

ノ權ヲ以テスルヿナキカ如シ
上來陳述セル所ヲ以テ見レハ義務ヲ負擔セシムル所ノ法律ノ點ヨリ觀察ヲ下ストキハ所謂法鎖ナル者ニシテ義務者ノ點ヨリ觀察スルトキハ即チ對人權タルニ過キサルヲ知ルヘシ而シテ此ノ義務者ノ點ヨリ觀察スルトハ已ニ前章ニ陳述シタルカ如ク凡ソ權利ヲ二種ニ區分シテ一ハ義務者ノ不定ナル者即チ對世權トシ一ハ義務者ノ確定シタル者即チ對人權トノ區別ヲ指スモノナリ設令ヘハ茲ニ土地家屋ヲ有スルモノアラハ此ノ土地家屋ノ所有ヲ奪ヒ又ハ其ノ地内ニ濫入スルヿ能ハサル所ノ諸義務ヲ負フモノハ世間一般ナル不確定ノ人衆ニシテ所謂對世權ナルモノナレ𪜈若シ此ノ土地家屋ノ所有者ニシテ年々其ノ庭園ノ裝飾

掃除ヲ為スヿヲ園丁ト約スルヿアラハ此ノ園丁ハ一般ノ對世權ノ外尙ホ土地家屋ノ所有者ニ對シテ特ニ一種ノ義務ヲ負擔スルモノナリ此ノ場合ニ於テハ義務者ハ即チ園丁ニシテ確定シタル一個人ノ某タルヿ明白ナレハ之ヲ稱シテ對人權ト云フ故ニ古代ノ學者ハ此ノ例ヲ推シテ此ノ區別ヲ表スルニ物權人權ノ語ヲ用ヒタレ𪜈對世權ハ必スシモ物件ノミニ限ラサルヿ少ナカラサルヲ以テ近世ノ法理學上ノ用語ニ適當ナリト云フヘカラス設例ヘハ茲ニ或ル一市府中ニ一人ノ齒醫師アリトセヨ此ノ齒醫師ノ職業ヲ妨害スルヿナカルヘキノ義務ハ何人ヲ問ハス一般世人ノ負擔スル所ニシテ物權ニアラサルモ尙ホ對世權ナルモノナレ𪜈同一ノ職業ヲ其隣家ニ開キテ之レト競爭スルヿ

ナカルヘキノ義務ハ世人一般ノ負擔スル所ニアラサルナリ然レ𪜈此ノ齒醫師ニシテ他ノ齒醫師ト契約スルニ他ノ醫師ヲシテ此ノ府内ニ於キテハ同一ノ職業ヲ營ムヿナカルヘキヿヲ以テシタル片ハ他ノ醫師ハ即チ確定ナル義務者ニシテ始メテ對人權ヲ生シタルモノナリト云フヘシ

然ラハ對人權ハ如何ナル方法ニ依テ發生スル乎其ノ原因數多ナリト雖過半雙方ノ承諾ヨリ發生スルヲ常トス然レ𪜈雙方ノ承諾ナクシテ自ラ發生スルヿアルヘキハ素ヨリ當然ナリ即チ義務者カ權利者ニ對シテ特ニ一種ノ義務ヲ負擔スルヿヲ約スルナシト雖法律ヲ以テ自ラ一種ノ義務ヲ負擔セシムルヿアリトス例令ヘハ各人皆ナ其利益ノ爲メ公吏即チ檢事、書記、若クハ郵便遞送人ヲシテ必要ノ場合ニハ其ノ職務ヲ執行セシムルノ權ヲ有シ又タ財産管理人ノ如キ者ニ對シテモ同樣ノ權利ヲ有シ其ノ他家族中ノ各員設例ヘハ己レノ妻子ニ對シ若クハ其ノ夫及兩親ニ對スル權利義務ノ如キ是レナリ

對人權ハ其ノ權利ノ由ツテ生スル源因タル事實如何ニ依リ之レヲ二種ニ大別ス一ハ契約ヨリ發生スルモノニテ一ハ契約ニ由ラサルモノヲ云フ其契約ヨリ生スルモノヲ契約《エキスヽコントラクチユ》ニ由ツテ生スル對人權ト云ヒ一ヲ法律《エキスヽレジエー》ニ由ツテ生スル對人權ト云フ然レ𪜈學者往々他ノ區別ヲ用フルモノナキニアラス設例ヘハ佛國學者ノ「オブリガシヨン、デター」獨乙學者ノ「ツヽスタント、オブリガシヨネン」ハ人ノ身分ヨリ生スル法鎖ノ意ニシテ即チ法律ニ由ツテ生スル權理ト畧ホ相符合シ「オブリガシヨン、ダッフヘアル」又ハ「ゲシエフツオブリガシヨンチン」ハ或ル行爲ヨリ生スル法鎖ノ義ニシテ契約ヨリ生スル權利ト畧ホ相符合スレ𪜈必スシモ同一ノ意義ニアラス其ノ間甚シク相ヒ異ナルモノアリト雖議論冗長ニ渉ルヲ以テ暫ク之ヲ省キ今マ先ツ法律ニ由ッテ生スル對人權ヨリ論述セン

第一　法律ニ由ッテ生スル對人權

法律ニ由ッテ生スル對人權ハ羅馬法ニ之ヲ準契約《カシ、エキス、コントラクチユ》ヨリ生スル法鎖(犯罪《エキス、デリクト》ヨリ生スル法鎖ハ救濟權ニ屬スルカ故ニ茲ニ論セス)ト稱スルモノナリ今マ更ニ之ヲ小分シテ四種トス即チ第一家族《ドメスチック》ノ關係ヨリ生スル對人權第二信託《ファイジユシアリー》ヨリ生スル對人權第三隨意ニ他人ノ事務ニ關與スルヨリ生スル

對人權第四官吏タル地位ヨリ生スル對人權トス

〔第一〕家族ノ關係ヨリ生スル對人權　家族ノ關係ヨリ生スル對世權トハ設例ヘハ己レノ妻子ニ他人ヲ干渉セシメサルノ權ノ如キ何人ヲ問ハス世人一般之レニ對スル義務ヲ有スルモノハ已ニ前章ニ於キテ論述シタレ𪜈同シク家族ノ關係ヨリ生スル對人權ナル者アリ家族內ノ者相互ノ間ニ成立ス然レ𪜈此等ノ對人權タル果シテ如何ナル者ヨリ成立スルカ其範圍浩漠ニシテ一定シ難ク從ツテ其義務ナルモノモ斯ク々々ノ行爲ヨリ成立スト確言センヨリ寧ロ一生中ノ引續キタル行狀ヨリ成ルモノ多シト云フヘシ且ツ文明諸邦ニ於キテハ斯カル權利ハ只タ其ノ小部分ノミ法律ニ於テ之ヲ強行シ他ハ權利者義務者各自ノ爲ス所ニ

任シ敢テ法律ノ力ヲ以テ之レカ執行ヲ强ユルコトナシ此ノ種ノ對人權中其ノ著大ナル者ハ夫婦間ノ權利義務ナレ𪜈學者往々此ノ權利ヲ以テ契約ニ出ツルモノトナシ法律ノ作用ニ由リテ發生スルモノニアラストスルモノナキニアラス近世ニ於テハ結婚ハ素ヨリ承諾合意ニ基キ之レニ次クニ宗教上若クハ民事上ノ儀式ヲ以テスルモノナレハ此ノ說一理アルニ似タレ𪜈結婚自身ハ決シテ契約ニアラス結婚ノ時若クハ結婚後ニ生スル夫婦相互ノ權利義務タルヤ全ク同等《ユニフオルム》普通ナル法律ノ規則ヲ以テ之レヲ規定シ夫婦相互ノ意思ハ決シテ之レヲ左右スルコト能ハサルモノナルヲ以テ之レヲ法律ニ由リテ生スル對人權中ニ包括スルヲ以テ正理ニ適スルモノトナサヽルヲ得ス○夫婦相互

ノ權利義務ハ數多ナレ𪜈佛國民法第二百十二條ヨリ第二百十四條ニ至ルノ條項ニ於テ能ク其大綱ヲ盡セリ今マ之レヲ畧言セハ夫婦ハ貞實ニシテ相互ニ扶助シ夫ハ其ノ婦ヲ保護シ婦ハ其ノ夫ニ順ヒ婦ハ其ノ夫ト同居シ夫ノ移住スル所ニ隨行シ且ツ夫ハ其ノ婦ヲ引受ケ夫ノ身分資產ニ從ヒ其ノ婦ニ要用ノ諸品ヲ給付スヘキモノトスルニ在リ又英國法ニ從フ𪜈ハ婦ハ夫ト同居スルノ義務ヲ負擔シ婦ニシテ若シ此ノ義務ヲ怠リタル𪜈ハ夫ハ衡平法庭ニ婚姻權回復ノ願訴ヲナスヿヲ得且ツ婦ハ其品行浮薄ナラサルヲ要シ夫先ツ其ノ婦ノ浮薄ヲ懲戒シタル後尙ホ之レヲ改メスンハ婦ノ自由ヲ拘束スルヿヲ得又タ婦ハ貞節ヲ守ラサルヘカラス故ニ婦ニシテ一タヒ其貞節ヲ破ル𪜈ハ夫ハ

之レカ離婚ヲ求メ同居及ヒ扶助ノ義務ヲ免カルヽコヲ得ルナリ但シ婦ハ又其ノ夫ニ對シテ婚姻權回復ノ訴ヲ爲スコヲ得

父母ハ其ノ出產ヨリ幼時ノ間ハ適當ノ懲戒拘束ヲ加フルノ權ヲ有シ或ハ國ニ由リ子ハ其ノ父母ノ保護ヲ受クルノ權ヲ有シ父母ハ其ノ子ノ扶助ヲ受クルノ權ヲ有スルモノアリ又佛國法律ニ於テハ婿及婦ハ其ノ舅姑ヲ養フノ義務アルモノトスレ𪜈米國ニ於テハ米國立法ノ精神ニ反スルモノトシテ之レヲ許サス故ニカヽル佛國裁判所ノ判決ハ米國ノ法庭ニ於テ認了スルコナシ事ハ載セテ國際私法雜《ジユールナル、ド、ドロア、》誌第四卷《アンテルナシヨナル、プリベー》ニ詳ナリ

後見人及幼者ノ關係ハ人爲ニ成リタル親子ノ關係ニ過キ

サレハ百般ノ權利義務盡ク法律ヲ以テ之レヲ明定スヘキモノタリ

〔第二〕信託ヨリ生スル對人權　信託（トラスト）トハ甲者カ乙者ニ財産ヲ讓與シ甲ノ指定スル目的ヲ達スル樣此ノ財産ノ利益ヲ受クヘキ人ノ爲メニ右ノ目的ヲ實行セシムルノ責任ヲ生スル所ノ關係ヲ云フ譬ヘハ甲者カ乙者ヘ幾干圓ノ財産ヲ讓渡シ且ツ約シテ曰ク乙者ハ丙者ノ生存中此ノ財産ヲ保護シ且ツ之レヨリ生スル利益ヲ丙者ニ與ヘ丙者ノ死後ハ更ニ此ノ財産ヲ丁者ニ讓與スヘシト而シテ乙者若シ之レヲ承諾スレハ乙者ハ右ノ責任ヲ生スヘシ此等ノ關係ヲ稱シテ信託（トラスト）ト云ヒ甲者ヲ爲託人（トラスト）トル）乙者ヲ被託人（トラスチー）丙者ヲ受惠人（セスチー、ク、トラスト)ト稱スル抑モ信託法ハ啻ニ財產權ヲ犯カサシメサル爲メノミナラス大ニ財產ヲ保護スルノ目的ニ出テタル制度ナレモ今マ其沿革ヲ考フレハ頗ル奇怪ナル者アリ英國法モ羅馬法ト等シク信託法ノ制度ハ法律ヲ破リ法律ノ嚴格ヲ免レンカ爲メニ發生シタル者ナリトス中世ノ頃英國政府ハ「モルトメイン」ノ條例ト稱スル著名ノ法律ヲ發布セリ抑モ此ノ條例ハ寺院ニ土地家屋ヲ讓與スルヿヲ禁止シタル者ニシテ其ノ精神タルヤ寺院ハ即チ無形ノ一個人ニシテ嘗テ死亡スルヿナキ者ナルカ故ニ土地家屋ニシテ一タヒ寺院ノ手中ニ入ルキハ再ヒ他人ノ手中ニ入ルヿナク從ツテ財產ノ相續讓與ノ稅金ヲ收ムヘキ場合ナキヲ以テ此ノ弊ヲ救濟シテ國庫ノ收入ヲ保護セントスルニ在リシ

ナリ「モルトメイン」トハ即チ死手ノ義ニシテ此ノ字義ヨリ推スモ以テ其法律ノ精神ヲ知ルニ足ルヘシ然ルニ此ノ條例ヲ犯シテ寺院ニ土地家屋ヲ讓與セントスルモノハ一策ヲ按出シ直接ニ之レヲ寺院ニ讓與セス先ツ己レノ知友等ニ其所有權ヲ讓與シ而シテ此ノ知友ヲシテ其使用ハ之レヲ寺院ニ一任セシメタリ而シテ斯カル方法ハ全ク條例ノ精神ニ反スルニ關ハラス衡平法庭ニテ現ニ之レヲ執行セシメタルカ故ニ右ノ條例ハ實際其ノ効ナキニ至レリ於是乎英國立法官ハ更ニ條例ヲ發シ他人ニ土地家屋ヲ讓與シテ只タ其ノ使用ノミヲ寺院ニ許ストモ其所有權ハ寺院ニ存スヘキモノナレハ法律ノ禁スル所ナリト定メタレトモ寺院ニ土地家屋ヲ讓與セントスル者ハ尚此ノ法律ヲ免レン

トシ更ニ一新策ヲ按出シ其ノ財産ヲ知友甲ニ讓與シ知友甲ハ他ノ知友乙ノ使用ノ爲メニ之ヲ保有シ乙ハ寺院ノ使用ノ爲メニ之レヲ保有スルモノトスレハ使用ニ使用ヲ重ネタル二重ノ使用シニテ右條例ノ禁止スル所ニアラストシ衡平法庭モ亦之レヲ實行シタルカ故ニ使用禁止ノ條例ハ再ヒ實際ノ効力ナキニ至レリ是レ即チ信托法ノ起源ニシテ英國法庭カ現ニ法律ヲ破リタル著名ノ一例ニシテ實ニ古今法律沿革上ノ奇觀ト云フヘキニ似タレトモ此等ノ沿革ヨリシテ信托法ハ漸々其範圍ヲ擴張セリ獨リ寺院ヘ財産ヲ讓與スルノ一點ニ止マラス英國法中浩大ナル一派ノ信托法ヲ生シ弘ク財産保護ノ用ヲ爲スニ至レリ

羅馬法ニ於テハ信托ハ只タ遺囑ニ由リテノミ之ヲ爲スヿ

ヲ得ルモノトシ所謂信託ナル者ハ實際死者ノ遺産ヲ受ケシメントスル者ニ其ノ遺産ヲ贈與セシムヘシト相續者ニ信託シタルモノニ過キス是レ羅馬法ノ相續法ハ頗ル嚴密ナリシヲ以テ此ノ害ヲ免レントスルニ出テタルモノニシテ其狀恰モ英國ニ於テ法律條例ヲ免レントシタルモノト相類スト雖英國ニ於テハ尙ホ一歩ヲ進メ生存中ノ贈遺ト遺囑トヲ問ハス凡テ信託ヲ爲スヿヲ得ルモノトセリ○信託法ニ於テハ權利者即チ受惠者ニシテ義務者即チ被託者ニ對シテ對人權ヲ有スルモノトス又タ此ノ信託ヨリ生スル同等ノ義務ハ死者又ハ破産者ノ財産管理人等ニ對シテ成立ス即チ遺囑ノ財産ヲ受クヘキ人又ハ債主ハ管理人ニ對シテ遺産若クハ破産者ノ身代ヨリ適當ノ部分ヲ受ケ取

ルヘキ權利ヲ有スルカ如シ○信託ハ必スシモ雙方ノ明言ヲ要セス法律ヲ以テ特ニ信託ノ關係アリト推定スル場合甚タ少シトセス設例ヘハ土地家屋ヲ賣却セントスル者巳ニ賣渡ノ證書ヲ作リ而シテ尙ホ其ノ土地家屋ヲ保有スルヿアラハ此ノ保有者ハ買取人ノ信託ニ由リテ買取人ノ利益ノ爲メ之レヲ保有スルモノト見做スヘシ又タ自己ノ名義ヲ用ヒ他人ノ金錢ヲ以テ買取リタル財產ハ他人ノ信託ニ由リテ之レヲ所有スルモノト推測スルノ類ナリ

以上論述シタル信託法ノ或ル原理ハ「他人ヲ害シテ己レヲ益スルヿナカルヘキハ自然法ノ通則ナリ」ト云ヘル法律上有名ノ格言ニ基クモノアリ故ニ設例ヘハ錯誤ニ由リ他人ニ金錢ヲ拂渡シタルトキハ此ノ金錢ハ拂渡シタル人ノ信託

ニ由リ受取リタルモノト見做シ信托法ニ由リ再ヒ之レヲ取戻スヿヲ得ルナリ

〔第三〕随意ニ他人ノ事務ニ關與スルヨリ生スル對人權　羅馬法律ニ依ルニ他人事務《ネゴシヲム、ジエストル》ノ管理者即チ所有主ノ不在中其財産ニ對シ自ラ好ンテ必要ナル勞力保護ヲ加ヘタル者ハ財産所有主ニ對シテ其ノ勞力保護ノ報酬ヲ受クルヿヲ得又タ其所有主ハ他人ノ關渉ニ由リテ受ケタル損害ノ賠償ヲ求ムルヿヲ得タリ英國法ニ於テモ亦難船ノ時ニ際シテ船舶ヲ救護シタル者又ハ戰時敵國ニ奪ハレタル船艦ヲ取還シタル者ニハ右同様ノ權利ヲ與ヘ又瘋癲若クハ醉亂者等自ラ契約ヲ爲スヿ能ハサル者ニ日用必要ノ物品ヲ供給シタル者ハ自ラ契約ヲ爲シタルト同シク其ノ物品ノ代價ヲ請求スル]ヲ得ヘシゴール對ギッブソンノ訴訟ニ於テ判事ポロック氏言ヘルアリ曰ク設令ヒ一方ノ者契約ヲ爲ス]ヲ拒ムモ法律ハ尚ホ契約ヲ爲シタルモノト推測スルノ場合甚タ多シ故ニ一方ノ者ニシテ契約ヲ爲サヽルヘカラサルモノナルトキハ法律ハ已ニ契約アリタルモノトナスヘシ醉亂者ニ必要品ヲ供與シタル者醉後之ニ對シテ其ノ代價ヲ請求シ得ルハ之レカ爲メナリ」ト又タベンサム氏ハ更ニ立法ノ精神ヲ論シテ曰ク他人事務ノ管理者ニ許スニ損害賠償ノ權ヲ以テスルハ頗ル善良ノ理由アリテ存ス蓋シ法律許スニ損害賠償ノ權ヲ以テスルモ自己ノ財産ノ保護ヲ受ケタル者ハ尚ホ利益ヲ得タルモノト謂ハサルヲ得ス今マ夫レ果シテ此ノ權ナキモノトセンカ家屋財産ハ其

ノ所有主ノ不在中荒敗無用ノ物トナルモ他人敢テ之レニ干渉セサルヘク若シ又之レニ干渉セルモノアラハ自ラ其勞力金錢ノ損害ヲ負擔セサルヘカラサルニ至ルヘシ要スルニ此ノ法律規則ハ他人ノ事務ニ干與スル者ノ利益ヨリ寧ロ其ノ所有主ノ利益トナルヘキモノナリ」ト一言ニシテ之レヲ言ハヽカヽル財産ノ所有主ハ何人ヲ問ハス豫メ之レニ干與スル者ニ約スルニ損害賠償ノ義務ヲ以テセルモノト異ナラサルナリ然レ𪜈斯ノ如キ法律規則ヲ設ケ雙方ノ利益ヲ保護スルニ就キテハ立法者ノ大ニ注意スヘキ三要點アリ即チ左ノ如シ

第一　自ラ他人ノ事務ニ干與シテ而シテ後其ノ報酬ヲ受ケシムルノ法律ハ往々却テ壓制ノ結果ヲ發生シ所

有主ハ僞仁者ノ爲メ俗諺ノ所謂有難迷惑ヲ受クルヿ少シトセス法律ハ宜シク此ノ弊ヲ匡正セサルヘカラサル事

第二　所有主自ラ其ノ事ヲ行フカ又ハ其ノ他ノ方法ニ由リ之レヲ爲サシムレハ却ツテ廉價ヲ以テ成就スヘキ場合ニ他人ヲシテ利欲ノ爲メ其ノ事務ニ干渉シテ之レカ報酬ヲ貪ルヿナカラシムル事

第三　多數ノ者競爭シテ他人ノ事務ニ干與シ所有主カ其ノ爲メニ得有セル利益ハ盡ク之レヲ其ノ報酬ニ供セサルヘカラサルカ如キ弊ナカラシムル事

以上三要點ヲ以テ此ノ種ノ法律ニ關スル立法ノ大旨趣トス

〔第四〕官吏タル地位ヨリ生スル對人權　何人ヲ問ハス一國內ノ人民ニシテ自己ノ爲メ官吏ヲシテ其職務ヲ執行セシムヘキ必要ノ事情生シ來ラハ此ノ人ハ官吏ニ對シテ其ノ職務ノ執行ヲ爲サシムヘキ對人權ヲ得有スルニ至ルヘシ英國法ニ從ヘハ斯カル權利ハ只タ思料ヲ要セサル官吏設例ヘハ收稅吏、出產死亡等ノ登記官、驛遞吏等ニ對シテ執行スルヿヲ得レ𪜈高等ノ官吏設例ヘハ驛遞總監ノ如キハ其部屬ノ怠慢ニ對シテ其ノ責任ヲ負フヿナシ

羅馬法ニ於テハ訴訟人判官ニ對シテ正當ニ其ノ訴訟ノ判決ヲ受クルノ權ヲ有シ法衙ニ向ツテ此ノ權ヲ執行スルヿヲ得タリ而シテ此ノ權利タル判官カ故意ニ不正ノ判決ヲ爲ストキ其ノ法律ニ通曉セサルヨリシテ不正ノ判決ヲ下ス、

ニ至レルト否トヲ問ハス故ニ判官ノ責任極メテ重大ニシテ且ツ危險ナリシナリ然レ𪜈英國ニ於テハ敢テ羅馬法ノ精神ヲ襲ハス判官ナリ陪審官ナリ仲裁人ナリ凡テ司法ノ職ヲ執ル者ハ其職權外ニ屬スル所爲ニアラサレハ決シテ其ノ責ヲ負フヿナシトセリ○茲ニ問題アリ凡ソ法衙ノ拘束スル所トナリ多年ノ間其ノ自由ヲ束縛セラレ而シテ後無罪ノ言渡ヲ受ケタル者ハ法衙ニ對シテ損害要償ノ權アルヘキヤ現世紀ノ法律制度ニ從ヘハ各國共ニ決シテ損害要償ヲ爲スヿヲ許サス是レ苟モ一國民タランモノハ公義ノ爲メ多少ノ損害ヲ受クルハ其義務タルヘキモノトスルノ原則ニ基クモノナレ𪜈被害者本人ニ取リテハ隨分迷惑至極ト云ハサルヲ得ス故ニ近世ニ至リテハ學者中議論次

第ニ盛ンニシテ現ニ獨逸人ゲー、エム、スタウト氏ノ如キハ私設ノ制度ニ由リテ此ノ弊ヲ救濟セント欲シ久シク法術ニ拘留セラレ又ハ獄舍ニ在リテ自由ヲ奪ハレ其職業生計ノ道ヲ營ムコト能ハサリシ者ニシテ無罪放免ノ言渡ヲ受ケタル者ニハ相當ノ金額ヲ賠償スヘキモノトナシ爲メニ一大富講ヲ起シテ資金ヲ與スコトヲ企テタレトモ其方法ノ困難ニシテ且ツ官許ヲ得ルコト亦甚タ難キノ故ヲ以テ遂ニ實行ニ至ラスシテ中止セリ然レトモカヽル損害賠償ノ事タル本來私立ノ會社等ニ於テ爲スヘキコトニアラス其ノ理ニ於テ果シテ誤ルコトナクンハ當ニ國家政府ノ爲スヘキ事業ニ屬スルヲ以テ四五年前國會ニ建議スルノ運ヒニ至リタルカ其後如何ナリシヤ其結果如何ヲ知ラスト雖蓋シ現世紀ニ

於テハ未タ高尚ニ失シテ尚ホ今日文明ノ程度ニ適スルヿ能ハサルヘシ其ノ實行ヲ見ルノ日ハ蓋シ將來ノ黄金世界ニ在ランノミ

右ノ外或ル一種ノ人ニハ法律之ニ負ハシムルニ特種ノ義務ヲ以テスルヿアリ此ノ場合ニ於テハ此ノ義務ノ執行ヲ求メ得ヘキ者ハ何人ト雖其ノ義務ヲ負フタル者ニ對シテ對人權ヲ有スヘシ設令ヘハ英國法ニ於テハ旅館ノ主人ハ相當ノ旅籠料ヲ拂ヒ得ヘキ通常ノ旅人ニシテ一宿ヲ乞フモノアラハ空室ノアラン限リハ決シテ之ヲ拒ムヿヲ得ス又タ公ケノ運送人《コンモン、カリヤー》ノ如キハ相當ノ賃錢ヲ拂フモノハ必ス相當ノ貨物ヲ運送スヘキモノニシテ正當ノ理由ナクシテ決シテ之ヲ拒ムヿヲ許サス其他船主ノ如キハ船中必ス相當ノ醫藥ヲ備ヘサルヘカラス故ニ此ノ醫藥ナキカ爲メ疾病ニ罹リタル水夫ハ船主ニ對シテ損害要償ヲ爲スヿヲ得ヘシ又タ千八百四十五年ノ土地條例ヲ以テ鐵道其ノ他私立ノ會社ニ附與シタル權力ニ由リ此等ノ會社ハ人民ノ土地家屋ヲ强買スルヿヲ得ル等ノ類皆ナ法律就中條例ノ明文ヲ以テ一種ノ對人權ヲ創定シタルモノナリ又タ現今歐米諸邦ニ於テハ未タ法律トシテ認了シタルヿナキモ學者中一種ノ議論アリ曰ク人ノ危害ニ陷ル者アルニ際シ他人ノ容易ニ之ヲ救護シ得ルヘキ場合ニハ宜シク之レニ救護ヲ爲スヘキノ義務ヲ負ハシムヘシト是レ有名ナルベンザム氏其ノ著書第一卷ヲ首ニ於キテ主張スル所ニシテ其ノ利害如何ハ今茲ニ之ヲ畧スヘシト雖モ諸邦ノ立法官果シ

テ此ノ義務ヲ認了スルニ至ラハ之レニ對スル權利ハ當ニ此ノ種ニ屬スヘキ對人權タルヘシ余ハ現ニ或ル邦國ニ於テ此ノ權利義務ヲ認了セルモノアリト覺ユレモ果シテ何レノ邦國ナリシヤ今マハ早ク已ニ記憶ヲ去レリ

玆ニ注意スヘキ一事アリ即チ英國法ニ所謂契約ニ基キタル私犯ト稱スルモノヨリ生スル權利ヲ以テ法律ヨリ生スル對人權ト見做スノ誤謬ニ陷ルコナキニ在リ設令ハ熟練ヲ欠キタル外科醫ニ對スル損害要償ノ訴訟、不注意アリシ公ケノ運送人ニ對スル訴訟等ハ往々契約ト全ク關係ナキ獨立ナル權利ニ基キタルモノト思考スル者少シトセス現ニ原告オースチンヨリ大西鐵道會社ニ對スル訴件ニ於テ旅客カ安全ニ經過シ得ヘキ權利ハ契約ノ有無如何ニ關セス其ノ旅客タル一個ノ事實ハ會社ヲシテ安全ニ之レヲ通過セシムヘキ義務ヲ負ハシムルニ足ルヘキモノト判決セラレタル程ナリ然レ𪜈此等ノ權利義務ハ法律ニ由ッテ生スル者ヨリ寧ロ契約ヨリ生スル對人權ノ部類ニ入ル、ヲ以テ正當トス設例ヘハ茲ニ上野「ステーション」ヲ發シテ高崎ニ赴カントスルモノアリトセヨ乘車切符ヲ買取ルノ一事ハ即チ鐵道會社ト契約ヲ爲スモノニ過キス其契約ノ條件ハ即チ鐵道規則ニシテ其ノ規則ハ法律ニ於テ如何ニ之ヲ解釋スルカハ各人皆ナ盡ク之ヲ了知セルモノト見做スナリ而シテ一タヒ此ノ切手ヲ買取タルモノハ其賃錢ノ報酬トシテ此ノ鐵道會社ハ切手ノ持主人ヲ其列車中ニ入リ指定ノ高崎ナル「ステーション」ニ輸送スヘキモノタルヿヲ了知スルメミナラス相當ノ注意ヲ用ヒテ滊車ノ運轉中安全ニ通經スルヿヲ得ヘキモノタルヲ了知スヘシ故ニ會社ノ怠慢ヨリシテ滊關ニ變事ヲ生シ旅客ノ文体ヲ損スルヿアラハ之レヲ契約ヲ破リタルモノト云フヿヲ得ヘキハ殆モ故意ヲ以テ中途ニ滊車ノ運行ヲ止メ其ノ前途ハ旅客ヲシテ徒歩セシメタルト一般ナリ

上來論述シタル所ヲ以テ法律ニ由ツテ生スル私法中對人權ノ大体ヲ盡シタルモノトナス而シテ其論旨ノ如キハ盡ク著者ホルランド氏ノ說ク所ニ係ルト雖今マ其ノ全体ヲ通覽シ予カ前回論述シタル公法私法ノ區別ヨリ之ヲ見レハ其ノ公法ニ屬スル者頗ル少ナカラサルヲ知ルニ足ルヘシ即チ父子夫妻等家族間ノ權

利義務官吏タルノ地位ヨリ生スル權利義務並ニ旅館主、公ケノ運送人、醫師等ノ責任ノ如キ公法ナル行政法中ニ屬スヘキ者甚タ多シトス蓋シ父子夫妻等家族間ノ權利ノ如キハ行政ノ法律條例ヲ以テ確定シ私人相互ノ意ヲ以テ決シテ之ヲ變更スルヿヲ得サレハ敢テ私法中ニ屬スヘキモノニアラストス就中官吏タルヨリ生スル權利義務ノ如キハ過半公法ニ屬シテ行政法ニ論述スヘキ主要ノ事項ナリ但シ官吏ノ一身ニ對スル損害要償ノ如キ全ク私法ニ屬スルカ如シト雖其怠慢ノ有無責任ノ輕重ハ歐洲大陸ニ於テハ懲戒裁判ヲ經ルニアラサレハ損害要償權ノ有無如何ヲ斷定スルヿ能ハサルノ塲合極メテ多シトス然レモ官吏ニ對スル損害要償及ヒ一般ノ行政裁判ニ就キテハ余ハ他日ニ詳論スル所アラントスレハ今茲ニ之ヲ畧スヘシ旅館主及ヒ公ケノ運送人ノ責任モ亦公法ニ於テ定ムヘキ者甚タ多シ旅館主カ正當ノ理由ナクシテ相當ナル旅人ノ宿泊ヲ拒ムヿヲ得ス公ケノ運送人即チ滊船滊車ノ會社等カ旅人若クハ荷物ノ運送ヲ拒絶スルヿヲ得サルカ如キモ其立法ノ精神タル素ヨリ公法ノ原理ニ基キ國內交通ノ便宜旅客ノ安寧ヲ保護スルノ趣意ニ外ナラス故ニ英國ノ如キ此ノ法律ヲ犯シ理由ナクシテ旅人ノ宿泊ヲ拒ミタル館主ハ甚タ重大ナル罰金ニ處セラルヽノミナラス宿泊ヲ拒マレタル旅人ハ館主ニ對シテ私訴ヲ起スヿヲ得ヘキモノトセリ但シ

此ノ私訴ハ即チ私法ニ屬シテ公法ノ關スル處ニアラスト雖館主ニ此ノ責任ヲ負ハシメタルノ要旨ハ即チ公法ニ於テ論述スヘキ重要ノ事項タリ其ノ公ケノ運送人ニ於ケルモ亦同一理ナリ

最後ニ尚ホ評スヘキハ醫師ノ責任トスホルランド氏モ云ヘル如ク凡テ醫師タル者ハ充分ノ熟練ヲ用ヒテ患者ノ治療ニ從事スヘキノ責任アリト雖此ノ責任タル果シテ契約ニ出ルカ將タ法律ニ出ツル者ナルカ氏ハ茲ニ鐵道會社ノ不注意ノ例ヲ引用シ此ノ責任ハ全ク契約ニ出ツル者ト論定シタレトモ疑義ノ頗ル其ノ間ニ存スル者ナクンバアルベカラス蓋シ此ノ責任ニシテ果シテ契約ニ出ツルモノトセンカ契約ハ私人相互

ノ意思ニ任シ隨意ニ之ヲ變更シ得ヘキ者タラサルヘカラス然ルニ今茲ニ一ツノ鐵道會社アリ其ノ規則ノ一條ニ於テ此ノ會社ハ旅客ニ對シテ一切不注意ノ責ニ任セスト定メタリト假定セヨ政府ハ此ノ規則ヲ認了又ハ之レヲ不問ニ付シ國內ニ不注意無責任ナル鐵道會社ノ營業ヲ許可スヘキヤ又タカヽル變例ノ規則ヲ設ケザル通常ノ會社ニシテ會社ト旅客ト特ニ契約スルニ會社ニ責任ナキヿヲ以テスルモ會社ト旅客トノ隨意自在ナルヘキヤ會社カ安全ニ旅客ヲ運送スルノ責任ハ其ノ意ヲ以テ隨意ニ之ヲ變更スルヿヲ得ス其ノ不注意甚シキノ場合ニ於テハ政府ハ之ヲ刑法ニ問ヒ公安ノ爲メ必ス此ノ會社ニ負シムルニ此ノ責任

ヲ以テスルヿナラム此ノ會社ノ犯則ヨリ生スル私訴ハ兎モ角本來ノ會社ノ負擔スヘキ責任ハ法律ヨリ生出セル者ニシテ決シテ之ヲ契約ニ出テタル者トスルヿ能ハサルヘシ

斯ク父子、夫妻等家族間ノ權利義務、官吏タル地位ヨリ生スル權利義務及ヒ旅館主、運送人等ノ責任ハ法律ヲ以テ之ヲ確定シ私人其ノ意思ニ一任シテ決シテ之ヲ左右スルヿ能ハサルモノニシテ本來公法ニ屬スヘキ權利義務ナリト雖此ノ權利ヲ破リ義務ヲ怠タリ公法ノ制裁ヲ受ケタル後ニ於テ初メテ生スル私訴ノ損害要償ハ私法ニ屬スヘキモノナルヲ以テ之レカ損害ヲ求ムルト否トハ素ヨリ私人ノ意思ニ一任シテ不可ナル所ナシ其ノ公法ニ屬スル部分ト私法ニ屬スル部分ハ素ヨリ混同スヘキモノニアラストス又夫ノ佛國民法其ノ他諸邦ノ法典ニ於テモ家族法、運送人規則等通常之チ民法中ニ論述スレ圧是レ古來ノ因習ニ基キタル區別ニシテ近世ノ學理ニ適應スル者ニアラズ其ノ民法中ニ列シタルノ故チ以テ必シモ之チ私法ニ屬スヘキモノトスルヿチ得サルナリ現ニ訴訟法ノ如キ通常之チ私法中ニ列スレ圧裁判處ノ權限組織等行政法中ニ入ルヘキ者極メテ數多ナルハ今日何人モ其ノ間ニ疑チ容ルヽ者アラサルヘシ宜シク此ノ例チ推シテ其ノ他チ知ルヘキナリ

前已ニ述ヘタル如ク私法中ノ對人權チ論スルニ之チ

大別シテ二種トナシ一ヲ法律ヨリ生スル對人權トシ一ヲ契約ヨリ生スル對人權トセリ而シテ今茲ニ其ノ第一種ノ講述ヲ終リタレバ次回ヨリ第二種即チ契約ヨリ生スル對人權ニ論及セントス

法理學講義　第十回

法學士　江木衷講述　宮城政明筆記

第二　契約ニ由ッテ生スル對人權

前回ニ於テハ法律ニ由ッテ生スル對人權ヲ論述シタレハ今ヤ契約ト稱スル一種ノ行爲ヨリ生スル對人權ニ論及セム

已ニ前第八章ニ於テ法律ヲ左右スル行爲（譯字允當ナラス宜シク法律ヲ活用スル行爲ト改ムヘシ以下凡テ倣之）ノ何物タルヲ説キ法律ヲ活用スル行爲トハ適法的ニ法律ヲ使用シテ權利ヲ創設廢滅又ハ變更スルノ行爲（契約取引讓與等）タルヿヲ明カニセリ而シテ此ノ法律ヲ活用スル行爲ニ二種アリ一ヲ雙面ノ行爲トシ一ヲ片面ノ行爲トス片面ノ行爲トハ他人ノ意思如何ニ關セス

只タ一人ノ意思ノミニ由リテ適法ノ結果ヲ生スル者ヲ云ヒ雙面ノ行為トハ二人以上合意アルニアラサレハ法律上ノ結果ヲ生セサル者ヲ云フ（此ノ區別ヲ以テ雙務ノ契約片務ノ契約ノ區別ト誤ルコ勿レ事ハ已ニ第八章ニ於テ論シタリ就テ見ルヘシ）而シテ此ノ雙面ノ行為ニシテ權利ヲ創設スル者ヲ稱シテ最モ廣キ義ニ於ケル契約ト云フ故ニ此ノ廣義ニ於ケル契約中ニハ對人權ハ勿論結婚財產ノ讓與其ノ他對世權ヲ創設スル行為ヲモ包含セルモノトス知ルヘシ設例ヘハ今茲ニ甲ナル者アリ時計商乙ナル者ノ店頭ニ就キ現金ヲ以テ一個ノ時計ヲ購求シタルコアラハ甲ト乙トノ意思ハ茲ニ合シテ其ノ合意ノ結果ハ法律上相互ノ權利ヲ創設セリ即チ甲ハ時計ノ所有主トナリ乙ハ其ノ代價

ノ所有ヲ得テ凡テノ取引ハ玆ニ終リタルモノナリ然ルニ今マ甲乙兩人直ニ時計ト代價ノ取引ヲ爲サス後日ニ之レヲ賣渡シ又タ之ヲ買取ランコトヲ約シタルトキモ契約ハ即チ契約ナレトモ此ノ場合ニ於テハ時計ノ所有權未タ甲ニ歸セスシテ甲ハ只タ期限ニ至リテ之ヲ得有シ得ヘキ權アルノミニシテ乙モ亦未タ代價ヲ得ス期日ニ至リテ之レヲ得ヘキ權アルノミ由是觀之最初ノ場合ニ於ケル契約ハ對世權(即チ物上權)ヲ生シ事皆ナ玆ニ終ルト雖後ノ場合ニ於ル契約ハ事未タ玆ニ終ラス只タ對人權即チ甲ハ時計ヲ請求シ乙ハ代價ヲ請求スルノ權ヲ生スルノミ而シテ余カ今玆ニ論述セントスル契約ナル者ハ後ノ場合ノ如キ只タ對人權ノミヲ生スル者ニ限ルモノニシテ之レヲ狹義ノ契約ト稱

シ普通一般ニ契約ト稱スル者モ亦皆ナ此ノ狹義ノ契約ハ
ミヲ指スコト知ルヘシ
狹義即チ通常一般ノ意義ニ於ケル契約トハ果シテ何物ナ
ルカ古來諸學者ノ下セル定義中其ノ尤モ著名ナル者ヲ舉
クレハ即チ左ノ如シ

一、獨逸ノ碩學サビニー氏曰ク契約トハ數人ノ間ニ法鎖
ヲ創設スルノ目的ヲ以テ數人カ其意思ノ合同ノ發顯
ニ於ケル一致ヲ云フ（同氏著義務篇第二卷第八葉）
佛國ノ碩學ポチエー氏曰ク「契約トハ或ル義務ヲ作爲
スルノ目的ヲ有スル合意ノ一種ナリ」ト（同氏著義務篇
第一條）

一、アーレン氏曰ク「契約ハ數人ノ間權利ノ物体上ニ法鎖

ノ關係ヲ創設セシカ爲メニセル數人ノ發顯セラレタル承諾ナリ」ト（同氏著性法第二卷第二百二十六葉）

一、英國ノ判官キンデルスレー氏曰ク「若シ雙方ノ者同一ノ事ヲ欲シ相互ノ義務ヲ實行センカ爲メ相互ニ其ノ意思ヲ通知シタルトキハ雙方ノ間承諾即チ契約ヲ生スト」（ヘインス對ヘインノ件）

一、印度契約條例ニ曰ク「契約ハ法律ニ於テ執行シ得ヘキ合意ナリ」ト

其ノ他諸學者ノ下セル定義ハ數多ナレトモ要スルニ契約ハ數人中ノ一人若クハ數人ニ對シ有効ナル對人權ヲ創設センカ爲メ數人ノ間ニ成リタル合意ノ發顯ヲ云フモノニ外ナラス

茲ニ注意スヘキ一事アリ即チ雙面ノ行爲ト此ノ行爲ヨリ生スル結果ヲ混同スルヿナキヲ要ス雙面ノ行爲自身ノミ獨リ契約ノ名ヲ下スヘキモノニシテ此ヨリ生スル契約上ノ諸關係ハ全ク契約トハ別物ナリ然ルニ英國法ニ於テハ此ノ二者ヲ區別スヘキ適當ノ用語ナキヲ以テ往々二者ヲ混同ス設例ヘハ英語ニ所謂契約ノ讓渡ト云フモノハ其ノ實契約ノ讓渡ニアラスシテ契約ヨリ發生スル所ノ權利義務ノ讓渡ニ過キサルナリ之レニ反シテ羅馬法ニ於テハ明カニ此ノ二者ヲ區分シ一ヲ契約（コントラクタス）ト云ヒ一ヲ契約ヨリ生スル法鎖（オブリガシヨ、エキス、コントラクタス）ト云フ

扨テ契約ハ果シテ其ノ義務ヲ履行スヘキモノナルヤ否ヤ

法律之ヲ保護シテ果シテ其ノ履行ヲ許スヘキモノナルヤ否隨分有名ノ或ル法律學者ハ一種ノ説ヲ爲シテ曰ク凡ソ契約ヲ爲サントスルモノハ宜シク其履行ヲ必スヘキ程ノ信用アル人物ヲ撰フヘシ信用ナキ人物ト契約ヲ結ヒテ其ノ者之レヲ履行セサレハトテ法律ノ助力ヲ乞ヒ法律ノ力ヲ以テ之レカ履行ヲ爲サシムルノ理由アルヘカラスト現ニシヤロンダスノ法律及ヒ古代印度ノ法律ニ於テハ此ノ主義ヲ以テ契約ノ原理トセリ然レトモ文化ノ域ニ進ミタル邦國ニ於テハ之レト反對ノ主義ヲ用ヒ「契約ハ遵奉スヘキモノナリ」トノ原則ニ準據シテ更ニ疑フ所ナシ

凡ソ國家ハ其ノ相當ト認ムル所ノ契約ノ履行ヲ保助シ義務者ノ意思ニ幾分ノ制御ヲ加ヘ其ノ意思ヲシテ權利者ノ

意思ニ服從セシム然レ𪜈國家ハ必スシモ嚴ニ契約ノ條款ヲ履行セシムルヿ能ハサル場合少シトセス設令ヘハ物品引渡ノ契約ヲ履行セシメントスルモ物品已ニ義務者ノ手中ニ存セサレハ國家ハ之ニ代ユルニ損害ノ賠償ヲ以テスルノ外ナカルヘシ米國有名ノ判事ホームス氏ノ如キ近世頗ル活潑有爲ノ法律家ト稱セラレ乍ラ只タ此ノ場合ノミニ注目シ其ノ著書習慣法論ニ於テハ一種奇異ノ新說ヲ案出シ契約ヲ以テ恰モ奇偶ヲ爭フノ博戲ト同視シ義務者ノ責任ハ其ノ契約シタル條件ヲ執行スルトモ又ハ只タ之レニ對スル損害ヲ賠償スルトモ其ノ隨意便宜ニ一任スヘキモノニシテ權利者ハ此ノ二責任中何レノ執行ヲ受クルヤ否ヲ知ルヿ能ハサルモノトセリ然レ𪜈氏ハ只タ事物ノ裏

面ノミヲ觀察シテ未タ其ノ表面ヲ知ラサルモノト云ハサルヲ得ス如何トナレハ凡ソ吾人ノ契約ヲ爲スニ當リテヤ其ノ契約ヲ破ルヨリ寧ロ之レヲ執行セントスルコソ吾人ノ本旨ニシテ之ヲ尋常一般ノ通則ト云ハサルヲ得サルナリ又論者或ハ契約上ノ義務ハ一般法律ノ義務ト異ニシテ之レヲ履行スルト否トハ大ニ義務者ノ心意如何ニ關スルモノトナシ以テホームス氏ノ所説ヲ保護セントスル者アルヘキモ是レ又必スシモ然ルヲ得ス如何トナレハ誹毀若クハ毆打ノ如キモ初メヨリ之ヨリ生スル責任損害ヲ辭セサルノ決心アラハ隨意ニ之レヲ行フヿヲ得ルハ一般契約ヲ破ルノ隨意ナルト敢テ其ノ差ヲ見ルヿナケレハナリ前已ニ論シタルカ如ク法鎖ヲ生スル所ノ契約ハ合意ノ一

種ナレ圧合意ハ必スシモ契約ニアラス合意アリト雖雙方ノ間嘗テ法律上ノ結果ヲ生セサル場合甚タ多シ故ニ今法律ニ於テ法鎖ヲ生スルニ足ルヘキ合意ノ行爲即チ契約ハ如何ナル性質ヲ帶フヘキモノナルカヲ詳述スルヿヲ要ス有名ナルサビニー氏カ分拆セル契約ノ元素ハ後世ノ獨逸學者モ亦概子採用スル所ナリ今マ其ノ原素ヲ枚擧スレハ即チ左ノ如シ

一、數人ノ對手
二、數人ノ意思ノ一致
三、相互ノ間意思ノ一致ノ通知
四、數人ノ契約者間ニ法律上ノ關係ヲ生セントスルノ意思右サビニー氏ノ分拆ハ別ニ批難スヘキ點ナシト雖只タ一ツノ評下スヘキ者アリ即チ契約者雙方ノ意思眞ニ一致スルヿナクンハ契約アリトスルヿ能ハサルヤ否ノ一事ナリ或ハ契約ハ意思ノ一致ヲ要ストス云ハンヨリ寧ロ意思ノ一致ノ外跡ヲ要ストス云フコソ適當ナルニアラサルカ今マ夫レ茲ニ甲某ナル者始メヨリ契約ヲ履行スルノ意思ナキニ故ラニ乙某ヲ誘ヒ一個ノ契約ヲ爲シタリトセヨ甲ノ意思ト乙ノ意思トハ素リ相ヒ同シカラサルヲ以テ眞ニ甲乙意思ノ一致アルヘキ樣ナキモ尚ホ此ノ契約ハ効力アルモノト云ハサルヲ得ス且ツ甲某ハ初メヨリ契約ヲ結フノ意ナカリシ事ヲ以テ後日ニ契約ノ履行ヲ拒ムノ辭柄トナスヿヲ得サルノミナラス中途ニシテ却ツテ此ノ契約ヲ履行ス

ルノ己レニ利ナルヿヲ覺リ甲ヨリ乙ニ對シテ契約ノ履行ヲ求ムルモ乙某ハ契約ノ當時ニ甲乙間眞ノ合意ナカリシヲ理由トシテ以テ之レヲ拒ムヿヲ得ザルヘシ然ラハ則チ契約ハ眞ノ合意ヲ要セス設令ヒ合意ナキモ外形上ニ合意ノ姿アルヲ以テ足レリトスルモノト云フヘシ然レ𪜈又之レニ反對スルノ説モジボレナス氏以來ポロツクアレツン等有名ノ法理學家ニ至ルマテ共ニ主張スル所ナリ然レ𪜈人ノ心中ニ存スル眞正ノ意思及ヒ其ノ合意ノ有無如何ハ到底法律ノ區域内ニ論スヘキモノニアラサルナリ○上來述ヘタル所ノ議論ハ全ク著者ホーランド氏ノ主唱スル所ニシテ氏ハ契約ニ眞ノ合意ヲ要セストスル者ナリ然レ𪜈余ハ凡ソ法律上ニ於テハ眞ノ合意ヲ要ストスルヲ以テ本

則トスレ圧此ノ本則ハ證據法ニ由リテ制限セラレ設令ヒ眞ノ合意ナキモ契約者雙方共ニ之レヲ爭フヿ能ハサルモノトスルヲ眞理ニ近シトセム此ノ一事ニ就テハ學者中堂々ノ議論モアルヿナレ圧今之ヲ畧ス

サビニー氏カ分拆セル契約ノ元素ハ上來論述シタル所ノ如シト雖今尙更ニ其要素ヲ明記シテ順次ニ之レヲ論述セン契約ノ要素ハ即チ左ノ如シ

一、數人ノ結約者

二、結約者雙方カ其合意ヲ表示スル所ノ雙面ノ行爲

三、出來ヘクシテ且ツ適法ナル契約事件

四、契約ノ性質ハ法律上有效ナル結果ヲ生スヘキモノタル事

五、右ノ結果ハ結約者相互ノ關係ヲ左右スルモノタル事

六、一般ニ嚴正ナル約式若クハ合意ヲ表スル或ル事實

第一　結約者ヲ論ス

契約ヲ為スニハ必ス二人以上ノ結約者ナカルヘカラス而シテ法律上一方ヲ權利者ト云ヒ一方ヲ義務者ト云フ又タ英國法ニ於テハ契約ヲ仕掛ルモノヲ原約者ト云ヒ之レヲ承諾スルモノヲ被約者ト云フ故ニ若シ如何ナル契約ト雖二人以上ノ結約者アルニアラサレハ契約ノ成立スルコトナシ現ニグレー對エリソンノ訴訟ニ於テ原被共同一ノ會社ナレトモ各々其ノ課ヲ異ニシ一ハ保險課ノ事務ヲ取リ一ハ年金課ノ事務ヲ執リシニ年金課ヨリ保險課ニ向ッテ為シ

タル保險契約ニ就キ爭議ヲ生シ遂ニ法庭ヲ煩ハスニ至リシカ法庭ハ此ノ契約ヲ以テ無効ナリト判決セリ如何トナレハ原被共ニ同一ナル會社ノ代人ナルヲ以テ二人以上ノ契約者アルヘキ道理ナケレハナリ又タ被約者ハ常ニ確定シタル人タラサルヘカラス設令ハ何人トモ定メス單ニ政府ノ書記官ト云フ一般ノ者ヲ相手トシテ契約セントスルモ得ヘカラス然レ𪜈契約ノ申込ハ最初ニ確定ノ人ニ對シテ爲スヿヲ得ヘシ設例ヘハ何人ヲ問ハス紛失シタル物品ノ發見者ニ約スルニ相當ノ禮金ヲ以テスルカ如シ

第二　合意ヲ表示スル所ノ雙面ノ行爲ヲ論ス

合意ヲ表示スル所ノ雙面ノ行爲中一面ノ行爲ヲ申込「オッファー」又「ポリシタシヨー」ト云ヒ之レト相對スル他ノ一面ノ

行爲ヲ承諾（アクセプタンスト）云フ即チ一方ノ者ハ契約ヲ爲サンコトヲ申込ミ一方ノ者ハ之レヲ承諾シテ契約ヲ生スルナリ

一方ノ者申込ヲ爲シ一方ノ者之レヲ承諾スレハ爰ニ契約ヲ生スヘキモノナルヲ以テ凡テ申込ミハ承諾アレハ忽チ契約ト成ルヘキ必要ノ條件ヲ具ヘサルヘカラス然レトモ申込ハ之レニ條件ヲ附シ某ノ處某ノ日時ニ於テ某ノ事ヲ行フヘシト申込ムコトヲ得ヘシ

申込ハ斯ク其ノ承諾ヲ得テ忽チ契約ニ變スヘキモノナレハ申込ト申込ノ招引《インビテーシヨン》トヲ區別シテ決シテ混同スルコトアルヘカラス申込ノ招引ハ決シテ忽チニ契約ニ變スルノ性質ナキモノナリ抑モ申込ノ招引トハ他人ノ申込ヲ招クノミ

ニシテ結約スヘキ意思アルヿヲ他人ニ示スマテノ事ナリ設令ヘハ米穀小賣商ノ店頭ニ一圓ニ付白米壹斗三升ナトヽ記シタル木札ヲ出スモノアルモ是レ申込ノ招引ニシテ客ヲ引ク爲メ契約ヲ爲スノ意アルヿヲ示シタル迄ニシテ未タ申込ト云フヘキモノニアラサレハ之レヲ承諾シタレハトテ直ニ契約ヲ生ズルヿナカルヘシ故ニ已ニ相場ノ變更アリタルニ關ハラス其ノ札ヲ書キ改ムルヿヲ忘却シ倘ホ前キノ木札ヲ出シ置クモ米商ハ必ス其ノ札ノ相場ヲ以テ賣買セサルヘカラサルノ義務アルヿナシ尤モ申込ト申込ノ招引トハ理論上ニ於テハ斯ク明了ナレヒ實際ニ至リテハ隨分其區別ニ苦シムヿ少シトセス譬ヘハ新聞紙ニ廣告シタル汽車發着時間表ノ如キハ申込ナルヤ否ヤ若シ申

込ナラハ其定規ニ從ヒ切符ヲ買ハンド云フモノアラハ契約直ニ成立スルヲ以テ發着ノ時間ヲ違フヿアラハ即チ違約ニシテ鐵道會社ハ其ノ損害ヲ賠償スルノ責ヲ免ル丶ヿ能ハス此ノ事ニ付テハ英國學者中ニモ隨分議論ノアリタルヿナレトモ今日ニ至リテハ右ハ只タ申込ノ招引タルニ過キサルモノト一定セルカ如シ

申込ノ何物タルハ畧ホ前ニ述ヘタル所ノ如シ乞フ是レヨリ承諾ニ關スル法則ヲ論述セン

〔第一〕承諾ハ全ク申込ト一致スヘシ條件ヲ附シタル承諾ヲ爲シ以テ契約ノ成立セルモノトナスヿヲ得ス譬ヘハ一定ノ馬ヲ六十圓ニテ賣却セントノ申込ニ對シ五十圓ニテ買ヒ受ケントノ承諾ヲ爲シタルトキハ契約ノ成立スルヿナシ

而シテ此ノ五十圓ニテ買受ケントノ承諾ハ馬ノ賣主ニ取リテハ別個ノ申込ニシテ却ツテ賣主ノ方ニ於テ之レヲ承諾スル片ハ契約成立スルヿヲ得ヘキモノナリ要スルニ申込ト承諾ト符合セサルカ又ハ申込ノ効力消滅シタル後ニ爲シタル承諾ハ申込ヲ拒絶シタルモノナレ圧此ノ二樣ノ場合共ニ相手方ヨリ却ツテ新シキ申込ヲ爲シタルト同樣ノ効力ヲ生スルモノナリトス譬ハ甲ハ乙ニ其ノ所有ノ地所若干坪ヲ金五百圓ニテ賣拂フヘシト申込ミ乙ハ四百圓ニテ買ヒ取ルヘシト答ヘタルニ甲ハ中々四百圓ニテ賣拂ハサルヨリ更ニ申込ノ通リ五百圓ニテ買取ルヘキ旨ヲ通知セリ然ルニ甲ハ中途ニシテ其ノ心ヲ變シ五百圓ニテ其ノ地所ヲ賣拂フヿヲ好マレサルヨリ乙ハ違約ノ廉ヲ以テ

之レヲ法庭ニ訴フルヿアルモ乙カ最初ニ四百五十圓ニテ買取ルヘシト答ヘタルハ即チ甲ノ申込ヲ拒絶シタルモノナレハ甲ノ申込ハ此ノ時已ニ消滅シタルモノト見做サヽルヲ得ス去ラハ其後ニ至リ乙ハ更ニ五百圓ニテ買取ルヘシト云フモ是レ乙ヨリ甲ニ對スル新ナル申込ナルヲ以テ之レヲ承諾スルト否トハ一ニ甲ノ意中ニ存スヘシ故ニ甲乙間契約未タ成立セサルモノナルヲ以テ甲ハ破約ノ責ヲ擔フヿナカルヘシ

〔第二〕承諾ハ申込ノ有効ナル期限迄ニ之ヲ爲スニアラサレハ契約ノ成立スルヿナシ語ヲ換ヘテ之ヲ言ハヽ有効ノ契約ヲ成サントスルニハ申込ノ繼續中何時ニテモ之レカ承諾ヲ爲スヿヲ得ヘシ是レ理ノ當然ニシテ説明ヲ要セスト

雖一タヒ申込ミタルモノハ永遠繼續スヘキモノナルカ果タ一定ノ期限アルヘキヤ此ヿニ就テハ學者中詳密ノ議論アレ𪜈今其ノ大綱ヲ示サハ申込ノ効力ハ左ノ方法ニ由リテ消滅ス

(甲)定期若クハ相當日限ノ經過

何月何日迄ニ承諾ヲ受ケタシトノヿヲ申込ミタル時ハ此ノ日限ヲ經過スレハ申込ハ其ノ効力ヲ失フヿ論ヲ待タストト雖尋常商家ノ取引等ニハ申込ニ於テ豫メ日限ヲ指定セサルノ塲合甚タ多シ此ノ塲合ニハ只タ相當ノ時日限中込ノ効力アルモノト認定セサルヲ得ス然レ𪜈此ノ相當日時間トハ果シテ幾日ヲ指スカ是レ時處ニ應シテ自ラ定マルヘキモノニシテ豫メ之ヲ一定スルヿ甚タ難シトス今マ甲

乙面前ニ於テ甲申込ヲ爲スノ場合ニ於テハ兩人未タ其ノ場所ヲ去ラサルノ間ニ於テ承諾スルコナクンハ相當ノ日時中ニ爲シタル承諾ト云フヘカラス又郵便ヲ以テ承諾ヲ爲ス場合ノ如キハ申込ヲ受ケタル次回ノ郵便ニ托シテ其ノ承諾ヲ爲サヽレハ申込ノ効力ハ已ニ消滅シタルモノト見做サヽルヘカラサルカ如シ獨逸商法ニハ申込ハ適當ニ其ノ承諾ノ返答ヲ爲スヘキ時日間繼續スヘキモノト云ヘリ(同商法第三百十九條)

(乙)申込者又ハ其ノ對手ノ死去

申込ハ其ノ承諾前ニ於テ申込人又ハ承諾セントスル者ノ死去ニ由リテ自ラ消滅ス但シ對手ニシテ其死去ノ事實ヲ知ルニアラサレハ尙ホ申込ノ効力アリヤ否ヤハ諸國ノ法

律各其ノ成規ヲ異ニセリ英國ニ於テハ凡ソ人ノ死去ハ其ノ死去ノ即日ヨリ萬人之レヲ知ルヘキモノトスル法律推測ニ由リ申込人ニテ死去スルヿアラハ對手人ノ之レヲ知ルト否トニ關ハラス其ノ效力ヲ失フヘキモノトシ對手人未タ死去ノ事實ヲ知ラサルモ承諾ノ效ナキモノニシテ契約ノ成立スルヿナキモノトセリ之レニ反シテ印度契約條例ニ於テハ對手人死亡ノ事實ヲ了知セサレハ申込ノ效力アルモノトナシ又獨逸人ウヰンドシヤイト氏ノ如キハ斯カル場合ニ於テハ素ヨリ契約ノ成立スルナキモ對手人ニ於テ死去ノ事實ヲ知ラスシテ承諾ヲ爲シ爲メニ損害ヲ受ケタル時ハ此ノ損害ノ賠償ヲ得ヘキモノトセリ(同氏著「ペンデクテン」第三百〇七節)

(丙)申込ノ拒絶

申込ヲ受ケタル者其ノ申込ヲ拒絶シタルトキハ此ノ申込ハ忽チ消滅ス但シ申込人ニ之ヲ拒絶シタル旨ヲ通知シ其ノ通知ニシテ申込人ニ達スルマテハ申込ノ効力尚ホ存立スヘキモノナリトス

(丁)申込ノ取消

已ニ申込中ニ承諾ノ期限ヲ定メタルト否トヲ問ハス苟モ對手人カ未タ其ノ承諾ヲ爲サヽル以前ナレハ何時ニテモ之ヲ取消スコヲ得ヘシ是レ申込ノミニテハ雙方ノ間權理上未タ何等ノ關係ヲモ生セサレハナリ尤モ豫メ約束ヲ爲シ幾日間申込ヲ繼續スヘキコヲ以テシタルトキハ其ノ約束ニテ果シテ有効ノ契約ナラハ其ノ期限內ハ之ヲ取消スコ

ヲ得サルヲ以テ英國法ノ通則トス譬ヘハ甲乙ニ對シテ地所賣拂ノ申込ヲ爲シ且ツ此ノ申込ハ一ヶ月間ヲ猶豫シ其ノ間ニ決答ヲ爲スヘシ且ツ此ノ猶豫ノ報酬トシテ若干圓ヲ拂フヘシト約シタルトキハ此ノ契約ハ有効ノ者ニシテ甲ハ一ヶ月間申込ヲ取消スコトヲ得サルナリ然レトモ申込ト申込ヲ繼續スヘキ契約トハ全ク別物ナレハ此ノ契約ヲ破ルモ相當ノ損害ヲ賠償スレハ即チ足レリ爲メニ申込ヲ取消シ得サルモノニアラス英國法ノ通則ハ理論上其ノ正確ヲ失シタルモノト云ハサルヲ得サルナリ又申込ノ取消ハ之レヲ對手ニ通知スルニアラサレハ其ノ効ナシ故ニ申込ノ取消ハ對手人ノ承諾前ニ之レヲ對手人ニ通知セサルヘカラス

〔第三〕承諾ハ申込人ニ之レヲ通報スルニアラサレハ其ノ効ナキヤ否ニ就キテハ學者中數多ノ議論アリ容易ニ一決シ難シトス獨逸人ウヰンドシヤイド氏ハ此等ノ諸說ヲ別ツテ三種トセリ即チ第一種ハ表彰主義ニシテ承諾狀ヲ發スルノ所爲ハ即チ承諾ヲ表彰スルモノニシテ發信ノ時ニ於テ契約ノ成立スル者ナリ第二種ハ通達主義ニシテ承諾ノ狀中込人ニ達スルト同時ニ契約ノ成立スルモノトスルナリ第三種ハ了知主義ニシテ申込人ニ於テ對手カ承諾ヲ爲シタルヲ了知シタルノ時ニ於テ契約成立スルモノナリ

今マ左ニ之ヲ畧說セン

表彰主義ニ於テハ一方ノ者中込ヲ爲シ一方ノ者之レヲ承諾シテ而シテ其ノ承諾ノ跡ヲ外行ニ表示シタル時ハ契約

已ニ成ルモノトシ若シ互ニ相隔絶シタル地ニ在ッテ契約ヲ成サントスルトキハ一方ノ者ハ郵便又ハ電信ヲ以テ申込ヲ爲シ一方ノ者之レヲ承諾シ承諾狀ヲ郵便ニ附シタルコトアラハ二人ノ間意志ノ一致即チ合意アリ且ツ外形ニ顯ハレタル表彰即チ承諾狀ヲ發スルノ所爲アルヲ以テ法律上保護スヘキ有效ノ契約ハ承諾狀投函ノ時ニ成立スヘキモノトス故ニ一タヒ承諾狀ヲ投函シタル後ハ直ニ電信ヲ以テ之レカ取消ヲ爲シ承諾狀到達前其ノ取消ヲ申込人ニ通知スルモ已ニ其ノ効ナキモノトナラサルヲ得ス是レ商業ハ最モ迅速ノ取引ヲ旨トスル英米ノ法律ノ原則ニシテ佛國ニ在リテハメルラン氏獨逸ニ在リテハプフタ、プッフェンドルフ、サビニー等有名ナル學者ノ主張スル所ナリ通達主義及ヒ了知主義ニ於テハ承諾狀再ヒ申込人ニ通達シ又ハ其ノ了知スル所トナルニアラサレハ合意ナキモノトスルカ故ニ一旦承諾狀ヲ郵便ニ付スルモ尙ホ其ノ申込人ニ達セサル間ハ電信又ハ急報等ヲ以テ之ヲ取消スコヲ得ヘキモノトセリ印度契約條例(第四條及第五條)獨乙商法(第三百十八條及至第三百二十一條)等現ニ此ノ主義ニ據リテ承諾狀ノ通達前其ノ取消ヲ爲スコヲ許シタリ然レ𪜈此ノ主義タル大ニ學者ノ批難スル所ニシテ歐米諸學者ノ大半ハ皆ナ反對ナル表彰主義ヲ贊成セリ今其ノ駁論ノ要點ノ一二ヲ擧クレハ即チ左ノ如シ

一、此ノ主義ニ從ヒ甲ヨリ乙ニ申込ヲ爲シ乙ハ之ヲ承諾スルニ承諾狀ノ甲ニ達シ又ハ甲ノ之レヲ了知スルマテハ其ノ効力ナク甲ハ常ニ乙ノ承諾ヲ爲セシヤ否ヲ知ルヿヲ要スルモノトセハ乙ハ又タ承諾狀カ果シテ甲ニ達セシヤ否ヤヲ知ルヿヲ要スヘケレハ甲ヨリ更ニ第二回ノ通報ヲ受ケサルヘカラス扨テ甲ヨリノ第二回ノ通報モ亦果シテ乙ニ達セシヤ否ヤヲ知ルハ乙ノ必要トスル所ナルヘケレハ乙ヨリモ更ニ第二回ノ返答ヲ爲サヽルヘカラス乙已ニ第二回ノ返答ヲ發スレハ其ノ果シテ甲ニ達セシヤ否ヲ了知スルヿヲ要スヘシ茲ニ於テ甲ハ第三回ノ通報ヲ爲シ乙モ亦從ツテ第三回ノ返答ヲ爲サヽルヘカラス斯ク二回三回四回ト互ニ相輪轉シテ千萬遍ニ至ルモ終局アルヘカラス到底契約ハ郵便又ハ書狀ヲ以テ爲スヿ能ハサルニ至

ルヘシ

二、商業活潑ノ邦國ニ於テハ到底此ノ主義ヲ固守スルコト能ハス譬ヘハ今マ我日本ヨリ米國ニ物品製造ノ注文ヲ爲シタル片ノ如キ承諾狀ヲ取消サレテ大損害ヲ招クノ恐レアルカ故ニ米國ヨリハ先ツ承諾狀ヲ發シ其ノ承諾狀カ日本ノ者ニ達セシヤ否ノ通知ヲ得テ而シテ後初メテ品物ノ製造ニ着手セサルカ如キノ遲滯ヲ生スヘシ

三、此ノ主義ニ從フ片ハ相場ノ變更アル物品取引ノ契約海上保險契約等ノ如キ者ニ在リテハ契約者ノ一方ハ承諾ヲ爲シ置キ乍ラ相場ノ高下海難ノ模樣等自己ノ都合ニ由リ急ニ承諾ヲ取消スコトヲ得ヘキカ故ニ此ノ

主義ニ基キタル法律ハ狡児カ其ノ姦計ヲ逞フスルノ具タルノ大弊ヲ生スヘシ
有ニ論述スル所ニ反シ表彰主義ヲ駁撃シ通達主義及ヒ了知主義ヲ保護スル議論モ亦少ナカラスト雖要スルニ承諾ハ之ヲ申込人ニ通知スルヲ要スルヤ否ノ問題ニ對シテハ余ハ一該ニ諾否ノ答ヲ為スコトヲ得ス契約ノ種類ト場合トニ從ヒ或ハ此ノ通知ヲ要スルモノモアルヘク或ハ之ヲ要セサルモノモアルヘシト信スルナリ設令ヘハ承諾状ノ申込人ニ達セサル以前ニ在リテハ之ヲ取消スモ妨アルヘカラス又近世米國ニ在リテ論理ノ精確ヲ以テ稱セラルヽラングデル氏ハ其著書契約法綱要ニ論シテ曰ク「凡ソ片務ノ契約ハ一方ノ者申込ヲ承諾スルト同時ニ其ノ為スヘキ當

然ノ義務ヲ盡サヽルヘカラサルモノナルカ故ニ其ノ承諾ノ事件ヲ履行シタルト同時ニ契約ヲ生シ更ニ之レヲ申込者ニ通知セルヲ要セス如何トナレハ申込ヲ承諾シタル者已ニ其ノ事ヲ履行シ未タ通知ヲ爲サヽルノ前ニ於テ申込ノ取消ヲ受クルヿアレハ之レヲ契約ヲ破リタルモノトシテ其ノ損害ヲ賠償スルノ權利ヲ有セサルヘカラサレハナリ譬ヘハ商品ノ注文ヲ受ケタル時ノ如キ場合ニハ片務ノ契約ニシテ承諾ノ旨ヲ申込者ニ通知スルヲ要セサルノ類ナリ之レニ反シテ雙務ノ契約ハ雙方ノ者互ニ其ノ義務ヲ負擔シ雙方各々契約事件ヲ履行セサルヘカラサルモノナルヲ以テ承諾ノ通知申込人ニ達スルニアラサレハ即チ合意ナキモノニシテ契約ノ未タ成立セルモノト云フヘカラ

ス卜蓋シ確論卜云フヘキノミ
〔第三〕契約ハ救濟スヘカラサル甚シキ錯誤ナキヿヲ要ス即チ契約ニ錯誤アラハ契約ニ合意ナキ者ニシテ契約ノ成立スルヿナシ故ニ契約ニシテ錯誤ニ出テタルモノナレハ啻ニ之レヲ取消スヿヲ得ヘキノミナラス爲メニ拂ヒ込ミタル金額モ之ヲ取還スヿヲ得ヘシ然レ𪜈苟モ契約ニ錯誤アラハ其ノ僅少ナルモノナルニ關ハラス盡ク之ヲ無効トスヘキモノニアラス其ノ錯誤甚シカラスシテ尚ホ之ヲ救濟シ得ヘキモノハ決シテ然ルヿヲ得ス而シテ契約ノ成立ヲ碍クヘキカヽル錯誤ニ三種アリ一ハ結約者ニ係ル錯誤二ハ契約ノ性質ニ係ル錯誤三ハ契約ノ目的物ニ係ル錯誤是レナリ譬ヘハ一商館ノ得意先甲某ナル者此ノ商館ニ對シ

テ物品ノ注文ヲ為シタルニ此ノ商館ハ正ニ他人ノ讓リ受クル所トナリシニ係ハラス其ノ讓受ケタル事實ヲ通報セスシテ右ノ物品ヲ供給シタルヿアラハ此ノ商館ハ物品ヲ取戻スヿヲ得ルモ其ノ代價ヲ請求スルノ權ナカルヘシ（ブルトン對ジヨーンス判決例）又タ一方ハ甲ノ馬ヲ買ハント欲シ一方ハ乙ノ馬ヲ賣ラントシ或ハ已ニ消滅シタル物品ヲ尚ホ存在スルモノト信シテ契約シタル場合ノ如キハ契約ノ主タル目的物ノ錯誤ニ係ルノ例ナリトス（ソーチスリエール對ハスチーノ判決例）

右ニ掲ケタル數例ハ尤モ解シ易キ場合ノミヲ示シタルモノナレ𪜈物品ノ性質上等下等ノ區別ヲ為シ得ヘキモノニ在リテハ實際上頗ル困難ヲ生シ或ハ保證約或ハ未必ノ條

例等ト混同スルヿ少ナカラス設例ヘハ酒若干石ノ取引契約ニモ上等ノ酒モアルヘク下等ノ酒モアルヘシ結約者ハ果シテ上下等何レノ酒ヲ取引スルノ意ナリシヤ否之ヲ判定スルヿ甚タ易カラスト雖要スルニ實物ヲ以テ取引スル場合ハ其ノ物品ノ性質如何ニ關係ナク又タ酒何石米何俵等ト只タ物品ノ種類ヲ以テ取引スル場合ニハ此ノ問題ヲ決スルヿ頗ル必要ナリ此等ノ事ニ關シテハ契約法上詳密ノ議論アレ𪜈單ニ一般ノ法理ヲ論スル本書ノ如キニ在リテハ之レヲ詳述スルヲ得ス

詐僞モ亦契約ヲ無効トスルノ効力アリ一方ノ者ノ詐僞ニ由リテ契約ヲ爲シタル者ハ其ノ詐僞ニ出テタルヲ理由トシテ其ノ契約ヲ拒ムヿヲ得ヘシ但シ自ラ詐僞ヲ行ヒタル

者ニ在ツテハ其ノ對手ニ對シテ契約ノ無効ヲ主張スルヿヲ得サルナリ然ラハ即チ詐僞トハ如何ナル者ヲ包含スルヤ通常ノ用語ニ從ヘハ詐僞トハ必ス惡意ヲ以テ他人ヲ欺キタルモノニシテ刑法ヲ以テ論スヘキモノタルカ如シト雖民事上ニ於テ契約ヲ無効トスルニハ必スシモ惡意アルヲ要セス或ル事實若クハ條件ニシテ具備スルヿアラハ惡意ナシト雖法律上之レヲ詐僞ナリト推測ス譬ヘハ破産者ニシテ其ノ財産ヲ其ノ親友等ニ贈與セントスルトキハ惡意ナシト雖債主ニ對シテハ詐僞アリタルモノトナシ債主ハ其ノ契約ノ無効タルヿヲ主張スルヿヲ得ルナリ故ニ他人ヲ欺カントスルノ惡意アラハ其ノ詐僞タルハ明白ニシテ已ニ論スヘキヿナキモ民事上苟モ詐僞ヲ以テ論スヘキモ

ノハ其ノ詐僞ヲ行フモノヽ心意ハ如何ナル程度ヲ以テ充分ナリトスヘキヤ今マ之ヲ分拆スレハ即チ左ノ二原素ヲ具備スルヲ要ス

一、他人ニ或ル思想即チ考ヘヲ通セントスルノ意思又ハ希望アルヿヲ要ス即チ或ル思想ヲ通セントスル意思ナキモノハ詐僞ノ行爲アルヘカラサルハ自ラ明カナルヿニシテ譬ヘハ甲ナル者乙ナル者ニ對シテ或ル一話ヲ爲シ乙ハ更ニ之レヲ解セサレハ甲乙ノ間詐僞ノ嘗テ存立スヘキ理由ナシ

二、右ノ思想即チ考ヲ虚ナリト信シタル事即チ自ラ眞實ナリト信シテ爲シタルヿハ事實ニ於テ虚ナルモ詐僞ノ性質ヲ帯フルヿナシ然レ𪜈相當ノ理由ナクシテ或

ル事實ヲ確カメ而シテ其ノ果シテ虚ナリシトキハ詐僞タルヲ免レス是レ自ラ知ラサルヿヲ確言スレハナリ但シ他人ヨリ單ニ己ノ所見ノミヲ問ハレタルトキハ相當ノ理由ナクシテ之ヲ確言スルモ詐僞トナルヿナカルヘシ是レ自己ノ心中ニ存スル見識ノミヲ述ヘ敢テ事實ノ有無如何ヲ確言シタルモノニアラサレハナリ

然ラハ詐僞ヲ組成スルニハ他人ニ通シタル思想ノ虚ナルヲ信シタルヿ必要ナルヿ明カナレ𪜈此ノ信スルトハ如何ナルモノヲ指スカ尙ホ其ノ解義ヲ知ラサルヘカラス蓋シ信トハ心中ノ有樣ヲ云フモノニ相違ナケレ𪜈此ノ有樣ニハ種々ノ度アリテ一定スルヿナシ

即チ信ニ確信ト半信（又ハ輕信）トノ區別アリ譬ヘハ明日モ大陽ハ昇ルヘシト信スルハ殆ト之ヲ確信ト云フヘキモ今日今時ニテモ英國ノ女王ハビクトリヤナルヘシト信スルハ信ノ稍ヤ輕キ者ト云フヘシ然ラハ詐僞ヲ構成スルニ必要ノ元素ナル信。ナル者ハ如何ナル程度ヲ以テ足レリトスルカト問ハヽ益々信ナル者ノ性質如何ヲ知ラサレハ其ノ答辨ニ苦ムヘシ抑モ純然タル理論ヨリ推ス𪜈ハ凡ソ人カ斯ク々々ノ事ヲ信。ス。ルトハ其ノ人カ心中ニ於テ將來此ノ事ノ起ルヘキヿハ彼ノ事ノ起ルヘキヿヨリ多分ナラント推量スルヿヲ謂フモノニテ到底推量ニ過キサル多分論《プロバビリチー》タルニ外ナラスシテ數理上ノ精算ヲ爲シ得ヘキモノニアラス故ニ人ノ萬事ヲ處スルモ動カスヘカラサル確實ノ計算ニ基キ之ヲ行フヨリ寧ロ多分斯ク々々ナルヘシト推量シテ偶然ヲ期スルヿ最モ多シ明日モ知レサル人間ノ露命ニテアリ乍ラ明日斯ク々々ノ事ヲ爲スヘシト契約スル者ハ其ノ心中敢テ必ス死スルヿナキヲ確定シタルニアラスシテ迚モ死スルヿハナカルヘシト推量シタル迄ノヿナリ故ニ斯ク々々ノ事ノ起ルヤ否ハ本來知ルヿ能ハサルモノナルモ相當ノ推測多分論ヨリ其ノ事ノ起ルヘシト推定スルニ足ルヘキトキハ危險ナカラモ其ノ危險ノ責ヲ自身ニ引受ケテ斯ク々々ノ事必起ルヘシト判定スルヿナリ是レ設令ヒ心中人ヲ欺クノ惡心ナキモ相當ノ理由即チ相當ニ多分カヽ

ルヘシト推量スルニ足ルヘキコナク己レノ知ラサルコヲ確言シテ為メニ他人ヲ誤ルコアラハ之レヲ以テ尚ホ詐偽ノ行為アリト見做サヽルヘカラサル所以ナリ

又他人ニ虚言ヲ吐キ虚事ヲ示スノミニテモ前二條ノ要素具備スレハ民事上ニハ尚ホ之レヲ詐偽ノ一種トナシ英語ニ之レヲ「ミスレプレセンテーシヨン」ト云フ契約ヲ半無効トスルコ詐偽ト異ナルナシ〇茲ニ一個ノ議論アリ虚言ヲ吐キ虚事ヲ示スハ詐偽ト同様ナルハ兎モ角他人ノ尋問ヲ受クルモ默シテ答フルコナキハ之レヲ「ミスレプレセンテーシヨン」ト云フヘキヤ否英國ノ判決例ニ據ルニ甲某乙某共ニ煙草商ニシテ互ニ品物ノ取引ノ契約ヲ為サントシ甲

ハ乙ニ向ヒ近時外國ト開戰ノ模樣アルカ故ニ煙草ノ相場稍々騰貴スルコトナキヤ否ト問ヒシニ乙ハ眞實ニ之ヲ答フレハ己レノ不利益タルコトヲ知リ更ニ一言ノ返答ヲ爲サヽリシ場合ニ於テ英國裁判處ハ單純ナル沈默ハ「ミスレプレセンテーション」トナルヘキモノニアラスト判決セリ但シ此ノ場合ニ於テ乙若シ返答ヲ爲サヽルモ其ノ身振等ヲ以テ甲ノ不利益トナルヘキコトヲ表示シタルコトアラハ「ミスレプレセンテーション」タルコトヲ免レサルヘシ（レードウ對オルガンノ訴件）又タ英國法律ニ於テハ「アンジユー、インフリユエンス」ト稱シ契約上詐僞ト同一ノ効力ヲ有スル者アリ「アンジユー、インフリユエンス」トハ不當ノ勢力ト云フ義ニシテ父子、代言人及訴訟本人、本人及代理人間等ノ契約ニハ兎角ニ一方ノ者ノ勢力ニ推サレテ本意ニアラサルヿヲ承諾スルノ傾向アルカ故ニ法律ハ數々此等ノ人ノ間ニ不當ノ勢力アルモノト推定シ單ニ沈默ニ止ルモ尚ホ「ミスレプレテーシヨン」ノアルヘキモノトセリ

詐僞ノ外威力ヲ以テ結ヒタル契約モ亦半無効ニシテ契約ヲ強ヒラレタル者ハ契約ノ際威力ニ壓セラレタルヲ理由トシテ之レヲ取消スヿヲ得レ圧威力ヲ用ヒタルモノハ此ノ理由ニ由リテ契約ヲ無効トスルノ權利ナシ○威力トハ身体ニ對スル暴行又ハ之レト同一ノ性質ヲ有スル暴行ヲ加ヘントスル行爲ヲ云フ故ニ家屋又ハ其ノ他ノ財產ノ安寧ヲ害セントセラルノミニテハ之レヲ以テ威力ナリトスルニ足ラス且ツ又此ノ威力ヨリ生スル恐懼ハ羅馬法ニテ

云ヘルカ如ク充分强剛ノ人ヲシテ其ノ念ヲ生セシムルニ足ルモノタラサルヘカラス

〔第四〕合意ヲ表示スルニハ書類、言語、記號、又ハ行爲ヲ以テスルヿヲ得故ニ契約ハ必スシモ雙方ノ明言又ハ書類ヲ待タスシテ雙方ノ所爲ヨリシテ自然ニ發生スルヿアルヘシ設令ヘハ余カ面前ニ於テ余カ家屋ノ破損シタルケ所ヲ修繕スルノ大工アラハ別ニ明言ヲ待タスシテ相當ノ賃錢ヲ拂フノ契約ヲ生スヘシ之レヲ暗生ノ契約ト云フ

合意ハ結約者雙方ヨリ相互ニ之レヲ表示セサルヘカラサレ𪜈必スシモ結約者自ラ其ノ面前ニ於テ之レヲ爲スヿヲ要セス文書、電信、郵便等其ノ他ノ媒介ヲ用ユルヿヲ得ヘシ而シテ此ノ媒介ノ中幾分カ己レノ識見ニ從ヒ自己ノ思料

ヲ以テ事ヲ處スルノ權力ヲ附與セラレタル者ヲ稱シテ代理人ト云ヒ本人ト同樣ニ合意ニ效力ヲ與フルヿヲ得而シテ此ノ代理人ヲ撰任スルハ代理ノ契約ヨリ生スレトモ茲ニ例外トモ思ハルヘキ二ケノ場合アリ即チ一ハ代理ノ權ナキ者他人ノ爲メニ其ノ名義ヲ以テ取引ヲ爲シ後日ニ至リテ代理權ヲ得且ツ曩キニ爲シタル取引ヲモ本人ノ承認シテ之レヲ承諾シタル時ハ取引ノ當日ニ遡リテ代理者タルノ效力アル場合ニシテ一ハ明カニ代理ノ權ヲ與ヘサルモ暗ニ代理ノ權ヲ生スルヿアリ譬ヘハ主人ノ爲メ數々信用ヲ以テ物品ヲ買ヒ取ルノ慣行アル奴僕ハ設令ヒ主人其ノ雇ヲ解クモ尙ホ之レヲ知ラサリシ三者ニ對シテハ其ノ責ヲ負ハサルヘカラサルカ如シ

代理ニ總理部理ノ區別アリ從ツテ其ノ權限モ同シカラス又タ其ノ區別ニ就キテモ頗ル精密ノ議論アレトモコハ後回代理法ヲ説クノ時ニ讓リテ今マ茲ニ畧スヘシ

以上契約ニ存スヘキ諸元素ヲ分拆シ六元素トナシ已ニ其ノ二ヲ説キ了リタレハ次回ニ於テハ其ノ第三ノ元素即チ契約事件ノ適法ニシテ且ツ爲シ得ヘキモノタラサルヘカラサル所以ヨリ論述セム

法理學講義　第十一回

法學士　江木衷講述　宮城政明筆記

第三　契約事件ハ出來クヘクシテ且ツ適法タルヘキヿヲ論ス

契約事件ハ出來クヘクシテ且ツ法律ニ於テ許容セラレタルモノタルヿヲ要ス而シテ之レニ反スル契約ヲ不能ノ契約又ハ不適法ノ契約ト云フ今マ左ニ之レヲ分論セン

（甲）　不能ノ契約ヲ論ス

不能ニ三種アリ即チ

（第一種）ハ天然上又ハ論理上ノ不能ニシテ設例ハ永世常動ノ器械ヲ製造シ又ハ月界ニ周遊センヿヲ約スルカ如キハ天然上到底爲シ能ハサル事件ニ屬スルカ故ニ其ノ契約ハ

全ク無効ナリトセサルヲ得ス
〔第二種〕ハ法律上ノ不能ナリ設例ヘハ法律上ニ禁止セラレタル或ル親族ト結婚センコヲ約スルカ如シ
〔第三種〕ハ實際上ノ不能ニシテ事物自然ニ於テハ充分爲シ能フヘキ事柄ナルモ他ノ障碍ヨリシテ爲シ能ハサルヲ云フ設例ヘハ一時間中ニ百枚ノ謄寫ヲ爲スカ如キハ能ク之ヲ爲シ得ルモノモアルヘク又然ラサルモノモアルヘシ又一時間ニ六十英里ヲ走ルヘキ滊車ハ論理上之ヲ製造シ得ヘキコナルヘキニ實際斯カル速力ノ滊車ヲ製スルコ能ハサルカ如シ然レ𪜈此ノ實際上ノ不能ト第一種即チ天然上ノ不能トハ其ノ區別一目瞭然タルニ似テ又必スシモ然ラサルコ多シ設例ヘハ空中ヲ飛行スル器械ヲ製造セントス

ルハ天然上爲シ能フヘキ事カ將タ實際上爲シ能ハサルヿカ頗ル判然セサルヘシ已ニ數十年ノ昔日ニ於テハ千里ノ外ニ音聲ヲ傳フヘキ「テレホーン」ハ天然上ノ不能ト爲シタルヘキモ今日ハ現ニ此ノ器械ヲ見ルニ至レリ蓋シ二者ノ區別ハ現在セル人間普通ノ智識ヲ以テ之ヲ識別スルノ外アルヘカラス

三種ノ不能ハ其ノ區別ハ上來論述スル所ノ如シト雖扨テ此ノ區別ハ契約上如何ナル結果ヲ生スヘキカ之ヲ講究スルヿ極メテ必要ナリ

第一種及ヒ第二種ニ屬スル不能ノ事件ヲ契約シタルトキハ此ノ契約ハ當初ヨリ無効ニシテ其ノ報酬トシテ預メ拂込ミタル金錢ハ直ニ之ヲ取戻スヿヲ得ヘシ但シ右二種ノ不

能ハ已ニ契約ヲ爲シタル後ニ於テ不能トナリタル𪜌モ亦同シトス又タ契約者雙方カ其ノ不能タルヲ知ルト否トハ契約ヲ無効トスルノ効力ニ關係スルヿナシ如何トナレハ法律及ヒ天然上若クハ論理上ノ能不能ハ何人モ之ヲ知ルモノトスルハ法律上ノ一大推測ナレハナリ然レ𪜈若シ現ニ一方ノ者ノミ其ノ不能ナルヿヲ知リ一方ノ相手ハ之ヲ知ラサルヿ明カニシテ此ノ推測ヲ破ルニ足ル𪜌ハ其ノ結果ハ次キニ論スル所ノ第三種ノ不能ニ於ケルト同樣ノ結果ヲ生スヘシ

第三種ノ不能ハ契約ヲ半無効トスルモノニシテ結約者一方ノ者ノミ其ノ無効ヲ主張スルヿヲ得今マ其ノ畧則ヲ擧クレハ左ノ如シ

一、契約事件執行ノ利益ヲ受クル者即チ權利者ノ過失ニ由リテ不能ニ至ルトキハ契約事件執行ノ責アル義務者ハ其ノ義務ヲ免レ且ツ已ニ其ノ事件ノ幾分ヲ執行シタルトキハ權利者ニ對シテ相當ノ損害要償ヲ爲スコトヲ得

二、契約事件執行ノ責アル義務者ノ過失ニ由リテ契約ヲ不能ニ至ラシメタル片ハ義務者ハ其ノ不能ヲ口實トシテ其ノ義務ヲ免ルヽコトヲ得ス其ノ之ヲ爲シ能ハサル場合ニ於テハ破約ヲ爲シタルモノトシテ之レカ損害ヲ償ハサルヘカラス

三、契約者雙方ノ過失ナキ場合ハ一定ノ標準ヲ定メ難シト雖一般ニ之ヲ言フトキハ義務者ノ一身ニ屬スル

不能ハ契約ヲ無効トスルヿナシ設例ハ負債主カ其負債ヲ償却スルヿ能ハサルニ至ル如キハ不能ハ即チ不能ナリト雖負債主ノ一身ニ屬スル不能ナルヲ以テ決シテ其ノ責ヲ免ルヽヿヲ得ス然レ𪜈結約ノ條件ヨリシテ義務者ノ生命若クハ健全ノ永存スル時間ノミニ之レヲ履行シ得ヘキモノナルトキハ義務者ノ不能ヲ理由トシテ契約ノ義務ヲ免ルヽヿヲ得ヘシ設例ヘハ畫工ニシテ死去スルヿアラハ其ノ嘗テ契約セシ繪畫ハ他人ヲ以テ之ヲ畫カシムルノ責アルヿナシ

又タ不能ニシテ人身上ニ屬セス契約ノ事件行爲自身ニ屬スルトキハ不能ノ故ヲ以テ義務ヲ免ルヽヿヲ得ス設例ヘハ甲ハ乙ニ對シ第三者ナル丙ヲシテ乙某ノ

爲メニ或ル事ヲ爲サント約シタルトキハ第三者ナル丙某ハ果シテ之ヲ行フカ否ハ素リ判然タラスト雖甲某ハ自ラ此ノ危險ノ責ヲ其ノ身ニ引受ケタルモノナレハ丙某ニシテ其ノ事ヲ爲サヽルモ甲某ハ其ノ責ヲ免ルヽヿヲ得ス必スヤ破約上相當ノ損害ヲ償ハサルヘカラス

不能ノ種類ニ從ッテ結約者ノ責任ニ異同ヲ生スルハ上來陳述セルカ如クナレトモホロック氏及ヒホーム氏ハ全ク之ヲ解釋ノ議論ニ一任シ解釋上結約者雙方何レカ果シテ其ノ責任ヲ負擔セント決意センヤ否ヲ究ムルノ一點ニ在リトセリ今マ氏等ノ説ニ從フトキハ第一種ノ不能ノ契約ハ全ク一時ノ狂妄《ジヨツタン》ニ過キサレハ之ヲ契約ト稱スヘカラス

然レモ契約者ニシテ之ヲ狂妄ナリトセス眞ニ之ヲ爲サンヿヲ約シタルトキハ素リ眞ノ契約ニシテ不能ノ事件ヲ約シタル義務者ハ破約者トシテ相當ノ損害ヲ償フノ責アリトス但シ法律ハカヽル不能ノ契約ハ狂妄ニシテ契約ニアラストスルノ一大推測ヲ下スカ故ニ此ノ推測ヲ破ルヘキ場合實際甚タ少ナカルヘシ又タ氏等ノ説ニ從ヘハ先已ニ示シタル畫工ノ爲シタル契約ノ如キハ畫工ノ死去シタル場合ニ於テモ尙其義務ヲ負擔セシムルノ意思ナカリシモノト解釋スヘク之ニ反シ家屋修繕ヲ約シタル場合ハ大工ニシテ死去スルヿアラハ必スシモ此ノ大工ニ限ラス他ノ大工ニテモ家屋ノ修繕ヲ爲シ得ヘキモノナルカ故ニ設令ヒ大工ニシテ死去スルヿアルモ尙ホ其ノ義務ヲ盡スヘキ

ヿヲ約シタリシモノト解釋シテ其義務ヲ免カレシムルヿナカルヘシ由是觀之兩氏ノ説モ亦實際余ノ論述セル説ト異ナル所ナシト雖兩氏ノ説ハ只タ之ヲ契約ヨリ生スル義務ノ不能ニ關スル場合ノミニ適用シ得ヘク法律條例ヨリ生スル義務ノ不能ヲ論スルニ至リテハ更ニ特別ナル解釋ノ方法ヲ設ケサルヘカラサルノ不便アルヘシ

（乙）不適法ノ契約ヲ論ス

法律ニ反シタル契約モ亦無効ナリ而シテ契約ハ左ノ三種ノ事件ニ關シテ不法タルヿヲ得

一、執行ヲ遂ケント約シタル事件若クハ事物ノ不適法ナルヿアリ此ノ場合ニ於テハ結約者ノ之ヲ知ルト否トヲ問ハス其ノ契約ハ凡テ無効トス又同上ノ事物若クハ事件ハ或ル特別ナル事實ノ存在スルカ爲メニ不法トナルヿアリ設例ヘハ材木賣買ノ契約ヲ爲シ而シテ其ノ材木ニシテ他人ノ所有ニ係ルモノナルトキハ此ノ契約ハ全ク無効ナレモ若シ一方ノ者ニシテ其事實ヲ知ラサリシトキハ事實ヲ知リタル者ニ對シテ破約ノ損害要償ヲ爲スヿヲ得ルナリ

二、契約ノ原因ノ不適法ナルヿアリ而シテ此ノ場合ニ於テハ雙務ノ契約ト雖モ一方ノ契約即チ原因ニシテ不法ナルトキハ全体ノ契約ヲ無効トスルノ力アルヘシ

三、契約ノ目的ニシテ不適法ナルヿアリ設例ハ兇器ヲ盗賊ニ賣與スルノ契約ヲ爲シタル場合ノ如キモノニシテ其ノ盗賊ナルヲ知ルト否トニ從ヒ其ノ契約ハ全無

効又ハ半無効トナルベキモノトス
扨テ不法トハ如何ナル事件ヲ指スカ是盡ク茲ニ枚擧スルヿ能ハサレ𪜈英國法ニテハ事物其ノ物自身ハ敢テ不法ナルニアラサルモ公ケノ政略ニ反スル契約ナリトシテ之ヲ無効トスル一種ノ契約アリ設令ヘハ官吏カ其ノ將來ノ給料ヲ讓與セントノ契約又ハ一方ノ者對手ト同樣ナル營業ヲ爲スマジトノ契約等ノ如シ然レ𪜈此等不適法ノ事件タル宜シク法律ノ明文ヲ以テ規定スヘキヿニシテ法官ハ漫然不法ノ事件トシテ契約ヲ無効トスルヿアルヘカラス否ラスンハ即チ大ニ契約ノ自由ニ干渉シ經濟ノ原理ヲ害スルニ至ルヘシ故ニ英國法ニテモ營業禁止ノ契約ハ公ケノ政略ニ反スルモノトシテ之ヲ無効トスルヲ常トスレ𪜈又

タ種々ノ例外ヲ設ケテ可成契約ノ自由ヲ保全ス設令ヘハ適當ナル區域ヲ定メテ營業ヲ禁スルノ契約又ハ充分ノ原因アル書面ノ契約ハ營業禁止ヲ目的トスルモ決シテ之ヲ無効トスルヿナキカ如シ

第四　契約ハ法律上ノ結果ヲ生スヘキモノタルヿヲ論ス

契約ハ法律上ニ有効ナル結果ヲ生スルモノタルヲ要ス故ニ夜會ノ招待狀又ハ友人ト日光旅行ノ契約ノ如キハ之ヲ契約ト稱スルヿヲ得サルナリ

第五　契約ハ契約者雙方相互ノ關係上ニ有効ノ結果ヲ生スルモノタルヿヲ論ス

契約ノ効ハ結約者雙方相互ノ間ニ關係ヲ生スヘキモノタ

ラサルヘカラス故ニ諸法官ノ決定評定官ノ議決等ハ法官相互又ハ評定官相互ノ間ニ結果ヲ生スルモノニアラサルカ故ニ之ヲ契約ト稱スルヿヲ得サルナリ

第六　契約ノ式及ヒ原因ヲ論ス

何レノ邦國ニ於ケル法律モ上來論述シタル契約五個ノ條件ヲ具備スルノミヲ以テ未タ其ノ契約ヲ履行スルヿナカルヘシ設令ヒ右五個ノ條件アルモ尙ホ約式或ハ約因ナキノ故ヲ以テ尙ホ之ヲ無効トスルヲ以テ常規トス今先ツ約式ヨリシテ約因ノ如何ニ論及セム

（甲）約式ヲ論ス

約式アル契約ト約式ナキ契約トハ歷史上何レヲ以テ始メトスルカ學者中ノ一議論ナレモ羅馬法ノ論理ニ從ヘハ約

式約ハ後世ニ生レタルモノトスレ𪜈近世ノ學者ハ大ニ之レト反對ノ意見ニ出テ其ノ證跡モ亦數多ナレ𪜈今茲ニ沿革上ノ論議ヲ省キテ之ヲ畧スヘシ約式ニ二個ノ利益アリ第一ハ約式アルカ爲メ怱卒ニ契約ヲ結フノ害ヲ避ケ第二後日契約ノ證據ニ供スルヿヲ得ヘシ而シテ此ノ約式ヲ大別シテ二種トス一ハ動作ヲ以テスルモノニシテ一ハ書面ヲ以テスルモノナリ

動作ヲ以テスルモノハ羅馬法ニ於テハ即チ「スチピユラシヨー」ニシテ結約者雙方其ノ面前ニ於テ定式ノ問答ヲ爲シ又ハ見本品ノ渡與若クハ握手ノ式ヲ以テ正當ナル契約ヲ結ヒタルノ證トナシタルモノヽ類是レナリ而シテ又後世ニ及ンテハ所謂捺印契約ノ如キモ半ハ此種ニ屬スル約式

タルナリ

書面ヲ以テスル約式ハ古今最モ普通ノ法式ニシテ今日ト雖流通證書ノ如キハ書面ヲ以テスルニアラサレハ全ク其ノ効ナシ

契約ノ自由ノ發達ト共ニ又タ契約ノ存否ヲ確知スルノ困難ヲ益スハ自然ノ勢ナリ故ニ佛國ニ於テハ千五百六十六年ムーランノ達令ト稱スル條例ヲ設ケテ百フラン以上ノ金額ニ計算スヘキ契約ハ證人ヲ以テ之ヲ證スルヿヲ禁止シ又タ英國ニ於テモ詐僞ヲ防止スルノ目的ヲ以テ發シタル詐僞條例ハ内金又ハ手附金ノ拂渡又ハ書類ノ證跡ナクンハ十磅以上ノ品物賣買ヲ無効トセリ且ツ同條例ハ遺産管理人自ラ其ノ資産ヲ以テ死者ノ責任ヲ負擔シ又ハ他人

ノ負債ヲ保認シ其ノ他結婚不動産等ニ關スル責任ヲ認ムヘキ契約ハ之ヲ書面ニ認メタルモノニアラサレハ其ノ訴ヲ起スヿヲ得サルモノトセリ而シテ此條例ハ今日ト雖其ノ効力ヲ有スルモノナレ𪜈其ノ弊害亦頗ル大ナルモノアルヲ以テ英國法官ハ自由ニ之レカ解釋ヲ下シ遂ニ條例ノ精神ヲ全失セシムルノ勢トナレリ今マ右條例中他人ノ負債ヲ保認スル契約ノ場合ニ付キ解釋ノ一例ヲ示スヘシ依ツテ甲ヲ債主トシ乙ヲ負債主トシ丙ヲ保認者トスルトキハ右負債保認ハ左ノ四個ノ場合ニ歸スヘシ

（一）

丙——甲
丙- - -乙

丙ハ甲ニ對シテ乙ノ負債ヲ甲ニ償却スル責任ト乙ニ對シテ之ヲ爲スノ責任トヲ有シ乙ノ甲ニ對スルノ責任消滅ス

（二）

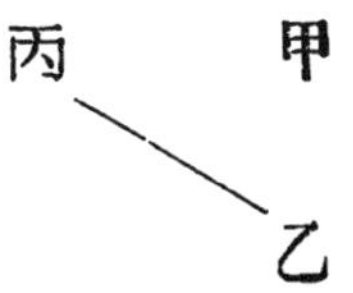

丙ハ乙ニ對シテ乙ノ負債ヲ保認スルノ責任アルノミニシテ甲ニ對スル責任ナク又タ乙ノ甲ニ對スル責任消滅ス

（三）

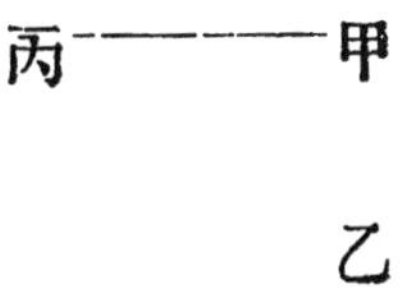

丙ハ甲ニ對シテ乙ノ負債ヲ償却スルノ責任アルノミニシテ乙ニ對シテ之ヲ爲スノ責ナク乙ノ甲ニ對スル責任モ亦爲メニ消滅ス

（四）

丙ハ甲ニ對シテ乙ノ負債ヲ償却スルノ責任アリ乙モ亦甲ニ對シテ尙ホ其ノ責任ヲ免ルヽコトヲ得ス但シ丙ハ乙ニ對スル責任ナシ

丙ハ乙ト甲トニ對シテ責任アリ乙ハ甲

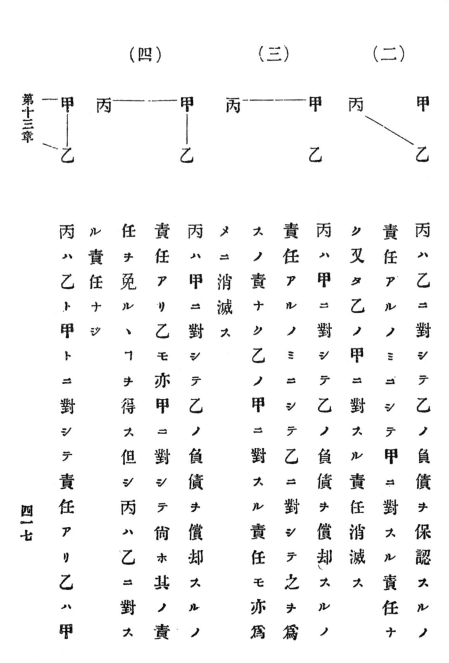

（五）丙 ─ ト丙ニ對シテ責任アリ皆相互ニ責任ヲ
負擔ス

右五個ノ場合中詐僞條例ヲ適用シテ契約書類ヲ以テセサルヘカラサルハ只タ第一ノ場合ノミニ限レリ以テ法官カ同條例ヲ解釋スルノ嚴ナルヲ見ルヘシ蓋シ英國ノ法律條例ハ大ニ解釋ニ成ルモノ多キカ故ニ啻ニ其ノ明文ヲ一見シテ其ノ眞意ヲ知ルヘカラサルハ獨リ此ノ一例ノミニアラサルナリ

（乙）約因ヲ論ス

或ル一種ノ契約ハ約因即チ契約ノ原因アルニアラサレハ全ク無効ニシテ契約ノ嘗テ存在セルヿナキモノトス契約ノ原因トハ契約ヲ爲シタル直接ノ趣意ヲ云フモノナリ凡

ツ契約ヲ為スニハ其ノ趣意ニ直接間接ノ二樣アリ只タ其ノ直接ノ趣意ヲ稱シテ約因ト云ヒ間接ノモノヲ稱シテ契約ノ發起《モームーフ》心ト云フ設令ヘハ甲某ハ金錢ノ入用ノ為メニ己レカ家屋ヲ賣却セントシ乙某ハ家屋ヲ欲スルヲ以テ甲某ノ家屋ヲ買求セント契約セシトキハ第一賣主甲ヨリ論スレハ契約ノ源因ハ乙ヨリ金錢ヲ拂ハシメ以テ己レカ所有トナサントスル在リテ其ノ契約ノ發起心ハ金錢入用ノ事件ナリ即チ債主ノ催促ニ逢ヒタルカ又ハ旅行等ノ費用ニ充タンカ為メナリ第二買主タル乙ヨリ論スルトキハ其ノ源因ハ家屋ヲ得テ己レカ所有トナスコトニシテ其ノ契約ノ發起心ハ自己ノ幸福ヲ得ント欲シ又ハ其ノ家屋ニ店等ヲ開カント欲スル等ナリ故ニ約因ハ常ニ契約上ニ發露スレトモ契

約發起心ハ契約者雙方ノ內情ナレハ外面ニ發露スルヿナシ故ニ雙務場中ニテハ一方ノ義務ハ他ノ一方ヲ義務ニ對シテ相互ニ其ノ源因トナルモノナリ

英國法律ニ於テハ約式ヲ用ヒサル單純ノ合意ハ契約タルノ効力ナキモノトス蓋シ天然自然ノ有樣ニ於テハ人々自由ニ契約ヲ爲シ其ノ契約ヲ履行スルノ義務ヲ負擔スルハ其ノ自由ナルハ勿論ナレ𪜈法律ニ於テハ約因ナキ契約ヲ保護シテ之レカ執行ヲ強制スルヿナキモノナリ

約因ハ英語ニ之ヲ「コンシデラーション」ト云ヒ佛國法律ノ源因即チ「コーズ」ト大同小異ナレ𪜈兩國學者ノ之レヲ解釋スルニモ多少ノ差異ナキヲ得スト雖佛國法律ノ所謂原因ナルモノハ前已ニ述ヘタル如ク極メテ單簡ナル事柄タル

ニ過キストス然レ𪜈英國法律ニ於テハ其ノ意義タル單ニ契約ノ原因タルコヲ指スニ止マラスシテ稍ヤ報酬ノ意義ヲ含メリ即チ英法ノ所謂約因ナル者ハ契約ヲ促シタル一方ノ者ノ者ノ受クル利益便宜若クハ權利ナルカ又ハ他ノ一方ノ者ノ蒙ルヘキ損失不便若クハ義務ヲ示スモノヲ云フ例令ヘハ甲アリ好意ヲ以テ乙ノ庭園ニ存スル土石ヲ某ノ處ニ運輸センコヲ約シテ之レヲ履行セサルモ約因即チ其ノ報酬トナルヘキモノナキヲ以テ此ノ契約ハ無効トス若シ又タ之ニ反シテ甲ハ賃錢ヲ得テ而シテ後右ノ土石ヲ運輸センコヲ約スルカ又ハ始メハ只タ好意ニ出テタルモノナルモ乙コシテ其ノ土石ヲ車ニテ甲ノ住所ニ送致シタルコアリトセンカ甲ハ已ニ賃錢ヲ得テ已レノ利益トナルコヲ

爲シ又ハ乙ヲシテ土石ヲ甲ノ住所ニ送致スルノ勞ヲ取ラシメタルモノナルヲ以テ充分ノ約因アルヘキ契約ニシテ乙ニシテ此ノ約ヲ履行セサレハ破約ノ責ヲ免ルヽヿヲ得サルナリ今マ約因ニ關スル原則ノ大要ヲ左ニ示ス

第一、法律ハ約因即チ報酬ノ多少當否ヲ問フヿナシ故ニ苟モ法律上ノ價直アルモノハ一片ノ瓦石ヲ讓渡スノ約因トシテ千金ヲ拂フヘキノ約ヲ爲スモ法律ハ敢テ契約ノ自由ニ干渉スルヿナシ

第二、既往ノ事柄ハ約因トナスヿヲ得ス即チ嘗テ與ヘタル利益便宜ヲ以テ新ニ結フヘキ契約ノ報酬トスルヿヲ得サルナリ設例ヘハ友人嘗テ予ニ贈ルニ名馬ヲ以テセルヿ

アランニ其ノ後ニ至リテ予ハ其ノ代價ヲ償ハンコトヲ約スルモ無效ノ契約ナリ

第三、雙務ノ契約ニ於テハ一方ノ義務ハ相互ニ他ノ一方ノ義務ノ原因トナルヲ以テ別ニ報酬アルヲ要セス設令ヘハ甲ハ乙ト家屋ノ賣買ノ契約ヲ爲シ甲ハ其ノ家屋ヲ賣ラント約シ乙ハ其ノ代價ヲ拂ハント約シタルトキハ即チ二個ノ契約アルモノニシテ相互ニ賣買約ノ約因タルコトヲ得ルモノナリ

第四、道德上ノ義務ハ約因トナルコトナシ故ニ親子ノ愛情ノ如キハ法律ト有效ナル約因タルコトヲ得ス

第五、已ニ存在スル義務ヲ以テ約因ト爲スコトヲ得ス設例ヘハ海中大風ニ際シテ船長其ノ水夫ニ約シテ

日ハン爾輩若シ全力ヲ盡ク此ノ船ヲ全フスルヲ得バ與フルニ余分ノ給料ヲ以テセント約セルカ如シ蓋シ水夫カ其ノ全力ヲ盡シテ船舶ヲ全フスルハ船長ノ契約如何ニ關ハラス素リ己ニ負フ所ノ義務ナルヲ以テ此ノ契約ハ約因ナキヲ以テ無効トセサルヲ得ス然ルニ今若シ水夫ノ數不足シテ航海ニ安全ナラサルニ當リ船長其ノ水手ニ對シ小數ノ水夫ヲ以テ能ク航海ヲ爲スヿヲ得ハ與フルニ余分ノ給料ヲ以テセンヿヲ約シタルトキハ其ノ契約ハ有効ナリ如何トナレハ不足ナル小數ノ水夫ヲ以テ航海スルハ水夫ノ初メヨリ負ヒタル義務ニアラサルヲ以テ能ク其ノ約因タルヲ得

レハナリ

其ノ他英國法ニ於テハ尙ホ約因ニ關スル數多ノ細則アレトモ本書ニ於テハ皆ナ盡ク之レヲ枚擧スルコヲ爲サスト雖モ前條ノ數原則ヲ以テ英國法ノ所謂約因ナルモノハ如何ナル性質ヲ有スルモノタルヤ否ヲ判定スルニ足ルヘキナリ」

扨テ右ノ如ク契約ニ必要ナル原素如何ヲ論述シ來リタレトモ茲ニ注意スヘキハ第六ノ約式又ハ約因ハ理論上果シテ契約ノ成立ニ必要ナル原素ナルヤ否ノ一事ナリ予ヲ以テ之レヲ見ルニ約式又ハ書式ノ如キハ其ノ本旨タル素リ證據上契約ノ有無ヲ判定スルノ便利ニ供スルモノニシテ約式アルニアラサレハ必スシモ契約ノ成立スルコナキモノニアラス各國現行法上ノ成規ハ兎モ角モ理論上ニ於テハ

之レヲ以テ契約ノ成立ニ必要ナル條件トスルヿヲ得サルナリ約因ニ在リテモ亦然リトス蓋シ佛國民法及ヒ英國法ニ於テハ契約ノ成立ニ約因即チ原因ヲ以テ必要ナル一條件トスレ𪜈英國ニ於テハ只タ之レヲ約式ヲ用ヒサル契約ノミニ限リテ必要トスルヲ以テ見レハ是レ亦證據上ニ必要トスル迄ニシテ本來契約ノ成立ニ關係ナシ現ニ有名ナル法官マンスヒールド氏ノ如キハ本來約因ノ思想ハ只タ證據法上ノ必要ニ出ツルニ過スト明言セリ又タ佛國法律ニ於テモ實際上ニ於テ契約原因ノ如何ヲ問フタル場合極メテ少ナクシテ現ニ之レ有ルヲ要セサルノミナラスヨシ又之ヲ要スルトスルモ民法ノ正條ニハ單數ノ文字ヲ用ヒ只タ一原因ヲ要スルヿヲ明定シタル迄ニシテ雙務ノ契約

ノ場合ニ雙方相互ノ契約ハ和互ニ源因ト爲ルヘキモノナレハ二原因ヲ要スルヿアルモ之ヲ明言セサルハ法文ノ欠點タルヿヲ論シ甚シク佛國民法ヲ攻撃セル論者ハ佛國中モ亦少ナカラス予ハ之レヲ有名ナル佛國雜誌「インテルナニシヨナル、ルビュー」ニ見受ケタレ𪜈今已ニ其ノ論者ノ氏名ヲ忘却セリ要スルニ契約ノ成立ニ約因ヲ必要トスルハ羅馬法ノ舊弊ヲ襲タル結果ニシテ英佛二國ノ法律共ニ之レニ倣ヒタレ𪜈獨逸民法ニ於テハ現ニ此ノ一條件ヲ欠キタルヲ以テ其ノ必スシモ必要ノ條件タラサルヲ見ルヘシ故ニ前已ニ論述シタル「サビニー」氏カ理論上ニ於ケル契約ノ分拆中ニモ亦之レヲ以テ契約成立ノ一條件トスルヿナシ

契約ノ分類

契約ハ種々ノ原則ニ基キ之レヲ分類スルヿヲ得ル即チ
第一、雙方結約者ノ數ニ基キ各別契約ト連帶契約ト分類スルヿヲ得
第二、結約者一方ノ者若クハ雙方義務ヲ負フト否トニ基キ雙務ノ契約ト偏務ノ契約トニ分類スルヿヲ得
第三、約式ヲ要スルト否トニ基キ有式契約ト無式契約トニ分類スルヿヲ得
第四、單一ノ目約ノ爲メ又ハ他ノ契約ノ爲メニ契約シタルト否トニ基キ主タル契約ト從タル契約トニ分類スルヿヲ得
第五、契約ノ目的ニシテ利益ニ在ルト恩惠ニ在ルトニ基キ有償契約ト恩惠契約トニ分類スルヿヲ得

第六、契約ト共ニ物件ヲ讓渡スルト否トニ基キ物上約(依託約)ト合意約トニ分類スルヿヲ得

第七、未定ノ條件ノ出來スルト否トニ關スル契約ト否トニ基キ奇偶契約ト常數契約トニ分類タルヿヲ得

第八、未必ノ條件アルト否トニ基キ條件附契約ト非條件契約トニ分類スルヿヲ得

第九、契約シタル利益ノ種類ニ基キ交換契約、就業契約等ト分類スルヿヲ得

契約ハ右ノ如ク種々分類スルヿヲ得レハ諸國ノ法典中未タ嘗テ一定ノ基本ニ從ヒ共ノ類ヲ分チタルモノアルヲ見ス設令ヘハ佛國民ハ婚姻ノ契約、賣買ノ契約、賃貸ノ契約、結社契約、耗盡セサル物ノ貸借耗盡スヘキ物ノ貸借、息銀アル

貸借ノ契約、附托ノ契約、偶生ノ契約、代理ノ契約、保證ノ契約、和解ノ契約、抵當質入書入ノ契約等ト區別シタレ圧是レ碩學アリストール氏カ契約ヲ分ッテ賣買、貸借、保證、消費スヘキ物ノ貸借、消費スヘカラサル物ノ貸借及ヒ賃貸ノ六種トセル所ノ古代ノ分類法ニ只タ一歩ヲ進メタルモノニ過スト雖契約ハ宜シク其ノ本性ニ從ヒ理論上一定ノ分類ヲ爲スヘキモノナルヲ以テ今マ左ニ之レヲ記載セム

先ツ契約ヲ大別シテ二類トシ第一ヲ主タル契約トナシ第二ヲ從タル契約ト爲シ更ニ之レヲ數種ニ小分ス今マ先ツ主タル契約ヨリ之レヲ類別セム

第一　主タル契約ノ種類

主タル契約ハ其ノ目的物ノ異同ニ從ヒ分ッテ六種トス曰

ク讓與ノ契約曰ク使用物貸借ノ契約曰ク結婚ノ契約曰ク勞力ノ契約曰ク避忌ノ契約曰ク偶生利益ノ契約是レナリ

（第一）、讓與ノ契約ハ其ノ目的ノ恩惠ニ出ツルト利益ニ出ツルトニ從ヒ又分ツテ二種トス一ヲ贈與契約ト云ヒ一ヲ賣買契約ト云フ

（甲）、贈與契約ハ一般ニ只タ或ル制限セラレタル一定ノ場合ニ於テノミ法律上ニ其ノ履行ヲ求ムルヿヲ得設例ヘハ英國ニ於テハ其ノ契約ハ捺印契約タルヲ要シ佛國ニ於テハ公證人ノ面前ニ於テスルヿヲ要シ羅馬ニ於テハ口頭ヲ以テスルヿヲ得ルモ五百ソリジ以上ノ金額ニ係ルモノハ之レヲ登記スルヿヲ要スルカ如シ又タ羅馬法及ヒ羅馬法ノ流ヲ汲ミタル法族ニ於

テハ受惠者ニシテ贈與者ニ對シテ不敬不尊ノ所爲アルトキハ此ノ契約ヲ取消スヿヲ得ヘク佛國法律ニ於テハ父タル者ハ其ノ資産ノ半額以上ヲ親族外ナル他人ニ讓與スルヿヲ許サス英國ニ於テハ負債主ハ債主ノ請求ヲ顧ミスシテ贈與ヲ爲スヿヲ禁スル等ノ如シ

(乙)、賣買契約ハ古來ニ於テハ只タ物品ト物品トノ交換ニ止マリ金錢ヲ以テ物品ト交換スルニ至ルハ文化ノ漸ク進ミタル時代ニ起リタルモノトス抑モ賣買トハ金錢ノ價額ニ對シテ動産ノ全權ヲ直チニ讓渡スヿヲ云フモノナリ故ニ其ノ要件ハ第一直接即チ現在ノ讓渡第二動産タルヿ第三動産ノ全權ニシテ條件ナキヿ第四金錢ノ價額アルヿ第五二人以上ノ相手第六合意トス而シテ第一ノ要件タル現在ノ讓渡ハ必ス賣買ノ成立ニ必要ニシテ設例ヘハ着荷次第其ノ物品ヲ賣渡サントノ合意ハ現在ノ讓渡ニアラサルヲ以テ之レヲ賣買ト稱スルコヲ得ス只タ賣買ノ契約タルニ過キサルナリ但シ一般ニ賣買ヲ以テ契約ト論定スルト否トハ英佛ノ法理自ラ異ナル所アルハ前章已ニ之レヲ論シタレハ今ニ之レヲ畧スヘシ第二ノ要件タル動産タルヘキコハ明カナレ𪜈此ノ動産中ニハ無形ノ動産設例ヘハ板權ノ如キモノヲ包含スレ𪜈他日ニ得有シ得ヘキ者望ノミニ止マル動産又ハ現ニ存在セス若クハ一タヒ存在シタルモ已ニ損壞シタル物品ヲ包含スルコナシ但シ其ノ物品ノ損壞ニシテ全部ニ及ハス只

タ其ノ幾分ニ止マルトノ如キハ羅馬法ニ於テハ賣買ハ充分ニ成立スルモノトナシ買主ハ其ノ品物ヲ引取リ賣主ニ對シテ單ニ損害ノ賠償ヲ求メ得ルニ過キサルモ佛國法ハ之レヲ賣買ノ成立セサルモノトシテ之レヲ無効トシ又ハ其ノ代價ヲ減シテ品物ヲ引取ルト否トハ買主ノ自由ニ一任セリ英國法ハ又タ稍々其ノ趣ヲ異ニシ若シ其ノ損壞ニシテ甚シキヲ致シ物品ノ本質ヲ變スルニ至ルトキハ賣買ノ成立セサルモノトナシ其ノ否ラサル場合ニ於テハ買主ハ其ノ品物ヲ引取リ賣主ニ對シテ只タ其ノ損壞ニ對スル損害金ヲ請求スルコトヲ得ルモノトセリ第三ノ要件ハ賣買ハ動產ノ全權ヲ讓渡スヘキモノタラサルヘカラサルノ一事ナ

リ即チ自己ノ所有ニアラサルモノハ設令ヒ物品上幾分ノ權利ヲ有スルモ之レヲ以テ賣買ノ物品ト爲スヿヲ得ス但シ公賣ノ處分及ヒ公市場ニ於ケル賣買ノ場合等ヲ除ク第四ニ賣買ハ金錢ヲ以テセサルヘカラスト雖必スシモ現金ニ限ラスシテ信用ヲ以テスルモ異ナル所ナシ若シ又現ニ代價ヲ定メサルトキハ賣買者雙方ハ暗ニ適當ノ價額ヲ以テ賣買セルモノト見做スヘシ但シ其ノ代價ノ確定シ得ラルヘキ場合ニ限ルヘシ而シテ又第五第六ノ要件ニ關シテハ一般ノ契約ト異ナル所ナキヲ以テ今茲ニ論及セス賣買ノ何物タルハ右ニ論シタル所ヲ以テ明カナルヘケレハ今左ニ賣主買主ノ義務及ヒ權利ニ論及セン

一、賣主ノ義務　賣主ノ義務ニ二様アリ一ハ物品ノ保擔即チ其ノ品物ハ正當ノ品物ニシテ且ツ鍛鏽ナキ等ノコヲ請合フノ義務ニシテ一ハ物品ノ引渡ノ義務是レナリ

(天)物品ノ保擔ハ必スシモ賣買ノ成立ニ必要ナル元素ニアラスシテ主タル賣買約ノ從タル保證約ナレハ其ノ本性ハ從タル契約ノ分類ヲ論スルノ條ニ明カニスヘシト雖今マ便宜ニ從ヒ賣買ニ關スル保擔ノ概則ヲ畧述スヘシ○保擔ニ明暗ノ二種アリ一ヲ明言ノ保擔ト云ヒ賣主自ラ之ヲ明言シタル場合ニシテ一ヲ暗默ト云ヒ賣主ノ明言ヲ待タス法律上必ス此ノ保ノ保擔ト云ヒ賣主ノ明言ヲ待タス法律上必ス此ノ保擔アルヘキモノト推定スル場合トス明言ノ保擔ノ場

合ハ左ノ規則ヲ適用ス
(イ)明言ノ保擔ハ賣買契約ノ一部ヲ組織スルヿヲ要ス
即チ賣買ノ契約自身中ニ於テ其ノ賣買ノ物品ニ付キ
其ノ品位等ヲ明言スルヲ要ス
(ロ)賣買ノ物品ニ付賣主其ノ物品ノ品位等ヲ確證シタ
ル塲合ニハ其ノ確證ハ保擔ト爲ルヘキ塲合ト否ラサ
ル塲合トアリ若シ其ノ確證シタル事柄重大ニシテ且
ツ買主之レヲ知ラサルトキハ保擔トナリテ賣主其ノ責
ヲ免ルヽヿヲ得ス若シ又其ノ事柄重大ナラス且ツ買
主之レヲ知ルカ若クハ之レヲ知リ得ヘキ地位ニ立チ
又ハ其ノ物品ノ鍜鍵ハ一見シテ之レヲ發見シ得ヘキ
塲合及ヒ賣主ハ只タ自己ノ意見ヲ陳述シタル迄ニテ

其ノ賣買ノ物品上ニ付キ確言セサルトハ保擔ノ性質ヲ有セサルモノニシテ賣主其ノ責任ナシトス暗默ノ保擔ノ場合ニハ左ノ規則ヲ適用ス

（イ）賣主ハ買主ニ對シテ其ノ賣拂フタル物品ハ買主之レヲ所有スルニ付キ阻害故障ナキコヲ保擔ス

（ロ）右ノ物件ハ隱密ニシテ知リ得ルコ能ハサル不良ノ鍛鏈ナキコヲ保擔ス故ニ一見シテ知リ得ヘキ鍛鏈及ヒ買主ノ容易ニ之レヲ發見スルコヲ得ヘキモノナルトハ此限リニアラストス

又タ英國法律ニ於テハ左ノ規則ニ依ル

（イ）賣主ハ賣主ニ對シテ其ノ賣渡シタル物品ハ自己ノ所有セシモノニシテ不正品ニアラサルコヲ保擔ス但

シ賣買ノ事情事實ヨリ賣主ノ所有ニアラサルヿ分明ナルトキ設例ヘハ公賣官吏ノ賣渡シタル場合又ハ米國法律ニ於テハ其ノ品物ノ第三者ノ手中ニ存スル場合ハ此限ニアラス

(ロ)賣主ニシテ賣買物主ノ製造者ナルトキハ知リ得ヘカラサル品質上ノ鍛鏈ト雖其ノ買主ニ對シテ之レヲ保擔スルノ責任アリ如何トナレハ其ノ品物ハ賣主ノ自ラ製造スル所ニシテ其ノ物品ノ性質及ヒ買主ノ之レヲ買取ルノ目的ヲ熟知セルモノナレハナリ故ニ賣主ハ假令ヒ右ノ製造者ニアラサルモ買主カ其ノ品物ヲ買取スルノ目的ヲ了知スルトキハ又タ保擔ノ責任アリ又タ何レノ場合ヲ問ハス買主ニシテ凡ソ鍛鏈ノ有無

ヲ撿定スルコ能ハサル場合即チ只タ書面上ノ記載ノミニシテ實物ヲ見ルコ能ハサル時ノ賣買ニ於テハ賣主ハ其ノ物品ノ品質ニ關シテ保擔ノ責任アリトス之レニ反シテ賣主ニシテ賣買物品ノ製造者ニアラス又ハ買主其ノ現物ヲ實驗シタルトキハ隱密ノ鍛錘ト雖賣主其ノ責ニ任スルコナシ要スルニ英國習慣法ノ原理ハ品物ノ品質ニ關シテハ賣主ヲシテ自ラ其ノ責ニ任セシムルノ原則ナリシモ近來ニ至リテ數多ノ例外ヲ設ケ殆ント羅馬及ヒ佛國法律ノ如ク賣主ヲシテ其ノ責ヲ負ハシムルノ原理ヲ以テ正則トスルニ至レリ

（地）物品引渡ノ義務ハ賣買契約ノ執行上賣主ニ存スルハ多言ヲ待タスシテ明カナリト雖賣主ハ特約アルノ

外買主ノ許ニ其ノ物品ヲ運送スルノ義務ナキモノニシテ只タ買主ヲシテ自由ニ此ノ物品ヲ運送スルヿヲ得ヘキ場所ニ置クヲ以テ足レリトス又タ倉庫中ノ米穀ノ如キハ只タ其ノ鍵ヲ渡シタルヲ以テ足レリトス」

二、買主ノ義務モ亦二種アリ第一ハ賣買ノ物品ヲ引受クルノ義務ニシテ此ノ義務ハ賣主カ充分ナル引渡ノ提供ヲ爲スト否トニ由ッテ發生ス第二ハ代價ヲ拂フノ義務ニシテ此ノ義務ハ所有權ノ買主ニ移轉シタル同時ニ發生スルモノニシテ其ノ所有權ニシテ移轉セハ其ノ物品ハ消滅スルトモ尚ホ代價ヲ拂フノ義務ヲ免ル丶ヿヲ得ス又タ此ノ義務ハ必スシモ現ニ賣主カ之レヲ受納スルヲ要セス只タ其ノ充分ナル提供ヲ爲

セハ即チ足レリトス

三、賣主ノ權利　買主ニ於テ賣買ノ契約即チ賣買ヲ爲サントノ契約ヲ破リタル片ハ賣主ハ其ノ損害要償ヲ爲スヿヲ得ルノミニ止マルヘシ如何トナレハ是レ尙ホ單純タル契約ニシテ其ノ物品ハ尙ホ賣主ノ所有ニシテ賣主ハ自由ニ之レヲ他人ニ賣却スルヿヲ得レハナリ若シ之レニ反シ適當ナル賣買ニシテ物品ノ所有權ハ已ニ買主ニ移ルモ賣主尙ホ其ノ物品ヲ占有スル片ハ賣主ハ其ノ代價ヲ請求スルノ權ヲ有スレ圧其ノ賣買ヲ取消シ再ヒ其ノ物品ヲ回復スルヿヲ得ス但シ佛國法ニ於テハ其ノ物品ヲ回復スルヿヲ許セリ○上來論述シタル者ノ外已ニ所有權ヲ買主ニ移シタル適當ノ賣買ニ於テハ賣主ハ尙ホ其ノ物品ニ對スル權利ヲ有ス其ノ權利ニ三種アリ第一ハ物品復賣ノ權ニシテ買主其ノ代價ヲ拂ハサル片ハ賣主ハ其ノ物品ヲ他人ニ復賣スルヿヲ得ヘシ此場合ニ於テハ本來ノ賣買ハ解除スルヿナキヲ以テ之ヲ復賣シテ初メ約シタル以外ノ價ヲ得タル片ハ買主ハ賣主ニ對シテ其ノ余分ヲ請求スルヿヲ得叉タ其ノ不足ナル場合ニ於テハ賣主ハ買主ニ對シテ其不足ヲ請求スルヿヲ得ルノミナラス設令ヒ同一ノ代價ヲ以テ之レヲ他人ニ賣拂ヒタル時ト雖破約ノ廉ヲ以テ賣主ハ買主ニ對シテ名義上ノ損害金ヲ請求スルヿヲ得ルナリ然レ圧若シ初メ賣買ノ約ヲ爲スニ當リテ賣主買主ノ間ニ於テ賣主ハ其

物品ヲ復賣スルヲ得ルコヲ明約シタル場合ニ在テハ最初ノ賣買ハ復賣ノ爲メニ解除セラレ買主ハ代價ノ餘分ヲ請求スルコヲ得ス第二ハ物品差留權ニシテ買主代價ヲ拂ハサルトキハ其ノ支拂ヲ終ル迄賣主ハ其物品ヲ差留ムルコヲ得而シテ是ノ差留權ハ只タ賣買ノ代價ヲ拂フ迄存在スルモノニシテ他ノ費用設令ヘハ物品保管費用等ノ爲メニ有効ナルモノニアラストス但シ此ノ差留權ハ賣買者ノ約束ニテ隨意ニ之ヲ廢スルコヲ得ルカ故ニ信用ヲ以テ賣買シタル場合ノ如キハ此ノ差留權ヲ廢止シタルモノト推定ス第三ハ運送中ノ物品ニ對スル差留權ナリ凡ソ賣主ニシテ一タヒ其ノ物品ヲ手放シタルトキハ一般ノ差留權ハ勿論消滅

シタルモノナレトモ其ノ未タ買主ノ手中ニ着セサル運送中ノ物品ニ就キテハ賣主尙ホ其ノ差留權ヲ有ス而シテ此ノ種ノ差留權タル常ニ存スルモノニアラサルモ買主ノ破產セルニ際シテ賣買ノ物品第三者即チ通常瀛船問屋運送人等ノ手ニ存シテ未タ買主ノ手中ニ落チサル時ハ賣主又ハ代理人ハ其ノ代價ヲ受クル迄其ノ物品ヲ差留ムルヿヲ得

四、買主ノ權利　買主ノ權利ヲ論スルニ先ツ二個ノ場合ヲ區別スルヲ要ス第一ハ買主カ物品ノ占有ヲ得サル前ノ權利ニシテ賣主其ノ物品ヲ引渡サヽルトキハ買主ハ之レニ對スル損害賠償ヲ請求スルヿヲ得ヘキノミナラス其ノ物品ニシテ通常ノ市場ニ於テ買得シ得ヘカラサル性質ノモノナル片ハ尙ホ其ノ引渡ヲ請求スルヿヲ得ヘシ第二ハ買主ニ於テ已ニ物品ノ占有ヲ得タル時ノ權利ニシテ賣主ニシテ其ノ自已ノ所有ニアラサルモノヲ賣渡シタル片即チ賣主其ノ所有權ノ保擔ヲ破リタル片ハ買主ハ代價ノ取戻ヲ請求シ又タ賣主其ノ物品ノ品質ニ關スル保擔ヲ破リタル片ハ或ハ其ノ物品ノ引取ヲ拒ミ或ハ之レヲ受取リ置キテ之レニ對スル損害ノ賠償ヲ求ムルヿヲ得

○賣買ノ原理ヲ論結スルニ當リ尙ホ一言スヘキヿアリ賣買ハ契約カ契約ニアラサルカハ英佛ノ法理ニ於テ互ニ相異ナル所以ノ理ハ前回ニモ已ニ論述シタレモ英米ノ法律ニ從ヒ賣買ト契約トハ全ク別物ナリト

スルモ賣買ト賣買ノ契約即チ將來ニ賣買チ爲サントノ契約トハ其ノ間自ラ區別ノ存スルモノアルヘク又タ之レニ反シテ佛國法律ノ原理ニ從ヒ賣買モ亦是レ契約ノ一種トスレモ其ノ賣買ナルモノハ單ニ對人權ノミチ生スルノ契約ニ止ラスシテ尙ホ物上權チ移轉スルニ足ルヘキ契約ト云ハサルチ得ス要スルニ賣買ハ契約ニマレ取引ニマレ如何ナル事柄カ所謂賣買ニシテ所有權チ移轉スルニ足ルヘキモノナルヤ否ハ賣買者雙方ノ意思如何チ論定スル釋解上ノ問題タルニ過キストス故ニ設令ヒ單純タル契約ナルニモセヨ賣買者雙方ノ意思ニシテ直ニ物上權チ移轉セントスルニ在ルコ明カナレハ之チ賣買ト稱スルモ敢テ不可ナ

カルヘシ只タ英佛學者ハ各々其ノ見ル所ヲ異ニシ同シク之レヲ名クルニ賣買ノ稱ヲ以テスルモ一ハ之レヲ對人權ノミヲ生スヘキ契約ニアラスト云ヒ一ハ物上權ヲ生スル契約ト云フニ過キサルナリ然レ𪜈斯カル賣買者ノ意思如何ヲ推定スルニハ法律上一定ノ解釋法ヲ用ヒ、其ノ賣買ニアラサルモノト否トヲ區別セサルヘカラス今其ノ解釋法ノ概則ヲ示スコ左ノ如シ

(イ)確定シタル特種ノ物品ヲ賣買スル場合

確定シタル特種ノ物品ヲ賣買セントスルノ契約ハ直ニ買主ニ其ノ所有權ヲ移シ賣主ニ其ノ代價ニ對スルノ權ヲ移スヘク其ノ物品ノ所有權ヲ移轉スルカ爲メニハ更ニ物品ノ引渡シ若クハ代價ノ支拂ヲ要セス但

シ賣買者ノ意思ニシテ所有權ヲ移轉スルノ意ニアラサルヿ明白ナルトキハ此ノ限リニアラス之レニ反シテ物品引取次第ニ現金ヲ支拂フヘキノ契約ナルトキハ現金ノ支拂ハ所有權ノ移轉ニ必要ナル未必ノ條件ナルヲ以テカヽル場合ニ於テハ法律ハ賣買者ノ意思ヲ推測シテ代償ヲ請取ルニアラサレハ直ニ所有權ヲ移轉スルノ意ニアラサリシモノト判定ス蓋シ此ノ最後ノ場合ハ多クハ先ツ物品ノ品質如何ヲ試ミタル上ニテ之レヲ買入レントノ約束ニシテ佛國民法第千五百八十八條ニ於テ之レヲ義務ノ執行ヲ停止スル未必ノ條件ナリト云フ又タ物品引渡前ニ於テ其ノ物品ヲ荷作リシ若クハ其ノ代價ヲ確定スル爲メ之レヲ計算セサ

ルヘカラサル如キヿヲ為サヽルヘカラサルハ等シク之レヲ未必ノ條件ト見做シテ契約ノミヲ以テ未タ所有權ヲ移轉スルニ足ラサルモノト為ス然レ𪜈代價ヲ確定スルカ為メニ物品ノ員數等ヲ計算スルハ未必ノ條件ニアラストスルノ學者極メテ多シ如何トナレハ其ノ代價タル精密ノ額ニアラサルモ賣買者ハ大凡ソ此レカ概算ヲ為シ得ヘキモノナルヲ以テ精算上多少ノ過不足ハ所有權ノ移轉ヲ妨クルニ足ラサレハナリ但シ佛國民法ニ於テハ賣買ノ價ハ賣買者雙方ノ者其ノ額ヲ確定セサルヘカラサルヲ以テ右ノ英國法律ト其ノ趣キヲ異ニスルモノヽ如シ(民法第千五百九十一條參照)

(ロ)賣買ノ物品ヲ確定セサル場合

特ニ賣買ノ物品ヲ指定セサル以上ハ其ノ所有權ノ移轉アルコトナシ設例ヘハ予ハ酒店ト相談シテ灘製ノ白鹿酒ヲ賣買セント結約スルモ只タ是レ酒店ハ白鹿酒ヲ供給シ予ハ代價ヲ拂ハントノ義務ヲ取結ヒタル迄ニシテ特ニ某ノ白鹿酒タルコトヲ指定セサル以上ハ賣買上未タ所有權ヲ移轉スルノ意ナキモノト推測セサルヲ得ス然レトモ若シ賣買セントスル物件カ己ニ確定シタル物件ノ一部ニシテ有形的ノ區分ヲ爲スコトヲ得ス且ツ賣主ノ營業ニシテ他人ニ屬スル同種ノ物品ヲ受領シ且ツ之レヲ保管スルモノナルトキハ此ノ營業者ハ營業上ノ性質ヨリシテ同種ノ物品ハ盡ク之レヲ混

交スルノ權ヲ有スルモノナルカ故ニ依托法上ノ原理ニ由リ各所有者ノ間ニハ共同ノ保有權ヲ生スルニ至ルヲ以テ現ニ其ノ物品ヲ分割確定セサルモ賣買ノ契約ハ尙ホ其ノ所有權ヲ移轉スルヿヲ得設令ヘハ大藏庫ヲ所有スル甲ナル營業者ナリ何人ト雖肥後米ヲ貯藏セント望ムモノニ甲所有ノ肥後米ト共ニ之レヲ保管セント企ツルニ際シ乙ナル者其ノ所有ノ肥後米百石ヲ預ケ且ツ甲モ本來此ノ倉庫中ニ百石ノ肥後米ヲ所有シタリトセンニ甲ト乙トハ共ニ肥後米二百石ニ對スル共同ノ保有者ニシテ素リ此ノ二百石中ノ半額ハ甲乙各々之レヲ特有スルモ何レノ半額カ果シテ甲乙何レノ所有ナルカヲ知ルヿ能ハサルモ甲ニシテ若

シ百石以上ノ肥後米ヲ取リ去リタル𪜈ハ乙ハ己レノ所有物ヲ害セラレタルモノトシテ訴ヲ起スヿヲ得ヘシ是ノ理ト同シク今マ右ノ如キ營業者甲ニシテ其ノ倉庫中ニ自己ノ所有ナル肥後米二百石ヲ有シ其ノ中百石ヲ乙ニ賣渡シ其ノ賣渡證書ヲ乙ニ附與シ尚ホ乙ノ爲メニ之レヲ保管スルモ法律ハ甲ニ强ユルニ先ツ初メニ其ノ賣渡シタル百石ノ米ヲ取去リ再ヒ直ニ之ヲ他ノ百石ト混交スルノ手續ヲ以テスルヿナシ故ニ甲ハ特ニ百石ノ肥後米ヲ他ノ百石ト區別スルヿナキモ其ノ賣買ハ所有權ヲ移轉スルニ足ルヘキモノト爲ス○賣買ノ契約ニシテ其ノ物品ヲ指定セサル𪜈ハ其ノ指定ノ時ヲ待ツテ所有權ノ移轉スルヲ通則トス此

ノ物品ノ指定ハ或ル特種ノ物品ニ付キ賣買者ノ合意ヲ以テ之レヲ爲スヘキモノニシテ其ノ結果ハ最初ヨリ特ニ其ノ物品ヲ指定シテ賣買ノ契約ヲ爲シタルト同一ナリ故ニ賣買者一方ノ者先ツ其ノ物品ヲ指定シ他ノ一方ノ者之レヲ承諾スルトキハ此ノ契約ハ忽チ所有權ヲ移スニ足ルヘキ賣買ト爲ルヘシ而シテ此ノ指定ヲ爲スノ權ハ一方ノ者ヨリ之レヲ他ノ一方ノ者ニ委任スルヿヲ得ヘク且ツ通常一般ノ場合ニ於テハ此ノ權ハ賣主ニ存スヘキモノト推測スルヿヲ得

法理學講義　第十二回

法學士　江木衷講述　宮城政明筆記

（第二）使用物貸借契約　契約ヲ大別シテ主タル契約從タル契約ト爲シ主タル契約ヲ細別シテ六種ト爲シ其第一種ナル讓與契約ノ何物タルハ既ニ前回ニ於テ論述シタレハ今進ンテ其第二種即チ使用物貸借契約ニ論及セム

使用物貸借ノ契約ヲ分チテ三ト爲ス第一消費物貸借《ミユチアム》、第二無賃使用《コンモデタム》契約、第三有賃貸借ノ三種トス

（一）消費物貸借ハ必スシモ其買受ケタル同一物ヲ返還スルヲ要セス唯同種類ノ物品ヲ返還セントノ意ヲ以テ他人ニ物品ヲ貸與シタルトキニ生スルモノニシテ貸與シタル目的物ハ現ニ借受人ノ所有ト爲ルカ故ニ或ハ之

ヲ讓與契約(賣買若クハ交換)ト稱スヘキモノニ似タレトモ此種ノ貸借ハ唯其物品ヲ使用スル爲メノミニシテ同種物ニ限ラス現ニ先キニ借受ケタル同一物ヲ返還スルコトヲ得ルカ故ニ之ヲ讓與契約中ニ入ルヽコトヲ得ス

○此種ノ契約ハ種々ノ形狀ヲ爲スモノニシテ譬ヘハ銀行ニ預ケタル金錢ハ銀行者ノ消費シ得ヘキ物品ナルカ如シ又此種ノ貸借ハ概ネ無償ニシテ特別ノ契約アルニアラサレハ利足ヲ生セス而シテ法律ハ往々利足ノ制限ヲ設ケ利子金額ノ最高點ヲ定メントシタレトモ法律ハ到底之カ爲メニ負債主ヲ保護スルノ目的ヲ達スルコト能ハス故ニ英國ニ於テハ碩學ベンタム氏カ其弊害ヲ極論シタル以來ビクトリヤ女王第十七年第十八年ノ法律

第九十章ヲ以テ利足制限法ヲ全廢セリ○借主ノ義務ハ利子ヲ拂フノ約束アル場合ノ外其借受ケタルト同量同性質ノ物品ヲ返還スルノ義務アルニ過キス

（二）無賃使用契約ハ利子其他ノ報酬ヲ貸主ニ與フルコトナク借主ノ義務ハ唯借受ケタル所ノ同一物品ヲ返還シ且契約ノ條件ニ從ヒ之ヲ使用スルニ在リ○借主ハ一般ニ物品ノ通常一樣ナル減損ニ對シ又ハ竊盜ニ基因シタル其物件ノ喪失ニ對シテ賠償ノ責ヲ負フコトナシ但此契約ナルモノハ全ク借主ノミノ利益ト爲ルカ故ニ其物品ニ對シテハ最大ノ注意ヲ爲スコトヲ要スヘシ

（三）有賃貸借ハ貸主借主雙方ノ利益ノ爲メニスル者ナリ○土地ノ貸借ハ通常不動產ノ貸借ヨリ稍數多ナル儀

式ヲ要ス即チ英國法ニ從ヘハ三年以上ニ渉ル土地ノ貸借ハ必ス捺印證書ヲ以テ之ヲ爲スヲ要スルカ如シ○借主ハ其借受ケタル土地ヲ又貸スルコトヲ得ルヤ否ヤ、借受中其土地ノ突然損壞シタルトキハ其結果ハ如何ナルヘキヤ、貸與ヘタル物品ノ使用ノ目的ニ對スル適否ニ付テハ貸主ハ如何ナル程度マテ之ヲ擔保スルヤ否ヤ、借地人カ借受ケタル家屋ヲ修繕裝飾シ機械等ヲ据付ケ又ハ穀物ノ植付ヲ爲ス等凡テ其土地ヲ改良シタル場合ニ於テ借主ト地主トノ間ニ於ケル相互ノ權利ハ如何ナルヘキヤ、是等ノ事ニ付テハ法律上頗ル困難ノ問題多シト雖モ特別法律ニ屬スルヲ以テ今之ヲ畧ス

（第三）婚姻契約

婚姻契約《スポンサリア》ト婚姻トハ其間自ラ區別アリテ

恰モ賣買契約ハ唯對人權ヲ生シ賣買ハ直チニ對世權即チ物上權ヲ生スルノ差アルカ如ク婚姻契約ハ他日ニ婚姻ヲ爲シ夫婦ノ身分ヲ作爲セントノ義務ヲ生スルモノナルヲ以テ即對人權ヲ生スルノミ而シテ結婚制度ノ如何ニ付テハ古來宗教上ト民事上トノ區別判然セス往々困難ヲ來セシト雖モ今日ニ於テハ概子之ヲ民事上ニ歸スルモノヽ如シ其概畧ハ予カ嘗テ明法志林第百二十七號及第百二十八號ニ於テ婚姻ノ制度ヲ論スチフ題ヲ以テ專ラ婚姻ノ年齡ニ制限ヲ爲スコトニ付キ論述シタルコトアレハ今讀者ノ參考ニ供センカ爲メ左ニ之ヲ掲ク其文ニ曰ク

婚姻ノ年齡ニ一定ノ制限ヲ設クヘシトハ近時往々世上ニ現出スル所ノ議論ニシテ現ニ一二ノ著書ニモ之ヲ論

シ新聞紙上ニモ亦之ヲ議スルモノアリ蓋シ婚姻ノ年齢ヲ制限スルコトハ一般ニ歐洲諸國ニ行ハル、所ニシテ殊ニ佛國ノ如キハ學者多クハ其民法ヲ根據トシテ之ヲ主張スト雖モ要スルニ此説タル近世學者ノ取ラサルノミナラス其弊害モ亦少シトセス故ニ予ハ今婚姻ノ制度ヲ論スルニ當リ婚姻ノ年齢ニ制限ヲ設クルノ弊害ヲ論シ併セテ之ニ關スル至當ノ制限ニ及ホサントス而シテ今之ヲ別チテ五項ト爲シ第一性質上、第二立法上、第三原理上、第四法律上ヨリ論述シ第五即チ最後ニ婚姻ノ性質ニ適シ理論ニ合シ能ク安全ニ採用シ得ヘキ適當ノ制限ニ論及セントス

（第一）性質上ヨリ論ス

抑婚姻トハ如何ナルモノソヤ古來之カ定義ヲ下セシ者シセロー、タシタス等ヲ始メトシ後世ニ至ルマテ其數頗ル少カラス殊ニ婚姻ハ契約ナルヤ否ノ問題ニ就テハ往々之カ議論ヲ爲ス者アリテ概スルニ英國ト獨逸ニ於テハ之ヲ契約ニアラスト云ヒ佛國ニ於テハ強テ之ヲ契約ナリト主張スルモノヽ如シ然ルニ此問題タル今茲ニ之ヲ詳論スルコトヲ必要トセサルカ故ニ暫ク之ヲ論外ニ措クモ兎ニ角、婚姻ハ成熟シタル男女ノ結合ニシテ其結合ハ永遠ニシテ且分離スヘカラサルモノタルヘキハ喋々ノ辯ヲ待タスシテ人ノ皆許ス所ナリ然ラハ則チ其目的ハ如何、古代ノ學者或ハ人口繁殖ニ在リト言ヒ或ハ子孫ノ繼續ニ在リト言ヘトモ此等ハ皆誤謬ノ見タルヲ免レス何トナレハ婚姻ノ目的ヲシテ若シ此ノ如キモノナラシメハ老年者ノ結婚ハ之ヲ禁制セサルヘカラサルニ古來法律上未タ其禁制ヲ爲セシコトアラサレハナリ畢竟婚姻ニハ一箇ノ格別ナル目的アルコトナクシテ唯夫婦全般ノ共同生活ヲ以テ其目的トスルニ外ナラス即チ萬事萬物ニ就キ相與ニ共同シテ優勝劣敗ノ社會ニ立チ其生活ヲ遂クルコトヲ以テ婚姻ノ目的トスルモノナリ而シテ此說タル婚姻ヲ契約ナリト主張スル佛國學者モ亦タ許容セリ何トナレハ婚姻契約說ヲ駁擊シテ婚姻ハ契約ニ必要ナル條件即チ共口的物ナシト言フモノアルニ當リ佛國ノ學者ハ之ニ答ヘテ婚姻ノ目的ハ共同生活ニ在リトスレハナリ婚姻ノ目的既ニ此ノ如シ然ラハ則

ヲ其年齢ヲ制限スルノ必要決シテ生スルコトナカルヘシ若シ夫レ人口繁殖子孫繼續ヲ以テ婚姻ノ目的ナリトスレハ何故ニ若年ニ制限ヲ置キ老年ニ制限ヲ置カサルヤ故ニ婚姻ニ制限ヲ置クコトハ性質上ヨリ論スルモ許スヘカラサル所ナリ

（第二）立法上ヨリ論ス

立法上ノ利害ヨリシテ本論ヲ攻究スルニ當リ之ヲ左ノ三項ニ細別スヘシ

（一）婚姻ノ年齢ニ制限ヲ設クルノ説ハ猥褻ノ風俗ヲ止ムルコトヲ以テ其根據ノ一ト爲スモノヽ如シ然レトモ此事タル却テ反對ノ結果ヲ生スヘシ何トナレハ適法ニ婚姻ヲ結フコトハ男女ノ關係ヲ正シク整理ス

ルモノナリ然ルニ若シ之ヲ制限スルニ於テハ法律上ニ於テ認ムル所ノ婚姻自ラ其數ヲ減スヘキニ依リ其結果或ハ穴隙ヲ鑽リテ相戯レ花街ニ遊ンテ其慾ヲ遂クル等却テ不道徳ノ極ニ陷ルヘケレハナリ要スルニ其體力既ニ成熟シ充分其作用ヲ爲スコトヲ得ルモノヲ強テ抑制スルニ於テハ必ス此結果ノ生スルコトヲ免ルヽ能ハサルナリ若シ又婚姻ノ年齢ヲ制限スルハ決シテ成熟シタル男女ヲ制限スルノ趣意ニアラスシテ人間ノ始メテ成熟スヘキ時期ヲ圖リ之カ制限ヲ設クルモノナリトセハ此制限タル到底無用ナリト謂ハサルヲ得ス何トナレハ其成熟スル以前ニ於テハ決シテ婚姻ヲ爲スノ必要アラサレハナリ

（二）婚姻ヲ自然ニ任セス法律ヲ以テ制限スルトキハ自ラ不適法ノ婚姻ヲ增シ私生ノ子亦タ多カルヘシ是ニ於テカ親ハ子ヲ子トスルヲ得ス子ハ親ヲ親トスルヲ得ス爲メニ一家ノ系統ヲ紊亂シ家庭敎育ノ基礎立タスシテ遂ニ無智無能ノ徒ヲ生スルニ至ルヘシ

（三）經濟學者ノ唱フル所ニ依レハ年齡ヲ制限シテ婚姻ノ數ヲ減少セサルトキハ遂ニ食物ノ不足ヲ生スルニ至ルヘシト蓋シ最初ニ此說ヲ主唱セシ學者ハ有名ナルマルサス氏ニシテ其說ヲ聞クニ食物ノ增殖スル割合ハ算術上《アリスメチカル》ノ進加ニ從ヒ人口ノ增殖スル割合ハ幾《ヂオメ》何上《トリカル》ノ進加《プログレッション》ニ從フ故ニ人口ノ增加スルニ從ヒ漸次食物ノ缺乏ヲ告クルニ至ルヘシト云ヘリ同氏ノ此說タ

ル固ヨリ誤謬ニアラスト雖モ是レ唯自然ノ結果ヲ述ヘタルニ過キスシテ決シテ之カ爲メニ法律上ニ於テ婚姻ノ年齡ヲ制限スヘシトノ論結ヲ生スルコトナカルヘシ況ンヤ婚姻ハ共同生活ヲ目的トスルモノナレハ夫婦相與ニ共同シテ共生活ヲ營ムニ於テハ却テ製産ヲ增加スルコトアルヘキニ於テオヤ

其他立法上ニ於テ論述スヘキコト少カラストト雖モ今暫ク省畧ニ從フ

（第三）原理上ヨリ論ス

原理トハ結婚自由ノ原則ヲ稱スルナリ抑結婚ノ自由ハ一般ノ人身自由ノ一ニ位シ之ヲ制限スルノ不正ナルコトハ古代ノ學者亦タ之ヲ言ヘリ蓋シ古代結婚ノ自由ヲ

制限スルノ方法ハ或ハ臣民ニ於テ婚姻ヲ結フニハ必ス君主ノ承諾ヲ經サルヘカラストスモノアリ又ハ警察署ノ許可ヲ受クヘシト定ムルモノアリ或ハ貴族ハ下等ノ人民ト結婚スルコトヲ得スシテ若シ之ヲ爲スニ於テハ婚姻ノ効力ナク婦ハ其夫ノ自分ニ從フコト能ハストヲ爲セリ而シテ此等制限ノ大ニ不正ナルコトハ世人ノ皆能ク了知スル所ナリ但軍人囚徒又ハ貧院ニ在リテ公ケノ救助ヲ受クルモノヽ如キハ他ノ理由ニ依リテ其婚姻ノ自由ヲ奪ハルヽモノナリ

茲ニ結婚ノ自由ニ關シ讀者ノ注意ヲ要スルコト二點アリ

第一ニ結婚ノ自由ヲ制限スルハ政府カ人民ヲ保護スル

ノ意ニ出ツルト爲サンニ此主義タル人民ヲ赤子視シタルモノニシテ其極或ハ專制抑壓ニ陷リ人身ノ自由ヲ害スルコト少カラス從テ此主義タル之ヲ古代ニ行フヘクシテ決シテ今日ニ用ユヘカラサルナリ蓋シ古代ハ專ラ此主義ニ從ヒ男女老年ナルカ又ハ其一方貧困ナルカ貧困ト爲ルヘキ恐アルカ或ハ不品行ナルカ或ハ年齡不相當ナルカ或ハ遺傳病アル等ノ事ニ注意シ人民ノ結婚ヲ制限セリ若シ今日ノ年齡制限論ニシテ此主義ヲ目的トスルニ於テハ結婚ノ自由ヲ制限スルコト亦必要ナルヘシト雖モ此等ハ腐敗シタル舊主義トシテ業ニ既ニ放擲セラレ現ニ獨逸ニ於テハ千八百七十年ノ法律ヲ以テ全ク保護ヲ目的トスル此等ノ制限ヲ廢シタルニアラスヤ」

第二ニ結婚ノ自由ヲ制限スル方法ニシテ宜ク廢止セサルヘカラサルモノハ年齡ヲ制限スルコト父母ノ承諾ヲ要スルコト及同宗ノモノヲニアラサレハ結婚スル能ハサルコトナリトス而シテ其婚姻ノ年齡ヲ制限スルコトハ既ニ前段ニ述ヘシ所ノ結婚自由ノ道理ト異ル所ナシ次ニ父母ノ承諾ヲ得ルコトハ政府ノ承諾ヲ受クルト果シテ如何ナル差異カアル最後ニ同宗ノモノニアラサレハ結婚スル能ハサルコトノ如キハ全ク婚姻ヲ宗敎上ノ制度ト看做セシモノニシテ今日ノ如ク國家行政ノ制度ト認メシモノニアラス從テ其制限ハ今日ニ適スヘキモノニアラサルナリ

右ニ論究スルカ如ク婚姻ノ年齡ニ制限ヲ置クコトハ八

身自由ノ原則ニ背反スルコト爭フヘカラサルヲ以テ此法律ヲ設クルノ邦國ハ速ニ之ヲ廢止セサルヘカラス

（第四）法律上ヨリ論ス

婚姻ノ年齡ニ制限ヲ設クルモ法律ニ於テハ到底之ヲ執行スルコト能ハサルナリ現ニ法律上ニ制限ヲ設クル場合ニ當リ其制限年齡以下ノモノ婚姻ヲ結フトスルモ盡ク之ヲ不適法トシテ解除スルコトヲ得ス元來幼者ノ契約ハ之ヲ無効トスルコトヲ得ルハ一般ノ通則ナレトモ婚姻ニ限リテ幼者ノ爲シタル契約ヲ有効トスルニアラスヤ而シテ此事タル現時歐洲二三ノ邦國ニ於テ之ヲ規定スルト雖モ其他一般ニ此傾向ヲ有スルモノヽ如シ加之婚姻ハ他國ニ到リテ隨意ニ之ヲ結フコトヲ得ルモノ

ニシテ國際私法ニ於テモ明ニ之ヲ認許セリ故ニ今英國ニ於テ婚姻ノ年齢ニ制限アルトキハ去リテ制限ナキ他國ニ赴キ自由ニ有効ナル婚姻ヲ爲スコトヲ得ヘシ而シテ米國ニ於テハ諸州各其法律ヲ異ニスルカ故ニ之ヲ爲スコト一層容易ナリトス此ノ如ク僅ニ一擧手一投足ノ勞ヲ以テ随意ニ其法律ノ規定ヲ避クルコトヲ得ルカ故ニ此制限タル法律上ニ於テハ決シテ充分執行ヲ爲スコト能ハサルモノナリ

以上列擧スル所ヲ以テ婚姻ノ年齢ニ制限ヲ設クルノ有害ナルコトハ既ニ明瞭ナルヘシト信ス然ルニ日本人カ之ヲ必要ナリトスル所以ノモノハ畢竟其新奇ナルニ眩惑セラレタルモノニシテ實ニ歐洲ノ婚姻制度ニ於ケル

最短處ニ着目シタルモノト謂ハサルヲ得ス惟フニ此制度ノ不可ナルコトハ今日歐洲學者ノ一般ニ認諾スル所ナレハ早晩之カ廢止ヲ見ルニ至ルヘシ是レ予カ確信シテ疑ハサル所ナリ

（第五）適當ナル制限ヲ論ス

抑婚姻ナルモノハ二樣ノ方向ヨリシテ之ヲ觀察スルコトヲ得ヘシ乃チ第一ニ自然ノ狀態ニ於ケル人間ノ一身上ヨリスルトキハ唯男女二人器械的ノ結合タルニ過キスト雖モ他ノ一方即チ社會上ヨリスルトキハ其男女ノ結合ハ公ケノ性質ヲ帶ヒ法律ニ於テモ亦タ其夫婦タルコトヲ認ムルカ故ニ從テ其間ニ法律上ノ權利ヲ生シ而シテ其權利タル唯男女雙方間ノ關係ニ止マラス併セテ

社會公衆ニ對スルモノトナルナリ故ニ前ノ一方ヨリ謂ヘハ婚姻ハ唯一人一箇ノ私事ナリト雖モ他ノ一方ヨリシテ謂フトキハ公ケノ制度ニ屬スルモノト謂フヘシ是故ニ文化ノ既ニ進歩シタル邦國ニ於テハ婚姻ヲ以テ公ケノ制度中ニ列シ從テ之ニ關スル諸種ノ法則ヲ設ケ以テ其關係ヲ規定スルコト殆ント一般ノ常例ナリトス而シテ今予カ茲ニ論述セント欲スル事項モ亦タ公ケノ制度ニ屬スル所ノモノニシテ之ニ二樣ノ區別アリ乃チ民事上ノ制度ニ屬スル者及宗敎上ノ制度ニ屬スル者是ナリ蓋シ西洋諸國ニ於テモ往昔宗敎ノ勢力強盛ナルニ當リテハ婚姻ヲ以テ全ク宗敎上ノ制度ニ委セシカ近世ニ至リ漸ク之ヲ民事上ノ制度ニ屬セシムルニ至レリ

茲ニ民事上ノ制度ニ屬スル結婚ヲ別テ左ノ三種ト爲ス

一　已ムヲ得サル民事上ノ結婚

已ムヲ得サル民事上ノ結婚トハ敎會ノ認容ヲ得ルコト能ハサルトキニ爲ス所ノモノニシテ乃チ宗敎上其結婚ニ故障アリテ敎會ノ認容ヲ許サヽル場合若クハ自己ノ信奉スル宗敎ノ敎會ニ於テ婚姻ヲ認容スルノ權力ナキ場合ノ如キニ於テハ必ス民事上ノ結婚ヲ爲サヽルヘカラサルナリ

二　隨意ナル民事上ノ結婚

隨意ナル民事上ノ結婚トハ宗敎上ノ結婚ヲ爲スモ民事上ノ結婚ニ從フモ之ヲ擇フハ一ニ結婚者ノ自由ニ任シ敢テ法律上ヨリ其一ニ從フヘキコトヲ命令セサルモノ

ニシテ此制度ニ於テハ其孰レニ從フモ法律上ニ於テハ常ニ有効ノ結婚ナリトス

三　強迫ニ出ツル民事上ノ結婚

強迫ニ出ツル民事上ノ結婚トハ其結婚ノ方法民事上ノ制度ニ從ハサレハ法律上其効力ヲ與ヘサルモノヲ謂フ但一旦民事上ノ結婚ヲ爲スニ於テハ之ト同時ニ宗教上ノ結婚ヲ爲スモ是レ人々ノ自由ニシテ國家ニ於テハ毫モ之ヲ妨害スルコトアルナシ

右ニ掲クルカ如ク民事上ノ結婚ニ三箇ノ種類アレトモ近世ノ傾向ハ多ク第三種ニ在ルカ如シ而シテ今此ノ如ク強迫ニ出ツル民事上ノ結婚ヲ以テ婚姻ノ制度ト爲スニ於テハ其婚姻ヲ結フコトニ關スル法則ヲ設ケ其制限

ヲ定ムルコトハ固ヨリ必要ナリト謂ハサルヘカラス而シテ其法則タル前段ニ述ヘシカ如ク年齢ヲ制限スルニアラス父母ノ承諾ヲ必要トスルニアラス又政府ノ認可ヲ受クヘシト爲スニモアラス況ンヤ今日ノ結婚ハ民事上ノ制度ニ屬スルカ故ニ同宗ノモノニアラサレハ其結婚ニ關スル法則ハ婚姻ノ性質ニ適シ立法上ニ弊害ナク結婚自由ノ原則ニ背カスシテ法理上亦タ之ヲ行ヒ得ヘキ所ノモノナルカ故ニ公ケノ制度トシテ各國皆安全ニ採用スヘキ最モ適當ナル制度ナリトス而シテ其目的タル唯婚姻ヲ公ケノ制度中ニ加フルコトニ在リ

今簡單ニ其法則ノ大綱ヲ擧クレハ則チ左ノ如シ

第一則　夫婦共ニ其人ノ相違ナキコトヲ證明セサル

ヘカラス
今日ノ婚姻ハ專ラ一夫一婦ノ原則ニ從ヒ畢生ノ結合ヲ爲スモノニシテ決シテ彼ノ昔時ノ如ク野合ヲ目的トスルニアラサルカ故ニ夫婦雙方互ニ其夫若クハ婦ノ身分ニ相違ナキコトヲ證明セシムルカ爲メ特ニ其規則ヲ設クルハ甚タ必要ノ事ナリトス而シテ其方法ニ至リテハ今暫ク省畧ニ從フ

第二則　結婚ニ對スル故障ノ有無ヲ問ハサルヘカラス

前段ニ說クカ如ク婚姻ヲ一夫一婦ノ關係ト爲ストキハ若シ一旦人ノ婦タルモノ再結婚スルカ如キコトアラハ決シテ之ヲ許容スヘキニアラサルヲ以テ凡ソ結婚ヲ爲

ス前ニハ必スヤ其結婚ニ對シテ他ヨリ故障ヲ爲スモノアルヤ否ヲ問ハサルヘカラス而シテ之ヲ爲スニハ或ハ裁判所ノ門前ニ掲示ヲ出シ或ハ新聞紙ニ廣告スル等ノ手續ヲ盡スコトヲ要ス

第三則　結婚ノ自由ニ成リシコトヲ明ニセサルヘカラス

結婚ノ自由ナラサルヘカラサルハ既ニ前ニモ辯明セシカ如シ故ニ今其結婚ハ自由ニシテ敢テ他人ノ強迫ヲ受ケス且充分ニ熟慮シテ之ヲ爲シタルコトヲ明ニセサルヘカラス而シテ之カ爲メニ盡スヘキ手續ハ證人ヲ立テヽ其旨ヲ結婚ヲ司ル官衙ニ申告スル等ナリ

第四則　結婚ヲ公ケニ告知セサルヘカラス

婚姻ハ一箇ノ公事ナレハ之ヲ世人一般ニ告知シテ其認
諾ヲ得サルヘカラス故ニ結婚ノ事ハ必ス之ヲ相當ナル
官衙ニ屆出テ婚姻簿冊ニ登記スルコトヲ請フヘシ
以上列擧シタル法則ハ現今歐洲諸國ニ於テ多ク行ハル
所ノモノニシテ此ノ如キ制限ハ其風土ノ如何ト民俗ノ
如何トヲ問ハス常ニ能ク安全ニ採用スルコトヲ得ヘキ
モノナリ要スルニ婚姻ノ制度ナルモノハ此四箇ノ法則
ヨリ成立スルモノト謂フモ敢テ不可ト爲サヽルナリ若
シ夫レ夫婦ノ關係及離婚ノ事ニ關スル問題ニ至リテハ
本論ノ旨趣ニアラサルヲ以テ暫ク之ヲ他日ニ讓リ將ニ
論述スル所アラントス
斯ク婚姻ト婚姻契約ト二者ノ間自ラ相異ル所アル以上ハ

該契約ヲ履行セサル時ノ處置ハ如何ナルヘキヤ英國ニ於テハチヤールス第一世ノ朝ニ之ニ關スル訴訟始メテ起リシニ婚姻ハ契約ノ有價原因即チ有効ナル約因ト爲スコトヲ得ルモノトナリ該契約ヲ破ラレタル男女何レモ共ニ損害賠償ヲナスコトヲ得ルコト、爲リタリ而シテ往々實際ノ損害即チ婚姻ノ支度金ノ損害ヨリモ寧ロ道德上ノ損害ヲ豫想シテ過大ノ賠償金ヲ與ヘタリシカ近來ニ至リテハ唯實際ノ損害ノミニ止マレリ近世ノ歐洲大陸ノ法律ニ於テモ亦甚タ之ニ損害ヲ與フルコトヲ忌避ス普國々法ニ於テハ之ニ損害賠償ヲ爲スコトヲ許スト雖モ以太利國法典ニテハ斷然之ヲ拒否シタリ佛國法典ニテハ此事ニ關シテハ明文ナキヲ以テ判官ハ種々相反スル所ノ意見ヲ以テ裁判ヲ為シタレトモ有名ナル佛國學者ノ説ニ據レハ即チ婚姻ノ自由ニ干渉スルハ公益ニ反對スルモノナレハ損害賠償ヲ許サヽレトモ唯原告カ實際ノ損害ヲ受ケタルトキノミ之カ責ニ任スヘシトナレリ故ニ婚姻ノ契約ニ就テ損害賠償ヲ爲サントセハ佛國法典第千三百八十二條ニ依リテ之ヲ請求シ第千百四十二條ニ依リテ之ヲ請求スルコトヲ得サルモノト爲セリ墺國法典モ亦共第四十五條、第四十六條ヲ以テ明ニ佛典ト同一ナル規則ヲ設定シタリ

（第四）勞力契約　勞力契約ハ分チテ六種トス第一保監契約、第二製造契約、第三運搬契約、第四營業又ハ奉公契約、第五代理契約、第六組合契約トシ各報酬、無報酬ノ別アレトモ這ハ唯注意ヲ要スルノ度ニ於テ差アルノミ逐一左ニ之ヲ論究

セン

(一)無報酬ニシテ物品ヲ保監スル契約ヲ名ケテ附托契《デポヂツ》約ト云フ即チ無報酬ニシテ預リ主カ物品ノ委托ヲ受ケ其物品ヲ使用セサルカ如キ場合是ナリ羅馬法ニ於テハ之ヲ二種ニ區別セリ即チ第一ハ必須ノ附托ト稱スルモノニシテ火災、難船其他意外ノ變ニ際シ必要已ムヲ得スシテ之ヲ他人ニ委托スルカ如キモノナルカ故ニ之ヲ稱シテ不幸ナル附托《ミゼレーブル、デポヂツト》ト云フ第二ハ任意ノ附托ニシテ結約者雙方ノ合意ヨリ成立スルモノヲ云フ〇又羅馬法ニ於テハ附托契約ヲ更ニ二樣ニ區別ス第一ハ單一ノ附托ニシテ一人若クハ數人カ合意シテ物品ヲ第三者ニ附托スルヲ云ヒ第二ハ爭論ノ目的物タル物件ヲ第三者ニ托スルモノニシテ之ヲ「セクエストレーション」ト云フ而シテ此第二種ノ契約ナル者ハ或ハ附托者及受托者雙方ノ合意ニ成ル者アリ或ハ其合意ヲ待タス裁判所ニ於テ之ヲ命スルコトアリ○有酬ノ保監契約トハ譬ヘハ商品預リ人、宿屋、馬匹預リ人等ノ如キモノヲ云フ

（二）製造契約トハ他人ノ物品ヲ製造シ又ハ他人ノ物品ニ細工ヲ施サントノ契約ニシテ報酬ナキ契約ニ就テハ其製造人ハ唯最大ナル過失ニ對シテ責ヲ負フノミナレトモ若シ其契約ニシテ有酬契約ナル時ハ英國法ハ契約者雙方ヲシテ最大ナル注意ヲ命ス又英國法ニ於テハ製造人ニ與フルニ委托者ヲシテ其代價ヲ拂ハサル場合ニハ該物品ヲ差留ムルノ權ヲ以テス○他人ノ爲メニ自己

ノ所有セル物品ヲ以テ製造シ又ハ其物品ニ細工ヲ施サントノ契約ハ猶落成セサル物品ヲ贈與セントノ契約ニ等シ又製造人ニシテ報酬ヲ受クル時譬ヘハ大工カ家屋ヲ建築シ服商人カ衣服ヲ縫裁セントノ約束ノ如キハ賣買ノ契約ナリヤ將タ勞力ノ契約ナルカハ學者間大ニ議論ノ紛々タルモノニシテ之カ大注意ヲ要スヘキモノナレトモ今茲ニ論スルノ暇ナシ

（三）運搬契約ハ海上又ハ陸上ニ物品若クハ乘客ヲ運搬スルノ契約ヲ云フ○物品ノ運送人ハ其物品ヲ運搬スルノ義務アルノミナラス尚物品預リ人就中旅宿營業人ノ其附托ヲ受ケタル物品ニ對スルト殆ント同樣ナル責任ヲ有ス即チ英國法ニ從ヘハ普通運送人ハ其通常ニ運搬

スル物品ハ其運搬ヲ拒ムコトヲ得ス但其運送物數多ニシテ之ヲ運載スルニ餘地ナキカ若クハ其物品殊ニ危險ナル時ハ此限ニアラス尤運賃ハ人々ニ依リテ高低ヲ定ムルコトヲ得、又運送人ハ其物品ヲ確然安全ニ運搬シ變災等ニ依リ間接ニ生シタル損失ノ外其損失ノ責ニ任セサルヘカラス故ニ其物品ノ盗難ニ罹リ或ハ偶然燒失シタル場合ニモ亦其責ニ任セサルヘカラス又運送人ハ從來公告ヲ以テ自己ノ責任ヲ減縮スルノ權ヲ有シタリシカ近世ノ法律ニ於テハ大ニ此權利ヲ制限シタレトモ一方ニ於テハ又委托人ニ於テ其運送スヘキ物品ハ非常ナル高價ノ物タルコトヲ告ケ且爲メニ臨時ニ高價ナル運送賃ヲ拂ヒタルニアラサレハ其物品紛失ノ責ニ任セサルモノトナレリ然レトモ一般ノ普通運送人ハ特別ノ契約ニ依リ尙其責任ヲ減縮スルコトヲ得ヘシト雖モ斯カル契約ニシテ鐵道會社若クハ運河會社ノ爲シタルモノニ係ル時ハ必ス正當ニシテ且委託人ノ捺印シタル契約タルコトヲ要スルノミナラス鐵道會社ハ人々ニ依リテ異リタル賃錢ヲ拂ハシムルコトヲ得サルモノトス是レ英國條例ノ定ムル所ナリ船舶ヲ以テ物品ヲ運輸スルノ契約ハ船主又船舶雇主トノ間ニ於ケル特別ナル契約即チ傭船契約《チヤーターパーチー》ヲ以テ相互ニ負擔スヘキ義務ヲ定ムレトモ近世ノ條例ヲ以テ其義務ヲ制限シ一噸ニ付八磅以上又ハ火災ノ爲メニ生シタル損失又ハ特別ニ價値アルコトヲ告ケ且特ニ其報酬ヲ得サル運送品ニ就テハ其責ナキ

モノト定メタリ○物品運送人ヨリ船主ニ拂フヘキ金額ヲ船賃ト名ク○旅客ノ運送人ハ其安全ヲ保證セスト雖モ怠慢若クハ不熟練ニ依リテ生シタル損害ノ責ニハ任セサルヘカラス○賃錢ヲ受ケサル運送人ノ責任ハ無報酬ニテ物品ヲ委托セラレタルモノト同一ナリトス

（四）職業及奴婢奉公契約　以上論シタル三種ノ勞力契約ハ其勞力ヲ施スヘキ物品ノ委托アルヘキモノナレトモ此職業及奴婢奉公契約ニ於テハ物品ノ附托ナルモノハアラスシテ唯一方ノ者ハ他ノ一方者ノ爲メニ或所爲ヲ行ハントノ契約タルニ過キス○奴婢奉公モ亦職業ノ一ニシテ敢テ其間異同アルコトナシト雖モ茲ニ一ノ注意スヘキハ職業及營業二者ノ區別是ナリ抑人類ノ斯世

ニアルヤ其發達力ノ向フ所ニ二樣アリ一ハ自由ヲ有スル者ヨリ自由ヲ有スル者ニ對スル作用即チ人類相互ノ關係一ハ自由ヲ有スル者ヨリ自由ヲ有セサル物體即チ天造物ニ對スル作用是ナリ然リ而シテ人々相互ノ關係ニ於ケル作用ヲ職業ト云ヒ人類ノ天造物ニ對スル作用ヲ營業ト云フ今茲ニ論スル所ノ者ハ即チ其職業ニ關スル者ニシテ代言人、敎師、理學者、技藝師等ノ如キ是ナリ羅馬法ニ於テハ是等ノ營業ハ法律ヲ以テ其報酬ヲ與フルニ足ラサルモノト爲シ其手數料、敎授料、辯護料ニ對シテ之ヲ起訴スルコトヲ許サヽリシナリ今日ノ英國法ニ於テモ猶「バリストル」即チ狀師ニ對シテハ此制限ヲ用ヒ數年前マテハ醫師ニ對シテモ此原則ヲ適用セリ○奉公契約ハ職業契約ニ屬スヘシ如何トナレハ奴婢ノ爲ス所ハ敢テ天造物ニ對スル作用ニアラス唯其勞力ヲ目的トスルニ外ナラサレハナリ古代ニ於テハ奴婢ハ恰モ奴隸ノ如ク全ク其自由ヲ奪ハレタル者ナレトモ今日ニ於テハ主人カ唯其勞力ヲ買フノミニシテ設ヘ疾病ノ故ヲ以テ休業スルトモ猶其給料ヲ受クルノ權ヲ有ス而シテ奴婢ノ制ハ今日ニ至リテモ往々其痕跡ヲ存スル者アルニ似タリ即チ奉公人ヲ雇使スルニ主人之カ自由ニ名稱ヲ附シ某家ノ奴婢ハ祖先ヨリ常ニ於竹若クハ權兵衞ノ名ヲ以テ稱セラルヽカ如キモノアルハ奴婢ヲ奴隸ト同一視セシ一證ト爲スモ亦誣ヒサルヘシ○從來英國法ニ於テハ奴婢雇人カ其職業ノ爲メニ受ケタル損害又ハ奴婢

人相互ノ間ニ起リタル損害ニ就テハ主人其責ニ任セサルヲ以テ通則トシタレトモ漸次世ノ開明ニ赴クニ從ヒ鐵道事業ノ如キ大事業ノ振興スルニ迨ンテ此通則ノ大ニ不便ヲ感スルニ至リタルヲ以テ英國ニ於テハ近來ビクトリヤ女王四十三年及四十四年(千八百八十年)法律第四十二章ヲ以テ此法律ヲ廢シタリ

(五)代理契約　凡ソ人タル者代理ヲ以テ其各自ノ事務ヲ執行スル事ニ就テハ前回既ニ之ヲ論究シタレトモ茲ニ論スル所ハ代理ノ契約ヨリ生スル權利義務ノ事ニシテ代理權ニ依リテ爲シ得ヘキ事件ノ權利義務ニ關スル者ニアラス故ニ代理契約ハ代理人ト本人トノ間(一方者ノ代理人ト他ノ一方者ノ代理人ニアラス)ノ勞力ノ契約

ナリ○代理ノ契約ハ稍發達シタル法律ニ於テ認ムル者ニシテ古代ノ羅馬法ニ於テモ代理人タルヲ得ヘキ者ハ唯本來本人ノ監督ニ屬スル者即チ自己ノ子孫若クハ奴隷等ノ如キモノヽ外代理ヲ爲スヲ許サヽリシナリ而シテ全ク他人カ他人ノ代理ト爲ルヲ得タルニ至リシハ稍後世ニ創起シタルモノニシテ其當時ハ唯友誼上之ヲ爲スニ過キサリシカ近世ニ至ルニ及ヒテハ十分ナル報酬ヲ受クル代理人ヲ許シ商業ノ發達ト共ニ代理ノ必要ヲモ感スルニ至リタリ佛國民法ニ於テハ代理ハ本人ノ爲メ自己ノ名ヲ用ヰテ或事ヲ爲スヘキ權力ヲ一人ヨリ一人ニ與フル所ノ所爲ナリト云ヒ又代理ハ特別ナル反對ノ證據ナタシハ無報酬ナリト推測スレトモ英國法ニ從

ヘハ適當ナル報酬ヲ受クヘキ契約ナリト推測ス○何レノ國ノ法律ト雖モ凡ソ本人ハ代理人ヲシテ其事件ヲ行ハシムルニ必要ナル費用其他ノ義務ヲ擔保スル者ニシテ一方ニ於テハ代理人ナル者ハ注意シテ本人ノ事務ヲ行ヒ且一般ニ副代理人ヲ置ク能ハサル（代理人ノ代理人）所ノ者ナリ代理ハ必ス特別ナル代理契約ニ依リテ起生セル者ニシテ其權利義務ハ概ネ本人ノ死亡若クハ破産若クハ代理期限ノ到着、代理事件ノ執行若クハ本人又ハ代理人ヨリ代理權ヲ取消ス等ノ場合ニ依リテ消滅スルモノトス

（六）組合契約　數人カ共同シテ一ノ事業ヲ企テントスル時ニハ通常相互ニ代理人ノ質格ヲ以テ企テンコトヲ

約スヘキモノニシテ之ヲ稱シテ組合ト云ヒ其企テント
スル事業ニ從ヒ復タ種々ノ組合ヲ生ス今佛國法ニ從フ
時ハ會社ノ契約トハ二人以上ニテ互ニ物ヲ共通シ其利
益ヲ分配セントノ契約ナレトモ英國法ニ於テハ又特ニ
佛國法ト大ニ異ル所アリト雖モ今茲ニハ之ヲ畧ス○此
契約ハ佛國法ニ從ヘハ百五十「フラン」ノ價アル者ニ就テ
ハ書式契約ナラサルヘカラス又英國法ニテモ一年內ニ
成シ得ヘカラサル事業ナレハ佛國法ト同ク復書式契約
ナラサルヘカラス○組合ハ相互ノ承諾、無期ノ組合ナレ
ハ一人タリトモ組合員ニ退去セル時、有期ノ組合ナレハ
其期限ノ到着、組合員ノ死去若クハ破產又ハ其他ノ原因
ニ依リテ消滅スヘキモノトス

（第五）避忌ノ契約

避忌ノ契約即チ一方ノ者カ或行爲ヲ爲サヽランコトヲ約スル契約ハ法律ハ甚タ之ヲ實行スルコトヲ好マサル者ナリ何トナレハ或事ヲ爲サヽルヘシトノ契約ハ人身ノ自由ヲ妨害スルモノナレハナリ故ニ英國法ハ或特定ナル人ト婚姻ヲ爲サヽルヘシトノ契約ハ有効ナリトスレトモ更ニ婚姻ヲ爲サヽルヘシトノ契約ハ公益ニ反スルヲ以テ此ノ如キ契約ハ無効ナリトス又全國若クハ廣大ナル區域内ニ於テ或商業ヲ爲サヽルヘシトノ契約ハ無効トスレトモ區域ノ適當ナルカ又ハ其期限ノ短少ナル契約ナレハ之ヲ有効トス是レ其理由タル單ニ公益ニ害ナキノミナラス或ハ却テ公益ヲ補助シ剰ヘ經濟上社會ノ利益タルモノアルヲ以テナリ

（第六）偶生利益ノ契約　偶生利益ノ契約トハ其契約ニ關シタル各人又ハ其中ノ一人又ハ數人ノ利益若クハ損失ヲ未定ノ事ニ關セシムル相互ノ契約ヲ云フ今偶生契約ノ種類ヲ擧示スレハ左ノ如シ

（一）賭博契約ハ一般ニ之ヲ無効トス是レ公益ニ反シ道德ニ背クカ故ナリ但法律ニ於テ許シタル遊戯等ハ此限ニアラス

（二）富、講ノ如キ契約ハ英國ニ於テハ之ヲ不法トス

（三）株式相場賣買契約モ亦英國ニ於テハ禁止スル所トス

（四）第三者又ハ對手人ノ畢生間之ニ年金ヲ拂渡スヘシトノ契約ハ一般ニ法律ノ保護スル所ナリ

（五）航海ヲ安全ニ成シタル時船主ニ仕拂ヲ爲スヘシト

ノ契約モ亦一般法律ノ有効トスル所ナリ

（六）海上保險契約ハ法律上之ヲ厭忌セサルノミナラス

航海ノ安全ヲ慮ルニ於テ必要ナルモノト爲シ法律ハ大

ニ之ヲ保護セリ

法理學講義　第十三回

法學士　江木衷講述
粟生誠太郎筆記

第二、從タル契約ノ種類

前回ニ於テ主タル契約ノ種類及ヒ其性質ニ付大要ヲ講述シ了リタルヲ以テ今回ハ從タル契約ノ種類及ヒ其性質ニ付講述セントス

從タル契約トハ即チ主タル契約ニ附從ズル契約ニシテ其種類多シト雖トモ就中最モ重要ナルモノヲ擧クレハ第一保證第二賠償第三質入第四請合第五追認是レナリ已下此五種ノ契約ニ付追次其性質ノ大要ヲ講明シ其他ノ重要ナラサルモノニ至テハ之レヲ茲ニ省キ他日ヲ待テ論及スヘシ

（第二）保證《シユアーチーシツプ》　保證トハ義務者カ負債若クハ失行等ニ關シ其義務ヲ執行セサルトキ他人之レニ代リテ責任ヲ負擔スヘキ契約ニシテ即チ主タル義務アリテ而後ニ生スル所ノ從契約ナリ普通契約ハ爲約者及ヒ被約者ナル二個ノ對手アレハ直チニ成立スルコトヲ得ヘシト雖トモ保證契約ハ權利者義務者及ヒ保證人ナル三個ノ對手アルニアラサレハ成立スルコト能ハス

斯クノ如ク夫レ保證契約ハ主タル義務アリテ而後ニ生スル所ノ契約ナルカ故ニ保證人カ保證ノ義務ヲ負擔スルノ前ニハ必ス先ツ他ノ義務ノ既ニ存在スルカ若クハ將サニ成立セントスルモノアルヲ要スルコト明カニシテ保證ノ義務ハ保證スヘキ他ノ義務ナクシテ獨リ存在スルモノニ

アラス語ヲ換ヘテ之レヲ云ヘハ保證義務ノ成立スルニハ必ス先ツ權利者及ヒ主タル義務者アルヲ要スルコト、知ルヘシ是レニ由テ之レヲ觀レハ保證契約ハ主タル義務ノ成立シタル後若クハ其成立ト同時ニ成立スルコト明了ナリ時ニ或ハ主タル義務ニ先テ保證契約ノ成立スルコトナシトセストトモ雖トモ其塲合ニ於ケル保證契約ハ未必ノ條件ニ係ルモノナルヲ以テ主タル義務ノ成立セサルトキハ其効ナキモノトス又主タル義務ノ無効ナルニ至ルトキハ之レト同一理ニ依テ其保證契約モ自カラ効ヲ失フヘキナリ然レトモ玆ニ不可思議ナル一事ハ他ニアラス保證契約ハ既ニ述ヘタルカ如ク從タル契約ニテアリナカラ其主タル契約ニシテ法律上執行シ得ヘキモノニアラサルトキハ即チ法律上ノ權利義務ヲ生セスシテ自然上ノ權利義務ヲ生スルトキト雖トモ其從タル保證契約ニ至テハ時トシテ法律上有効ノモノトナル場合アルコト是レナリ例ヘハ奴隷ノ其主人ニ對シテ爲シタル約束ノ如キハ固双方ニ自然ノ權利義務ヲ生スルニ外ナラスト雖トモ羅馬法ニ於テハ此約束ニ從タル保證ノ契約ヲ以テ法律上有効ノモノトナシ又幼者ノ爲シタル約束ハ固法律上無効ノモノナルモ佛國法ニ於テハ其約束ニ從タル保證ノ契約ニ關シテハ出訴シテ執行セシムルコトヲ得ルモノトナセルカ如シ而シテ其理由トスル所ハ保證人ニ於テ主タル契約ノ無効ナルコトヲ知リナカラ保證ノ義務ヲ負擔シタルモノニシテ畢竟其權利者ニ充分ノ安全ヲ致スカ爲メ應援トシテ約諾シタ

ル一個ノ主タル契約ト看做ス可シト云フニ在リ英國法ニ於テハ未タ實例ハ見サレトモ主タル契約ニシテ無効ナルカ又ハ法律上所謂契約ニアラサルモノナルトキハ從テ從タル保證ノ契約モ何等ノ場合タルヲ問ハス法律上無効ノモノト信スルナリ何トナレハタトヘ保證人ニ於テ主タル契約ノ無効ナルコトヲ知リナカラ保證ノ義務ヲ負擔シタルニモセヨ其契約ヲ以テ一個ノ主タル契約ト看做スヘキ理由ナケレハナリ若シ夫レ之レヲ以テ一個ノ主タル契約ト看做サンカ則チ約因ナキ契約ト謂ハサルヘカラス

保證契約ハ其性質上必スシモ有式ノモノニアラスト雖トモ國ニ依リテハ之レヲ以テ有式契約トナスモノアリ例ヘハ羅馬法ニ於テハ問答式ニ依テ之レヲ爲サシメ英國ニ於

テハ詐欺條例ヲ以テ必ス書面ニ依リテ之レヲ爲サシムルカ如シ蓋シ保證ノコトノ如キハ證據最モ失ヒ易ク錯誤ノ恐レ最モ大ナレハ立法者ハ注意ヲ加ヘテ斯クノ如ク有式ノモノトナシ詐欺錯誤等ヲ豫防シタルナリ

保證契約一般ノ性質ハ已上述ヘタル所ニ據テ略ホ明了ナルヘシ已下順次保證契約ニ關シ注意スヘキ點ニ付キ聊カ講述セン

一、保證義務ノ範圍　保證人ノ保證上負擔スヘキ責任ハ主タル義務者ノ責任ヨリ輕少トナスコトヲ得ヘシト雖トモ何等ノ場合ニ於テモ超過スヘキモノニアラス蓋シ保證人ハ主タル義務ニ代リテ其責任ヲ盡クスコトヲ保證スルニ止マルモノナルヲ以テナリ故ニ保證人ノ責任ハ主タル義務者ノ責任ト同一ナルヲ通常トナス此種類ニ屬スル義務ハ許多ノ法律ニ於テハ之レヲ遺傳セサルモノト爲ストト雖トモ保證ノ義務モ亦一般契約上ノ義務ト異ナラサレハ保證人ノ死亡後ニ在テハ其義務ノ相續人ニ傳ハラサル道理ナキナリ

二、保證義務ノ執行　保證人ノ責任既ニ主タル義務者ノ責任ニ超過スヘカラス從テ權利者ハ主タル義務者ニ對シ出訴スヘキ充分ノ權利ヲ得ルニ至ルマテハ保證人ヲシテ其義務ヲ執行セシムルコトヲ得サルモノトス故ニ未行契約ニ於ケル保證人ハ主タル義務者ニ於テ實際其契約ヲ破リタル後ニアラサレハ權利者ヨリ執行ヲ求メラルヘキモノニアラサルナリ語ヲ換ヘテ之レヲ云ヘハ權利者ニ於テ保證人ヲシテ其責任ヲ盡サシムルニハ主タル義務者ニ對シ出訴シ得ヘキ權利ヲ生スルマテニ至ル條件ヲ悉ク具備スルヲ要ス即チ請求拂ヲナスヘキ金圓アリトセハ既ニ支拂ノ請求アリ而シテ其支拂ヲ拒ミタルノ條件アルニアラサルハ保證人ヲシテ其義務ヲ盡サシムルコトヲ得サルモノトス夫レ然リ然リト雖トモ保證人ヲシテ其義務ヲ盡クサシムルニ當テ權利者ハ必スシモ主タル義務者ニ對シ其義務ヲ盡クサシムルニ充分ノ手段ヲ行ヒタルヲ要スルニアラスト時トシテハ義務者ノ其義務ヲ盡サヽルコトヲ豫メ保證人ニ告知スルヲ要スルコトアリ又時トシテハ先ツ主タル義務者ニ對シ出訴スルヲ要スルコトアレトモ凡ソ此等ハ各場合ノ事情ニ依リテ異ナルコトニシテ保證人ヲシ

テ其責任ヲ盡サシムルニハ何レノ場合ニ於テモ斯ル未必ノ條件アリトナスヘカラス特ニ權利者ニ於テ主タル義務ニ充ツヘキ抵當ヲ有スル場合ニ在テモ權利者ハ其抵當ヲ以テ其義務ニ充テタル後ニアラサレハ保證人ヲシテ其責任ヲ執行セシムルコトヲ得サルモノニアラスシテ斯クノ如キ場合ニ在テハ總テ權利者ノ撰擇ニ任シ或ハ先ツ保證人ニ對シ其義務ノ執行ヲ求メ或ハ先ツ抵當物ヲ以テ義務ノ支拂ニ充テ而後殘餘ニ付保證人ニ對シ其義務ノ履行ヲ求ムルコトアルナリ

三、保證人ノ權利　保證人ノ義務ハ既ニ述ヘタルカ如ク主タル義務者其義務ヲ執行セサル時ニ之レニ代リテ其義務ヲ執行スルニアリ故ニ自然ノ順序ニヨリ之レヲ論スルハ主タル義務者先ツ要求セラレ主タル義務者ニ於テ其要求ニ應セサリシ時ニアラサレハ保證人ハ要求セラレサルモノトス是ヲ以テ權利者若シ主タル義務者ニ要求セスシテ初メヨリ保證人ニ要求シタルトキハ保證人ハ權利者ニ對シ先ツ主タル義務者ニ要求スヘキコトヲ以テ其要求ニ抗辯スルヲ得ヘシ其權利ヲ稱シテ保證人ノ抗辯權ト云フ」

若シ數人ノ共同保證人アル時其一人ニテ全体ノ訴ヲ受ケタル場合ニハ其訴ヲ受ケタル保證人ハ權利者ニ對シ資力アル各保證人ニ其訴ヲ分タンコトヲ請求スルヲ得ヘシ此權利ヲ稱シテ保證人ノ分訴權ト云フ而シテ若シ又其訴ヲ受ケタル保證人ニ於テ全体ノ義務ヲ執行シタルトキハ後ニ至リ他ノ共同保證人ニ對シ其責任ノ分擔ヲ請求スルコ

トヲ得ヘシ
保證人ノ一人タルト數人タルトヲ問ハス主タル義務者ニ代リテ其義務ヲ執行シタルトキハ保證人ハ則チ權利者ニ代ルヘキモノニシテ權利者ノ手ニ主タル義務者ヨリ差入レタル抵當物アルトキハ其抵當物ニ於ケル權利ハ總テ保證人ニ移リ且ツ保證人カ權利者ニ對シテ執行シタル義務ハ主タル義務者ニ對シテ之レヲ執行セシムルコトヲ得ヘシ此權利ヲ稱シテ保證人ノ代權ト云フ蓋シ權利者ニ代リテ有スルノ權利ナレハナリ

四、保證義務ノ解除　保證義務ノ解除スル場合ハ左ノ如シ

（甲）時日ノ經過　若シ保證契約中期限ヲ定メタルトキ

ハ其期限ヲ經過スレハ保證ノ義務解除スヘシ其期限ヲ定メサルトキハ其結約ノ當時用井タル語意或ハ文意ニヨリテ保證人及ヒ權利者ノ意思ヲ推測シテ相當ノ時日ヲ測リテ其期限ヲ定ムヘシ

（乙）義務ノ執行　主タル義務者又ハ保證人ニ於テ其義務ヲ執行スレハ保證ノ義務解除スヘシ然レトモ主タル義務者ニシテ同一ノ權利者ニ對シ二個已上ノ義務ヲ負ヒ其一ハ保證アルモ其他ハ無保證ナルトキニ當リ義務者カ其孰レニ適用スルヤヲ定メスシテ義務ヲ執行セハ之レヲ以テ孰レニ適用スルトモ凡テ權利者ノ撰擇ニアルヲ以テ權利者ニシテ其執行ノ保證アル義務ニ適用セサルニ於テハ保證ノ義務ハ解除セサルヘシ

（丙）期限ノ猶豫　英國法ニ於テハ權利者カ保證人ノ承諾ナクシテ義務執行ノ期限ヲ猶豫シタルトキハ保證ノ義務ハ解除スルモノトナシ而シテ其猶豫期限ノ長短ハ之レヲ問ハサルナリ然レトモ羅馬法ヲ基トシタル諸國ノ法律ニ於テハ期限ノ猶豫ヲ以テ保證義務解除ノ原因トナサヽルカ如シ蓋シ法理ノ一問題タリ

（丁）通知　保證義務ヲ解除スヘキ時日ニ制限ヲ置カサル場合ニ權利者及ヒ義務者ニ於テ保證人ノ保證ヲ信シテ種々ノ取引ヲナストキハ保證人ハ何時ニテモ其保證ヲ謝絶スルコトヲ得ヘシ而シテ保證義務ハ其謝絶ノ時ヨリ解除スルモノトス

（戊）私和　保證義務ハ權利者及ヒ義務者ノ私和ニ依リ

テ解除スヘシ即チ義務者ニ於テ其義務ノ一部ヲ執行シ權利者カ之レヲ以テ滿足シテ殘餘ノ義務ヲ免除シタルカ如キ場合是レナリ

(己)保證ノ免除　權利者ニ於テ從來ノ保證ヲ要セサルコトヲ明示スルトキハ保證義務ハ解除スヘシ

(庚)契約ノ變更　權利者及ヒ義務者ニ於テ保證人ノ承諾ヲ經ス從來ノ契約ヲ廢シ代ユルニ他ノ契約ヲ以テスルカ又ハ契約ノ要部ヲ變更シタルトキハ保證義務ハ解除スヘシ

(辛)義務ノ沈入　權利者及ヒ義務者ニ於テ保證人ノ承諾ヲ經ス從來ノ義務ヲ變シテ一層高等ノ保證アル他ノ義務トナシタルトキハ保證義務ハ解除スヘシ

（壬）　權利者ノ懈怠　權利者ニ於テ義務施行ノ催促ヲ怠リ保證人ヨリ之レカ催促ヲナスヘキコトヲ權利者ニ請求スルモ尙ホ之レヲ怠リタルトキハ保證義務ヲ解除スヘシ

（癸）　詐欺　權利者ニ於テ其保證ヲ受クヘキ事柄ニ就テ保證人ヲ詐欺シタルトキ又ハ義務者ノ詐僞シタルトキト雖トモ權利者ニ於テ其情ヲ知リタルトキハ保證義務ハ解除スヘシ

（第二）　賠償《イムデムニチイー》　賠償契約モ亦從タル契約ノ一種ニシテ他人ノ所爲ヨリ被約者ニ損害ヲ生シタルトキ之レヲ辨償スヘシトノ契約ヲ云フナリ抑モ保證契約ハ已上論述シタルカ如ク未必契約ノ一種ニ屬シ保證人カ其義務ヲ執行スヘキ

ヤ否ハ未來ノ出來事即チ主タル義務者ノ其義務ヲ執行スルト否トニ依リテ定マルモノナリ然リ而シテ其未來ノ出來事中ニモ結約者自己ノ所爲ニ係ルモノト第三者ノ所爲ニ係ルモノトノ二種アリテ保證契約ハ則チ第三者ノ所爲ニ係ルモノヽ一ニ屬シ第三者カ被約者ニ對シ結ビタル契約ヲ擔保シ第三者カ其契約ヲ履行セサルトキハ自カラ代リテ其義務ヲ履行スルノ契約ナリ賠償契約モ亦同シク第三者ノ所爲ニ係ルモノヽ一ナレトモ保證契約トハ異ナリテ他人ノ所爲ヨリ被約者ニ損害ヲ生シタルトキ之レヲ辨償スルノ契約ナリトスサレハ保證契約ニ在リテハ保證契約ヲ爲シタル者即チ保證人ノ義務ハ第三者ノ被約者ニ對シテ負フタル義務ト同一ナルヲ要スヘシト雖トモ賠償契

約ニ在リテハ之レニ關係スル第三者ニ於テ契約上ノ義務ヲ負フタル場合アルヘキモ賠償ノ契約ヲ爲シタル者ニ於テ其契約ヨリ負フタル義務ハ決シテ第三者ノ負フタルモノト同一ナラサルモノトス特ニ又賠償契約ニ於テハ他人ノ所爲ノミナラス爲約者自カラノ所爲ヲモ擔保スルコトアリ保證契約ニ於テハ爲約者自カラノ所爲ヲ擔保スルコトナキモノト知ラサルヘカラス

賠償契約ニモ亦明約ノ場合ト默約ノ場合アリ其默約ニ係ルトキハ主タル義務者ト保證人トノ間共同保證人双互ノ間及ヒ代理契約ノ場合ニ在ルヲ通常トス元來保證人ハ主タル義務者ト契約スルモノニアラスシテ權利者ト契約スルモノナレハ保證人ト主タル義務者トノ間ニハ對手ノ關

係ナキニ似タリト雖トモ決シテ然ラス其間ニ默約ノ存スルアリテ保證人ニシテ主タル義務者ニ代リテ其義務ヲ執行シタルトキハ主タル義務者ハ自己ノ所爲ノタメニ保證人ノ受ケタル損害ヲ辨償セサルヘカラス畢竟是レ主タル義務者ト保證人トノ間ニハ賠償契約ノ存在スルアレハナリ又共同保證人双互ノ間ニ於テモ同樣ニテ共同保證人中ノ一人ニ於テ義務ノ全体ヲ執行シタルトキハ其之レヲ執行シタル保證人ハ他ノ保證人ヲシテ其義務ヲ分擔セシムルコトヲ得ヘシ又本人及ヒ代理人間ニ在リテモ同シク本人ハ代理人ノ受ケタル損害ヲ賠償スルノ默約ヲ代理契約中ニナシ居ルモノト謂ツヘシ

（第三）質入《プレッヂ》　質入契約トハ義務者カ其義務ノ執行ヲ保證

スル爲メ或ル物件ヲ權利者ニ引渡スノ契約ヲ云フ而シテ其權利者ニ引渡シタル物件ハ義務ノ全部ヲ辨償シタル後ニ於テ義務者ニ返還セラルヘキモノトス此契約モ保證ノ契約ト同シク主タル義務ノ既ニ存在スルカ又ハ將サニ成立セントスルノ時ニアラサレハ成立セサルモノタリ故ニ何等ノ場合ニ於テモ其執行ヲ擔保スル所ノ主タル義務ノ存在スルコトナキトキハ質入契約ハ其効ナシ語ヲ換ヘテ之レヲ云ヘハ質入契約ハ則チ一種ノ從タル契約ナルカ故ニ主タル契約ノ存在スルニアラサレハ成立スヘキ理由ナキナリサレハ質入契約ノ成立スルニ就テ必要トスル所ノモノハ第一主タル契約ノ存在スルコト、第二、物件ノ引渡ヲ要スルコト、第三、其物件ノ現存スルコト、第四、物件ノ引渡ハ

必ス負債若クハ其他ノ約束ノ抵當トシテ引渡サルヽヲ要スルコトノ五條件ニ在ルコト明カナリ

然リ而シテ此質入契約ニ依リテ以テ權利者ノ有スヘキ權利ハ其質物ヲ保管シ期限ニ至リテ義務者其義務ヲ執行セサルトキハ之レヲ賣却シテ其賣却代價ヲ以テ先ツ己レニ對スルノ義務ヲ辨濟セシムルニ在リ然レトモ其代價ニシテ殘餘アル場合ニハ權利者ハ其殘餘金ヲ義務者ニ返付セサルヘカラス蓋シ期限ニ至リテ義務者其義務ヲ執行セサルトキハ其質物ハ義務ノ辨償トシテ權利者ノ所有ニ歸スヘシトナスカ如キハ質入契約ノ本旨ニ背クモノト言フヘキナリ殊ニ亦抵當トシテ權利者ニ引渡シタル物件ハ一部毎ニ皆ナ義務ノ全部ニ對スルノ抵當タルヲ以テ質物ノ權

利ハ分割スヘキモノニアラス故ニ義務者ニ於テ其義務ノ幾部ヲ執行シタレハトテ權利者ニ引渡シタル物件ノ幾部ニ於ケル占有權ヲ回復スルコトヲ得サルナリ而シテ權利者ハ其質物ヲ保存スル爲メ相當要シタル費用ハ通常債主權ト同シク先取ノ特權ニ與カルコトヲ得ルモノト知ルヘシ又質入契約ニ依リテ以テ義務者ノ有スヘキ權利ハ其義務ヲ執行シタルトキハ其質物ノ取戻ヲ權利者ニ對シテ要求スルニ在リトス

佛國民法ニ據レハ質入トハ義務者其義務ノ履行ヲ保證スル爲メ物件ヲ權利者ニ提供スルノ契約ヲ云フ(民法二千七拾一條)トアリテ恰モ未來ノ時ニ於テ物件ヲ權利者ニ引渡スノ約束ヲ云フカ如ク見ユレトモ亦之レヲ實踐契約《コントラー、レール》ト稱シ單ニ約束ノミナラス物件ノ引渡シアリテ始メテ完全スルノ契約トナセリ而シテ動產ノ質入ヲ「ガーヂ」不動產ノ質入ヲ「アンチクレーズ」ト稱シ此二種ヲ總稱シテ「ナンチスマン」即チ質入トハ云フナリ但不動產ノ質入ハ動產ノ質入ト同シク權利者ニ於テ其物件ヲ質ニ取ルニハ相違ナシト雖トモ只其不動產ヨリ收獲スルモノヲ以テ元利ヲ收入スルノ權利ヲ有スルノミ總シテ質入ト不動產書入《イポテツク》ト相違スル所ハ一ハ所謂實踐契約ナルモ一ハ實踐契約ニアラスシテ物件依然義務者ノ手ニ存在スル點ニ在ルナリ英國法ニテハ義務者其義務ヲ保證スル爲メ動產物ヲ引渡スヲ動產質《プレツヂ》入ト稱シ佛國法ノ如ク質入ヲ以テ直チニ契約トナサスシテ質入ト質入契約トハ相連接スルモノナルモ其間自カラ

區別ゼルモノヽ如シ即チ單ニ質入ト云ヘハ物件ヲ引渡スヲ云フコトナレトモ質入ノ契約ト云ヘハ物件ノ引渡ヲ未來ニ約スルヲ云フナリ蓋シ適當ノ區別ト謂ツヘシ而シテ英國法ニ據レハ不動產タルト動產タルトヲ問ハス苟モ其所有ノ名義ヲ權利者ニ移ストキハ之レヲ死質《モーゲージ》ト稱ス即チ死質ノ場合ニ在テハ質入主カ質物ヲ受戾スマテハ其所有ノ名義ハ質取主ニ移轉スルモノトス之レニ反シテ動產質入ノ場合ニハ其名義ヲ移スコトナシ又死質ノ場合ニハ質取主ニ於テ質物ヲ所持スルニ及ハサルモ動產質入ノ場合ニ在テハ必ス質取主ニ於テ之レヲ所持スルヲ要ス蓋シ佛國ノ所謂「ガーヂ」即チ動產質入ト同一ナリトス元來英國法ニ所謂死質ハ初メニ在リテハ動產質入ノ場合ト同シク權

利者ニ於テ其質物ヲ占有スルニアラサレハ無効ノモノタリシト雖トモ後ニ及ンテ現時ノ如ク其質物ヲ義務者ノ手ニ存シ置キ期限ニ至ツテ義務者其義務ヲ執行セサル時權利者ニ於テ其質物ヲ占有シ得ヘキコトヲ契約シ而シテ其所有ノ名義ハ權利者ニ移ルコト、爲シ若シ義務者期限ニ至テ其義務ヲ執行スルトキハ買戻衡平權（エクヰチー、オフリデムプシヨン）ノ名義ヲ以テ權利者ヨリ其物件ノ所有ヲ受戻スコトヲ得ルモノトナレリ

之レヲ要スルニ佛國法ノ書入質ト云ヒ英國法ノ死質ト云ヒ皆ナ通常質入ノ變體ニシテ決シテ法理ヲ以テ論スヘキモノニアラス其故如何ト云フニ質物ノ引渡ヲナスコトナク單一ノ合意ニ依リテ以テ成立シ其物質ノ何人ノ手ニ輾

轉スルトモ其權利者ハ他ノ權利者ニ先チ該質物ノ代價ヲ以テ其義務ノ辨償ヲ受クヘキ權利ヲ有スルノ何故タルコトヲ理解シ得ヘカラサレハ最初ニ於テハ今日ノ所謂書入質ノ如キモノアラサリシナリ然レトモ余カ今說ク所ノ質入契約トハ則チ動產質入ノ場合ニシテ其他ノ質入若クハ書入ノコトハ自カラ別種類ニ屬スルヲ以テ玆ニ之ヲ詳論セス

（第四）請合《ウオランチー》　請合トハ一方ノ對手ヨリ他ノ一方ノ對手ニ對シ契約ニ關スル或ル事柄ヲ保證スル明意若クハ包意ノ表示ニシテ其契約ノ一部ヲ作爲スルモノタリ然レトモ其性質ニ至テハ明意若クハ包意ニ依リテ生スル所ノ一種ノ從タル契約ニ屬ス故ニ物品賣買ノ場合ニ於テ賣主ヨリ其

物品ニ係ル所有權ノ安全ナルコト品質ノ善良ナルコト等ヲ買主ニ對シテ請合フタルトキノ如キ即チ其請合アリタルカ爲メニ賣買モ成立スルヲ以テ賣主ノ請合ハ自カラ賣買契約ノ一部ヲナスモノナルニ相違ナシト雖トモ若シ賣主ノ請合ニ相違ノ事實アリタルトキハ買主ハ其物品賣買ノ本約ニ影響セシムルコトナク單ニ請合ヲ破リタルノ點ニ依リテ賣主ニ對シ其請合相違ヨリ生シタル損害ヲ要償スルコトヲ得ヘキナリ斯クノ如ク夫レ請合ハ契約ノ一部ヲナスモノタレハ契約ノ事項ニ關スル通常ノ表示トハ異ナルコト明カナリ何トナレハ通常ノ表示ハ結約者合意ノ一部ヲナスモノニアラサレハナリ又請合ハ未行契約ニ於ケル未必ノ條件トモ異ナルコト明カナリ何トナレハ本約

ニ關係ナクシテ請合ノミニ對シテ出訴スルノ權利ヲ生ス
レハナリ
請合ハ保險契約委托契約其他諸種ノ契約ニ附從スルコト
アリト雖トモ賣買契約ニ附從スル場合ヲ以テ最モ多ク且
ツ最モ必要トナス其賣買契約ニ附從スル請合ハ通常賣買
物品ニ係ル所有權ノ安全ナルコト及ヒ品質ノ善良ナルコ
トノ二樣トシ而シテ其請合ニ明示請合默示請合ノ二種ア
リ明示請合ハ物品賣買ノ時ニ其請合ヲナスヘキ明約ヲナ
セシモノヲ云ヒ默示請合ハ明約ヲナサヽル場合ニシテ法
律ノ推測スルモノヲ云フ英國法ニ據レハ物品ノ性質ニ關
シテハ法律ヲ以テ請合ヲ推測セサルモノトス故ニ若シ買
主ニ於テ粗惡質ノ物品ヲ買受ケタル時ト雖トモ苟モ賣主

ニ詐欺隱慝等ノ所爲ナク又ハ明示ノ請合アルニアラサレハ買主其賣買ヲ取消スコトヲ得ス法語ニ賣買ニ於テハ買主自カラ注意スヘシ(Caveat emptor)アルハ此意ヲ示シタルナリ即チ買主ニ於テ賣主ヲシテ殊更ニ請合ヲナサシムルニアラサレハ自カラ賣買品ノ品質ニ係ル危難ヲ覺悟スヘシトノ意タリ故ニ賣主ノ表示ニシテ苟モ詐欺隱慝ノ所爲ニ出テタルニ非サルヨリハタトヒ買主ニ於テ其表示ヲ信シテ賣買取引ヲナシタル後其賣買品ノ品質賣主ノ表示ニ相違スル所アルヲ發見スルモ是レ買主自カラ招キタル不注意ノ結果ニシテ賣主ニ對シテ救濟ノ道ナキモノトス之レニ反シテ其賣買品ニ係ル所有權ノ安全ナルコト即チ其物件ハ自己ノ所有物ナリトノコトハ買主ニ對シ明約ナキモ

法律ハ賣主ニ於テ暗ニ之レカ請合ヲナシタルモノト推測スヘシ蓋シ賣買品ニ係ル所有權ノ安全ナリトノコトハ賣買取引ノ一要素ニシテ賣買取引アリタルトキハ必ス賣主ヨリ買主ニ所有權移轉ノ効果ナクンハアル可カラサルカ故ニ既ニ物品ヲ賣買スルノ行爲アレハ之ニ因テ以テ賣主ハ其物品ノ所有權ヲ移轉スルノ意思アルコトヲ示シ且ツ其物品ノ所有權ヲ移轉シ得ルノ能力アリトノコトハ買主ニ向テ賣買ノ當時請合フタルモノト推測セサルヘカラサルヲ以テナリ

（第五）追認《ラチヒチーション》　追認モ從タル契約ノ一種ニ屬シ自己カ嘗テ爲シタル所爲ニシテ法鎖ヲ生セサルモノ又ハ代理人トシテナヘスキ權限ナキ當時ニ第三者ノ爲シタル所爲ニ付法

鎖ヲ生セシムルコトヲ後ニ至リテ認約スルヲ云フナリ

一、自己カ嘗テ爲シタル所爲ニシテ法鎖ヲ生セサルモノヲ後日ニ至リ其所爲ニ付キ法鎖ヲ生セシムルコトヲ認約スルトハ則チ出訴期限ノ經過ニ依リ權利者ニ救濟ノ道ナキ契約ヲハ其經過後ニ至リ義務者ニ於テ追認シテ更ニ權利者ニ救濟ノ道ヲ開クカ如キ又未丁年ノ時結ヒタル契約ハ法律無効ノモノタルモ丁年ニ及ンテ更ニ其契約ヲ追認シテ之レヲ有効ナラシムルカ如キ場合是レナリ英國法ニテハ出訴期限ノ經過シテ權利者ニ救濟ノ道ナキモノヲ其經過後ニ於テ更ニ追認スルトキハ原結約者又ハ正當ニ委任セラレタル代理人ニ於テ書面ニ認メ之レニ署名スルコトヲ要シ又未丁年ノ時結ヒタル契約ヲハ丁年ニ及ンテ追認スルコトハ慣習法ニ於テハ許シ居リタレトモ近頃條例ニ依リテ以テ都テ之レヲ許サヽルコトヽナシタトヒ追認スルモ法律上効力ナキモノトナシタリ

二、代理人トシテ爲スヘキ權限ナキ當時ニ第三者ノ爲シタル所爲ニ付キ法鎖ヲ生セシムルコトヲ後ニ至リテ認約スルトハ則チ本人代理人ノ關係アル場合ニ於テ代理人カ權限外ニ爲シタル所爲又ハ全ク本人代理人ノ關係ナキニ第三者カ自カラ代理人ト稱シテ爲シタル所爲ニ付キ本人若クハ本人ト稱セラレタル者ニ於テ其所爲ヲ追認シ之レヲ初メヨリ委任シテ爲サシメタル所爲ト同シク自カラ責任ヲ負擔スルカ如キ場合是レナリ元來何人ト雖トモ他人ノ委任モナキニ或ル事ヲ爲シタルトキハ如何ニ其他人ノ爲メナリト云ヘハトテ其事ヲ爲シタル本人ニ於テ自カラ其責ニ任セサルヘカラサルコトハ固ヨリ當然ノコトニシテ法理上ヨリ云フモ自己ノ委任セサル事ヲ他人ニ於テ爲スト雖トモ其他人ノ所爲ヨリ生スル結果ヲ占得スル事ハ之レヲ許サヽルナリ換言セハ其他人ノ所爲ニ依リテ生シタル利益モ之ヲ受クルコトヲ得ス又損失モ之レヲ蒙ムルニ及ハサルモノトス然ルニ若シ後日ニ至リテ其所爲ヲ追認シタルニ於テハ其結果全ク之レト反對ニ出テ追認前受クルコトヲ得サリシ利益モ之レヲ受クルヲ得又蒙ムルニ及ハサリシ損失モ之レヲ負擔セサルヘカラサルニ至ルヘシ蓋シ第三者ハ本人又ハ其本人ト稱セラレタル者ヲ信用シテ取引シタルモノタレハ本人又ハ其本人ト稱セラレタ

ル者ニ於テ其所爲ヲ認許セハ之レヨリ生スル權利義務ハ其追認ヲナシタル者ニ歸セシメ以テ第三者ノ意ヲ害スルコトナカラシメント主意ニ依ルコト、知ルヘシ夫レ然リ然レトモ追認ハ如何ナル場合ニ於テモ爲シ得ルト云フヘキモノニアラスシテ自カラ制限アリ其制限トハ即チ左ノ四條件ナリトス

一、追認ヲ爲スニハ代理人ト稱スル者カ其之レヲナス者ノ爲メニ或ル事ヲ爲シタル場合ナラサルヘカラス故ニ追認ヲ爲スコトヲ得ルハ自己ノ爲メニ事ヲ爲サレタル人ニ限ルヘクシテタトヒ其取引ニ關シ利害ノ關係ヲ有スルモノト雖トモ他人ハ決シテ之レヲ爲スコトヲ得サルモノトス

二、本人タルモノ代理人カ其事ヲ為ス當時ニ於テ本人タルモノハ事實上又ハ法律上存在セサルヘカラス故ニ會社ノ發起人等ノ代理人トシテ或ル契約ヲ為シタルモノアルモ會社ハ其成立ノ後ニ於テ其發起人ノ代理人ノ為シタル契約ヲ追認スルコトヲ得ス

三、追認ヲナス者ハ追認スル事柄ニ關スル情況ヲ悉知セサルヘカラス故ニ本人ニ於テ追認ヲ為ス事柄ヲ知ラスシテ其追認ヲ為スコトアルモ無効タルヘキモノトス

四、本人ニ於テ委任ナキ代理人ノ所為ヲ追認スルトキハ其全部ヲ追認セサルヘカラス故ニ利益アル一部ヲ追認シ不利益ノ部分ヲ追認セサルカ如キコトヲ許サス

法理學講義　第十四回

法學士　江木　衷講述
粟生誠太郎筆記

余ハ已上ニ於テ主從契約ノ性質及ヒ種別ニ付其大要ヲ講了シタリ因テ是レヨリ對人權ノ移轉及ヒ消滅ノコトニ付法理ノ概畧ヲ講述シ以テ私法中對人權ニ關スルノ講義ヲ結了セントス欲ス

第一、對人權ノ移轉

曩キニ私法中ノ對世權ヲ講述シタル當時對世權中ニハ他ニ移轉スヘカラサルモノアルコトヲ述ヘタリ然ルニ對人權中ニハ其移轉スヘカラサル性質ノモノ尙ホ一層夥多ナリトス而シテ其對人權ノ移轉スルニハ法律ノ作用ニ由ル場合ト對手ノ所爲ニ由ル場合トノ二樣アリ左ニ追次之レ

ヲ論述セム

（第一）法律ノ作用ニ由テ對人權ノ移轉スル場合　法律ノ作用ニ由テ對人權ノ移轉スル場合ニハ義務モ共ニ移轉スルヲ常トス尤モ其共ニ移轉スル所ノ義務ハ他人ノ有スル對人權ニ對立スル義務ニシテ相對立スルノ權利及ヒ義務ノ共ニ移轉スルニハアラサルナリ今此場合ニ屬スル重要ナルモノヲ左ニ陳述スヘシ

（一）、婦女ノ權利及ヒ義務ハ結婚ニ由テ其夫ニ移轉ス婦女ノ未タ獨身タリシ當時ニ有シタル權利又負フタル義務ハ概シテ結婚ト同時ニ其夫ニ移轉スルモノトス故ニ婦女ニシテ未タ獨身ノ當時他人ニ貸付ケ置キタル金圓アランカ其債主タル權利ハ其結婚ト同時ニ夫ニ移轉シ若シ之ニ反シテ獨身ノ時其婦女ノ負債ニ屬スルモノアランカ其負債主タル義務ハ結婚ト共ニ夫ニ移轉スヘシ是等權利義務ノ移轉スルヲ以テ世上往々契約ニ依ルモノナリト說クモノアリト雖トモ是レ未タ婚姻ノ何タルヲ解セサルモノヽ說ノミ余カ既ニ述タルカ如ク婚姻ハ固契約ニ基クモノナリト雖トモ婚姻自身ハ決シテ契約ニアラサルコトハ明カニシテ從テ其之レカ爲メニ婦女ノ權利義務ノ夫ニ移轉スルモ亦契約ニ依ルニアラスシテ男女身分ノ變更ニ依ルモノナリ男女身分ノ變更ハ即チ法律ノ作用ニ依ルモノナルヲ以テ婦女ノ權利義務カ結婚ニ由テ夫ニ移轉スルハ法律ノ作用ニ由テ對人權ノ移轉スル最モ著

シキ例ト謂ハサルヘカラス但シ英國ニ於テハ去ル一千八百八十二年既婚婦財産條例ヲ設定シ既婚婦ト雖トモ特別ニ財産ヲ所有シ又夫ト獨立シテ契約取引ヲナスコトヲ許シタルヲ以テ今日トナリテハ婦女カ獨身ノ時有シタル權利及ヒ負フタル義務ハ其結婚ニ由テ悉ク皆夫ニ移轉スト云フコトヲ得スシテ現ニ其移轉セサルモノ甚タ多シト知ルヘシ

(二)、倒産者ノ權利及ヒ義務ハ倒産處分ニ由テ管財人ニ移轉ス

倒産者ノ其未タ倒産處分ヲ受ケサルノ前有シタル權利及ヒ負フタル義務ハ其倒産處分ヲ受ケタルト同時ニ管財人ニ移轉スヘキモノニシテ倒産者自身ハ一切

之レニ干與スルコトヲ得サルモノトス故ニ倒産者ニシテ其未タ倒産處分ヲ受ケサルノ前他人ニ貸付ケ置キタル金錢アルカ又ハ他人ヨリ借受ケタル金錢アレハ其債主權若クハ負債主タル義務ハ倒産處分ト同時ニ管財人ニ移轉スヘキナリ尤モ斯クノ如キ場合ニ在テハ管財人ニ移轉スト謂ハンヨリ寧ロ倒産者ノ財産ニ移轉スト謂フ方却テ適當ナルヲ信ス何トナレハ倒産者ノ財産ハ法律ニ於テ一種ノ擬爲人ト見做シ管財人ハ其擬爲人ニ代リテ事ヲ處理スルニ止マルモノナレハナリ

(三)、人ノ權利及ヒ義務ハ其死去ニ由テ相續人又ハ管財人ニ移轉ス人ノ死去シタル後ハ其生前ニ有シタル權利及ヒ義務ハ其相續人若クハ管財人ニ移轉スルハ恰モ倒產處分ノ時ト同一理ニシテ其權利及ヒ義務ハ寧ロ死者ノ財產ニ移轉スト謂フ方適當ナルヘキナリ何トナレハ此場合ニ在テモ法律ハ死者ノ財產ヲ以テ一種ノ擬爲人ト見做セハナリ

（四）、連帶契約者ノ一人死去シタルトキハ其生前ニ屬シタル權利及ヒ義務ハ相續人ニ移轉セスシテ殘存ノ連帶契約者ニ移轉ス

今玆ニ甲乙丙丁ノ四人アリ戊ヨリ金一萬二千圓ヲ借受ケ共ニ各々三千圓宛ヲ使用シタルノ後甲者死去シタリトセンカ即チ甲者ノ負擔スヘキ義務ハ乙丙丁ノ

三八ニ移轉シテ甲者ノ相續人ニハ相傳ハラサルカ如シ

右列記シタルモノハ即チ法律ノ作用ニ由テ對人權ノ移轉スル場合ニ屬スル重要ナルモノトス倘ホ之レヲ外ニシテ不動産ノ讓渡シト共ニ對人權ノ移轉スル場合等アリト雖モ茲ニ之レヲ省略スヘシ斯クノ如ク夫レ法律ノ作用ニ由テ對人權ノ移轉スルコトアリト雖トモコハ只右列叙シタルカ如キ格段ナル場合ニ在リテ眷族ノ關係ヨリ生スル權利義務例ヘハ夫ノ妻ニ對シ又ハ妻ノ夫ニ對スル權利義務ノ如キ契約者ノ身上ニ直接ノ關係ヲ有スル權利義務例ヘハ結婚ノ約束ヨリ生スル權利義務ノ如キ特別ノ技能ニ屬スル契約ヨリ生シタル權利義務例ヘハ書畫ノ名家ニ其揮

毫ヲ依賴シ名國手ニ診察ヲ依賴シタルニ於ケル權利義務ノ如キハ法律ノ作用ニ由テ以テ移轉スルモノニアラサルナリ

(第二)對手ノ所爲ニ由テ對人權ノ移轉スル場合　對手ノ所爲ニ由テ以テ對人權ヲ移轉セシムルコトニ付テハ古昔ヨリ法律ノ制限頗ル嚴密ニシテ現ニ英國慣習法ニ於テハ對人權ハ對手ノ所爲ニ由テ他ニ移轉セシムルコトヲ得ストナセリサレハ對人的ノ權利ハ權利者ノ死去ト共ニ消滅ス(Personal right dies with the Person)ト云ヘル古來ヨリノ法語モアリテ對人的ノ權利ハ決メ權利者已外ニ之ヲ移スコトヲ得サルモノトナセシナリ故ニ若シ對人的ノ權利ヲ他ニ讓渡スコトアルモ元ノ權利者ハ法律上依然其權利ヲ有シ居ルヲ

以テ事實上ヨリ謂フトキハ全ク讓渡シタルノ實アルニ拘ラス矢張讓渡人ノ名義ヲ以テ義務者ニ對シ起訴スルコトヲ許セリ斯クノ如ク夫レ對人的ノ權利ヲ移轉スルコトニ付キ嚴密ノ制限ヲ加ヘタルハ果シテ何等ノ理由ニ基因セルヤ今ニ於テ探究スルニ途ナシト雖ヒ實際上其不便ヲ感スルコト少ナカラサルヨリ衡平法ノ起ルニ及ンテ契約者ノ身上ニ直接ノ關係ヲ有スル契約又ハ契約者ノ特別ノ技能ニ關スル契約上ノ權利ヲ除クノ外ハ都テ對手ノ所爲ニ由テ以テ之レヲ他ニ移轉スルコトヲ得ルモノトナスニ至レリ然レトモ是レトテモ權利者ニ於テ悉リニ之ヲ移轉スルコトヲ得ルニアラスシテ二箇ノ制限アリ其制限トハ何ソ即チ第一權利移轉ノコトハ必ス之ヲ義務者ニ通知セサ

ルヘカラス第二權利ノ讓受人ハ其讓渡人ニ勝リタル地位ニ立ツコトヲ得ストノコト是レナリトス故ニ若シ義務者ニ權利移轉ノコトヲ通知セサルトキハ讓渡人及ヒ讓受人ノ間ニハ讓渡シノ効アリト雖トモ義務者ニ對シテハ其効ナキヲ以テ若シ義務者ニシテ其義務ヲ讓渡人ニ辨償シタルニ於テハ最早讓受人ニ對シテハ其義務ヲ負擔スルコトナシ尤モ讓渡人ハ其辨償ヲ受ケタル義務ハ之レヲ讓受人ニ引渡サヽルヘカラサルコト明カナリ之レニ反シテ義務者若シ通知ヲ受ケナカラ其義務ヲ讓受人ニ辨償セスシテ讓渡人ニ辨償シタルトキハ讓受人ニ對スルノ義務ハ尙ホ依然存在スルモノトス而シテ又讓受人ハ讓渡人ニ勝リタル地位ニ立ツコトヲ得ストハ即チ例ヘハ玆ニ甲者アリ乙

者ニ金千圓ヲ貸付ケ置キタルニ甲者ハ又乙者ヨリ百圓ヲ借受ケ居レリトセンカ甲者カ乙者ニ對シ其義務ノ執行ヲ要求スルトキハ乙者ハ百圓ノ相殺ヲ請求スルコトヲ得ヘシ故ニ若シ甲者ニシテ其債主權ヲ丙者ニ讓渡シタルトキニ於テモ乙者ハ其讓受人ニ對シ相殺ヲ請求スルコトヲ得テ讓受人ハ之レヲ拒ムコトヲ得サルカ如キ是ナリ

已上講述セルカ如ク英國ニ於テハ慣習法ト衡平法ト其規ヲ異ニシタリト雖トモ一千八百七十三年司法條例ノ制定已來慣習法ト衡平法トノ區別ヲ廢止シ互ニ相牴觸スルノ事項アルトキハ都テ衡平法ニ據ルコトヽナシタルヲ以テ今日ニ在テハ英國法ニ於テモ二箇ノ制限ニ屬シテ以テ對人的ノ權利ヲ移轉スルコトヲ得ルモノトナセルナリ夫レ

然リ然リト雖𪜈此二箇ノ制限尙ホ未タ讓渡上不便ヲ感スルコト少ナシトセス是ヲ以テ流通證書ノ場合ニ在テハ讓受人ハ義務者ニ對シテ權利移轉ノ通知ヲナスヲ要セサルノミナラス讓渡人ニ勝ルノ地位ニ立ツコトヲ得ルモノトセリ

偖又義務ノ移轉ニ付テハ如何ト云フニ是レ亦決シテ他人ニ移轉スルコトヲ得サルモノトス畢竟權利者ハ義務者ヲ信用シテ契約取引ヲナシタルモノト見做シ得ヘキヲ以テナリ然レトモ契約取引ノ事柄ニシテ特別ノ熟練ヲ要スルモノヽ外ハ必スシモ義務者自身ニ於テ其義務ヲ履行セサルヘカラスト云フニハアラスシテ第三者ヲシテ之レヲ爲サシムルト雖トモ敢テ差支ヘナキコトヽ知ルヘシ然ルニ

茲ニ一ノ注意ヲ要スヘキハ義務更改ノ場合是レナリ、義務更改トハ英語之レヲ「ノベーション」ト稱シ義務者カ權利者ノ承諾ヲ得テ其義務ヲ他人ニ移轉スルヲ云フナリ世人往々義務更改ヲ以テ義務移轉ト同一視スルモノナキニアラスト雖トモ義務更改ハ義務者ノ一存ヲ以テ爲シ得ルモノニアラスシテ必ス權利者及義務者ト新ニ義務者タラント欲スル者トノ合意ニ依ラサルヘカラス此合意ニシテ調整スルトキハ即チ權利者及ヒ舊義務者ノ關係ハ全ク消滅シ權利者ト新義務者トノ間ニ新ニ關係ヲ生スルモノナルヲ以テ義務移轉ニアラスシテ新ニ義務ヲ生シタルモノト謂ハサルヘカラス故ニ義務更改ヲ以テ直チニ義務移轉ト見做シ義務ハ移轉スルコトヲ得ルモノトナスカ如キ臆斷ヲ

ナスヘカラサルナリ

第二、對人權ノ消滅

余ハ既ニ講義ノ時々特別ノ契約ヨリ結果シタル法鎖ノ解除スル方法ノ一二ヲ述ヘタルコトアリト雖トモ尚ホ玆ニ對人權ノ消滅スル方法ヲ一般ニ講究スルヲ要ス而シテ其方法ヲ大別スレハ(一)義務履行(二)義務履行ヲ妨遏スル事件(三)義務履行ノ代リニ他ノ事柄ヲナス時(四)義務ノ解除(五)義務不履行是レナリトス請フ是レヨリ此五方法ニ付追次其要領ヲ講述スヘシ

(一)義務履行　義務者ニ於テ義務ヲ履行シタルトキハ之レニ對スル所ノ權利ノ消滅スルハ固ヨリ當然ノコトニシテ別ニ說明ヲ要セス又時トシテハ第三者ニ於テ義務ヲ履行

シタル場合ニ在テモ權利ノ消滅スルコトナシトセサルナリ例ヘハ羅馬法ニ於テハ第三者ヨリ義務者ノ負債ヲ支拂ヒタル時ニ在リテモ之レニ對スル權利ハ消滅スルモノトナシ而シテ其第三者ノ支拂ヒタルコトヲ義務者ニ於テ知リタルト否トヲ問ハサルカ加シ

(二)義務履行ヲ防遏スル事件　義務ノ履行ヲ防遏スル事件ハ之レニ對スル對人權ヲ消滅セシム今其場合ノ重要ナルモノヲ擧クレハ左ノ如シ

第一、義務者ニ限リテ其義務ヲ履行シ得ルノ能力ヲ有シ他人ノ代リテ履行スル能ハサル場合ニ於テハ其義務者ノ死去ト共ニ其義務消滅シ從テ之レニ對スル權利ヲ消滅セシム例ヘハ有名ナル畫家他人ヨリ依賴ヲ受ケテ揮毫ヲ約スルコトアランカ是レ即チ其書家ニ固有ナル特別ノ技術ヲ目的トスルモノナルヲ以テ其書家ニシテ死去セハ揮毫ノ義務消滅シ從テ依賴人ノ權利モ消滅スルカ如シ

第二、古代羅馬法ニ依レハ一家長ノ下ニ在ル者ニシテ若シ他家ノ養子トナルニ於テハ其人ノ負擔ニ係ル義務ハ悉ク消滅シ從テ之ニ對スル權利ヲ消滅スルモノトナセリ

第三、權利者及ヒ義務者ノ兩人カ同一トナリタルトキニ於テハ時ニ或ハ其權利及ヒ義務ノ消滅スルモノトナシ時ニ或ハ單ニ權利ノ實行ヲ中止スルモノトナス

第四、義務ノ履行ニシテ特定ノ物件ニ關スルモノナルト

キ其義務者ノ過失アルニアラスシテ其物件消滅シタルニ於テハ對人權モ亦消滅ス例ヘハ料理店ノ主人某日ニ座敷ヲサセンコトヲ約シ其後ニ至テ其料理店燒失シタリトセハ其主人カ客ニ對スルノ義務消滅シ從テ客ノ主人ニ對スル權利ヲ失フカ如シ

第五、義務者身代限トナリタル時ハ其義務者ノ服從スヘキ法律ノ異ナルニ依リ其身代限トナリタル後ハ全ク元ノ義務ヲ免ルヽコトアリ或ハ其一部分ヲ免カルヽコトアリ

第六、裁判所ニ於テ契約ノ取消ヲ言渡サレタル時ハ該契約ヨリ生シタル權利及ヒ義務ハ凡テ消滅ス

第七、結約者雙方其國ヲ異ニシタル場合ニ於テ兩國戰爭

ヲ開キタルカ爲メ其契約ノ履行ハ之レヲ爲シ得ヘカラサルモノトナリタルトキハ對人權モ亦從テ消滅ス

(三)義務履行ノ代リニ他ノ事柄ヲ爲ス時　義務履行ノ代リニ他ノ事柄ヲ爲シ以テ其義務ヲ免カレ從テ對人權ヲ消滅セシムル場合ノ重要ナルモノハ左ノ如シ

第一、金圓ヲ支拂フヘキ義務ヲ有スル者ニシテ其金圓ヲ提供シタルトキハ該義務幷ニ之レニ對スル權利ハ當然消滅ス但義務者タルモノハ其金圓ヲハ相當ノ場所ニ提供スルヲ要ス其所謂相當ノ場所ハ國々ノ法律ニ依テ異ナリ英國ニ於テハ裁判所ヲ以テ相當ノ場所トナシ羅馬及ヒ佛蘭西法ニ於テハ別ニ之ヲ提供スヘキ官衙ヲ設ク本邦ニテハ別ニ制度ナクシテ現今治安裁判所ニ於テナ

スコトナレトモ往々不便ヲ免レサルモノ、如シ
第二、權利者義務者ノ私和ニ依テ對人權ノ消滅スルコトアリ即チ義務者ヨリ其義務ノ幾部ヲ履行シ殘餘ハ權利者ヨリ其履行ヲ請求セサルノ約束ヲ爲ス場合ノ如キ是レナリ然レトモ其殘餘ニ付之レヲ要求セサルノ契約タル義務ノ幾部ヲ履行セサルニ於テモ其義務ノ全部ヲ免除スルノ効力アルモノタルヲ要ス故ニ古代ノ英國法ニ於テハ義務ノ全部ヨリ少キ支拂ハ決シテ其全部ヲ免除スルノ効ナシト判決セリ
第三、金錢ヲ支拂ハサルベカラサル義務ノ代リニ他ノ物品ヲ提供シ權利者ニ於テ之レヲ受取リタルトキハ其義務消滅ストノ事ニ付テハ久シク學者間ノ議論ヲ招キタ

レトモ羅馬法學者ハ終ニ其正確ナルコトヲ認メタリ英國法ニ於テモ例ヘハ茲ニ一ノ負債主アリ債主ニ對シ其負債ヲ償却スルノ代リニ馬或ハ其他ノ物品ヲ提供シ債主之レヲ承諾シテ受取リタルニ於テハ其代リニ提供シタル物品ノ價格負債ノ高ヨリ少ナキ場合ト雖トモ金錢ニテ支拂シタル場合ト同シク効力アルモノトナセリ

第四、舊義務ニ代フルニ新義務ヲ以テスル場合即チ前既ニ述ヘタル義務更改ノ場合ニ於テハ舊義務ニ對スル權利消滅シ新ニ新義務ニ對スル權利ヲ生スルモノトス

第五、對人權ハ義務ノ相殺ニ依テ消滅ス義務相殺ハ即チ結約者雙方ヨリ爲シタル想像ノ履行ニシテ例ヘハ甲乙二人アリ甲ハ乙ニ對シ金百圓ノ負債アリ乙ハ甲ニ對シ

又金百圓ノ負債アリ甲乙互ニ權利者タリ又義務者タルニ於テハ正當ニ云フトキハ甲ハ乙ニ金百圓ヲ辨償シ乙ハ甲ニ更ニ金百圓ヲ辨償スヘキ筈ナレトモ實際上ヨリ見レハ是レ只ニ空ノ手續ニ屬スルヲ以テ法律ハ便宜上斯クノ如キ無用ノ手續ヲナサシムルヲ要セス甲乙相互ノ間ニ其義務ノ辨償ヲナシタルモノト想像スルヲ許スコトアリ法律上之レヲ稱シテ義務ノ相殺ト云フ即チ相殺ハ實際義務ヲ履行シタルト同一ノ効力アルカ故ニ從テ之レニ對スル權利ヲ消滅セシムルナリ

（四）義務ノ解除　契約ハ固對手雙方ノ合意ニ基テ成立スルモノナレハ之レヲ解クニ當リテモ雙方ニ於テ法鎖ヲ解クノ合意サヘアレハ更ニ差支ナカルヘキモ實際ニ付テ見ル

トキハ只ニ合意ノミヲ以テ契約ヲ解クコトヲ許サヘルコトアリ例ヘハ英國法ニ據ルトキハ詐欺條例ニ依テ書面ヲ以テ締結スヘキ契約ノ如キ又其他捺印證書ヲ以テ締結スヘキ契約ノ如キハ何レモ其之レヲ締結シタルト同一ノ方法ニ依ルニアラスンハ契約ヲ解クコトヲ許サヘルナリ即チ捺印證書ニ依リタル契約ハ捺印證書ニ依リ書約ニ依リタル契約ハ書約ニ依テ解除スヘキモノトナセリ又古代ノ羅馬法ニ據ルモ契約ハ總テ之レヲ締結シタルト同一ノ法式ヲ用ユルニアラサレハ解除スルコトヲ得サルモノトナシタルカ故ニ「マンチシペーシヨ」ノ手續ニ依テ締結シタル口約ハ之レヲ解除スルニモ「マンチシペーシヨ」ノ手續ヲ用ヒシメタルナリ只茲ニ一言スヘキハ英國法ニ於テハ常種

契約ヲ解除スルニ當リ新ナル契約ノ有効無効ハ約因ノ有無ニ因テ之レヲ決スルモノトナシ若シ解除スヘキ契約ニシテ對手雙方ニ於テ未タ履行セサル前ナレハ單ニ雙方ニ於テ其之レヲ解除スルノ合意ノミアレハ解除ノ契約ヲ以テ有効ノモノトナセトモ若シ之レニ反シ對手ノ一方ニ於テノミ已ニ義務ヲ履行シタルモ他ノ一方ニ於テハ未タ義務ヲ有スル場合ニ其契約ヲ解除セントスルニハ新ナル約因ナカルヘカラストナセルコト是レナリ近來ノ理論ニ據ルトキハ契約ニハ約因ヲ要セストノコトナリ此理論ニシテ果シテ正鵠ヲ失ハサルモノトナスニ於テハ契約解除ノ時ニ限リテ約因ヲ要ストハ云フヘカラスシテ單ニ雙方ノ合意アレハ即チ以テ其契約ヲ解除スルニ足ルヘキナリ若

シ又契約解除ノ時新ナル約因ヲ要スルノ英國現行法ヲシテ却テ正鵠ノモノトナサンカ是レ契約解除ト云ハンヨリ寧ロ義務更改ト云フノ適當ナルニ若カサルモノヽ如シ何トナレハ新ニ約因ヲ要ストスハヽ新ニ義務ヲ作爲スルニ異ナラサレハナリ

(五)義務ノ不履行　義務者ニシテ其義務ヲ履行セサルトキハ權利者ニ救濟權ヲ生スルト共ニ原權ヲ消滅セシムルモノトス何トナレハ義務者ノ其義務ヲ履行セサルハ即チ權利者ノ原權ヲ破リタルモノナレハナリ是レ別ニ説明ヲ要セスシテ原權及ヒ救濟權ノ性質ヲ明カニセハ自カラ明瞭ナルヘシ

法理學講義　第十五回

法學士　江木衷講述
粟生誠太郎筆記

第十四章　私法中ノ救濟權

余曩キニ權利ノ類別ヲ講述シタルノ當時權利ニハ原權及ヒ救濟權ノ區別アリテ原權トハ人類ノ行爲ノ爲メニ存スル者ニシテ即チ或種ノ事業ヲ爲シ得ルノ權救濟權トハ其原權ノ毀損ヲ受クルニ當リ之レヲ救正スルニ起ルノ權ニシテ法律ハ結果ヨリ起ルモノタルコトヲ論シタリ而シテ前章マテニ講述シタル所ハ即チ私法中ノ原權ニ屬スヘキ各種ノ權利ニ在リタルヲ以テ此章ニ於テハ私法中ノ救濟權ニ付其大要ヲ講述セントス

夫レ一ノ原權ヲ毀損セラレタル時ニ當リ權利者及ヒ義務

者ノ間ニ新ニ法律上ノ關係ヲ生セサルニ於テハ其毀損セラレタル原權ハ法律上ニ所謂權利ニアラサルナリ其原權ニシテ苟モ法律上ノ權利タル已上ハ其之レヲ毀損セラレタル時ハ必ス權利者及ヒ義務者ノ間ニ新ニ法律上ノ關係ヲ生セサルヘカラス語ヲ換ヘテ云ヘハ新ニ權利義務ヲ生セサルヘカラサルナリ例ヘハ甲者アリ乙者ノ爲メニ其所有權ヲ毀損セラレタリトセンカ甲者ハ乙者ニ對シ訴ヲ起シ以テ其蒙リタル損害ノ賠償ヲナサシムルノ權利アルカ如キハ甲者ノ毀損セラレタル所有權カ法律上ノ所謂權利ナルカ故ナリ若シ之レニ反シテ甲者ハ乙者ヲシテ其損害ノ賠償ヲナサシムルノ權利ナキニ於テハ甲者ノ毀損セラレタル所有權ハ法律上ノ所謂權利ト云フヘカラサルナリ」

昔時蒙昧ノ時代ニ在テハ今日ノ如ク國家主權者ノ如キモノアルニアラス又今日ノ如ク司法制度ノ如キモノアルニアラサリシヲ以テ人ノ爲メニ損害ヲ受クルモ身體ヲ毀傷サル丶モ之レカ救濟ヲ受クルノ途ナク單ニ復讎ニ由テ以テ聊カ滿足ヲ購ヒタルニ止マルノミ此故ニ腕力ニ強キ者ハ人ノ爲メニ損害ヲ蒙ルコトアルモ能ク其損害ニ代ハルヘキ事ヲナスヲ得タリト雖𪜈腕力ニ弱キ者ハ到底其損害ニ代ハルヘキ事ヲナスヲ得サリシヲ以テ所謂弱ノ肉ハ強ノ食トナルノ有様ナリキ此時ニ當テハ人ニ權利職務ノ思想アルニアラス從テ又各人ノ權利ハ平等ナルモノタリト想ノ思想モ之レナカリシナリ然ルニ世運漸ク進ミ社會ハ腕力ノ強弱ニ由テ安寧ヲ保維シ得ヘキモノニアラストナス

ノ思想發達シテ已來治者被治者ノ別判然シ國家政府ヲ組成スルニ至リタルト共ニ法律ノ思想モ漸次發達ヲ促シ又人ハ法律ニ依テ以テ權利ヲ得ルト共ニ其權利ヲ毀損セシムルトキハ同シク法律ニ依テ以テ之レカ救濟ヲ受クヘキモノタルヲ知ルニ及ンテ司法ノ制度漸次完備ヲ告ケ即チ今日ノ如ク權利ヲ毀損セラレタルモノアルトキハ國家ノ權力ニ依テ之レヲ救濟スルノ途ヲ生スルニ至リタルナリ而メ歷史ニ徵シテ評カニ今日ノ如キ救濟權アルヲ見ルニ至リタルノ沿革ヲ案スルニ第一ハ復讎ノ主義ニ由テ救濟ヲ得タル時代是レナリ歷史ニ徵シ此當時ノ有樣ヲ追想セハ一人ニテ能ク復讎ノ目的ヲ達スル能ハサル時ハ一家協力シ一家協力シテ尚ホ其目的ヲ達セサルニ於テハ一族相

合シテ以テ之ヲ達スルコトヲ務メタルモノ、如シ第二ハ國家ノ權力ニ由テ救濟ヲ得タルモ傍ラ被害者ニ復讎ヲ爲スヲ許シタル時代是レナリ第三ハ被害者ノ起訴ニ由テ國家ノ權力ヲ以テ救濟スルノ時代ニシテ復讎ノ主義ヲ全ク許サヽルモノ是レナリ是レ即チ近世法律思想ノ漸ク發達シタル時代ノ制度ニシテ若シ權利ヲ毀損セラレタルモノアリタルトキハ一ニ國家ノ權力ニ依テ以テ之レヲ救濟シ傍ラ將來ニ於テ他人ノ權利ヲ毀損スルカ如キコトナカラシムルノ手續ヲナスナリ然リ而シテ其之レヲ救濟スルノ目的ハ固被害者ヲシテ舊位地ニ復セシムルニ在リト雖モ場合ニ依テハ被害者ヲシテ全然舊位地ニ復セシムルコト能ハサルコトアルヲ以テ斯クノ如キ場合ニ於テハ爲害者

ヲシテ其被害者ノ蒙リタル損害ニ相當スル所ノ賠償ヲ爲サシムルノ外途ナキモノトス

余カ既ニ述ヘタルカ如ク原權ニハ對世權及ヒ對人權ノ二種アリト雖モ救濟權ニ至テハ概子皆ナ對人權ニシテ救世權ニハ對世權ナシト云フモ敢テ不可ナキナリ時ニ或ハ差押權又ハ海軍裁判所ニ於テ執行スヘキ或ル權利ヲ以テ對世權ニ屬スル救濟權トナスモノアリト雖モ是レ決シテ救濟權ニアラスシテ眞正ノ救濟權ヲ得ルノ手續タルニ過キサルモノトス夫レ然リ而シテ救濟權ハ即チ原權ニ屬スル所ノ對世權若クハ對人權ヲ毀傷スルニ由テ生スルモノニシテ英國法ニ據ルトキハ其對人權ヲ毀傷スルノ所爲ハ專ラ契約法ニ論シ其對世權ヲ毀傷スルノ所爲ハ之レヲ私犯

ト稱シテ私犯法ニ論スルヲ常トス世人往々罪惡ト私犯ト
ノ區別ヲ混雜スルモノナキニアラスト雖モ罪惡ハ國家ノ
公權利ヲ犯スノ所爲ニシテ私犯ハ私權利中ノ對世權ヲ犯
スノ所爲ナルヲ以テ二者ノ間即チ犯ス所ノ權利ヲ異ニシ
判然區別スル所ナカルヘカラス尤モ毆打ノ如キ讒謗ノ如
キ一ノ所爲ニシテ罪惡トモナリ又私犯トモナルモノナキ
ニアラサレトモ是レ則チ一ノ所爲ニ依テ同時ニ二種ノ權
利ヲ犯シタルモノタルヲ知ルヘキナリ然ルニ世間ニテハ
罪惡ト私犯トノ區別ヲ以テ單ニ訴訟手續ノ相違ニ基クモ
ノトナシ或ハ制裁ノ相違ニ基クモノトナシ或ハ爲害者ノ
念慮ノ如何ニ基クモノトナスモノアリト雖モ是等ノ諸説
皆ナ未タ私犯ノ性質ヲ明カニセサルノ罪ニシテ採ルニ足

ラサルモノトス只世運ノ進歩シ人事ノ複雜トナルニ從テ昔時私犯ノミヲ以テ論シタル所爲モ後世ニ及ンデハ罪惡トシテモ之ヲ論スルニ至リタルコトアルハ疑ヲ容ルヘカラス

抑モ私犯ニ屬スヘキ犯行ヲ類別スルニ當テハ種々ノ方法アリト雖モ今之レヲ大別セハ左ノ五種トナスコトヲ得ヘシ其五種トハ何ソ即チ

一、爲害者ノ意思ノ有樣ニ由ルノ方法
二、被害者ノ意思ノ有樣ニ由ルノ方法
三、犯行ノ手段ニ由ルノ方法
四、被害者ノ實際ニ蒙リタル損害ノ有無ニ由ルノ方法
五、犯シタル權利ノ性質ニ由ルノ方法

是レナリ學者私犯ニ屬スヘキ犯行ヲ類別スルニ當テ各々其採ル所ノ方法ヲ異ニストモ要スルニ第一及ヒ第五ノ方法ヲ採ルモノ最モ多シトナス而シテ若シ余ヲシテ之カ類別ヲナサシメハ第一ノ方法ニ由ラントスルモノナリ其故何トナレハ第五ノ方法即チ犯シタル權利ノ性質如何ニ由テ之レカ類別ヲナストキハ往々ニシテ明確ナル類別ヲナスコト能ハサレハナリ例ヘハ誹譏ト云ヘハ名譽權ニ對スルノ犯行トナスヘキカ誹譏ハ必スシモ名譽權ニ對スルノミナラス時ニ或ハ財產權ニ對スルコトアリ又詐欺ト云ヘハ財產權ニ對スルノ犯行トナスヘキカ時ニ或ハ身體權ニ對スルコトアル等ノ不都合ヲ生スルニ至ルカ如シ之レニ反シテ第一ノ方法即チ爲害者ノ意思ノ有樣ニ由テ之レ

ヲ類別スルトキハ意思アル場合意思ナキ場合ト云フカ如ク判然之レヲ區畫スルコトヲ得ヘシ此類別ノ方法ニ付テハ尚ホ講述スヘキコト多シト雖モソハ此章ノ主眼トスル所ニアラサルヲ以テ只事ノ序ニ玆ニ論及シタルマテニシテ餘論ハ却テ之レヲ省クヘシ

救濟權ノ移轉ニ付テハ如何ト云フニ前章ニ於テ既ニ講明シタルカ如ク對人權ニ屬スル原權ハ容易ニ之レヲ移轉スルコトヲ得サルモノトナセリ而シテ救濟權ニ至テハ此規則尚ホ一層嚴密ニシテ救濟權ハ概シテ之レヲ移轉スルコトヲ得スト云フモ敢テ不可ナカルヘシ即チ對人的ノ訴權ハ其人ノ死ト共ニ消滅ス（Actio Pekonalismoritur cum pekona）トノ法語モ此意ヲ示スニ外ナラサルナリ

偖又救濟權ハ如何ナル場合ニ於テ消滅スルモノナルヤト云フニ大別セハ左ノ四場合トナスヲ得ヘシ此四場合中ニハ對人權ニ屬スル原權ノ消滅スル場合ト相符合スルモノアリ

第一、免除　權利者ハ方式即チ捺印證書等ニ依テ以テ起訴權ヲ放棄スルコトアリ或ハ又書約ニ由テ起訴セサルヘキコトヲ認メタル書面ヲ義務者ニ與ヘテ其起訴ヲナスノ權利ヲ放棄スルコトアリ或ハ又義務履行ノ代リニ他ノ所爲ヲナスヘキコトヲ約シテ一方ノ義務ヲ免除スルコトアリ或ハ又權利者ニ於テ義務ノ所爲ヲ追認シ救濟權ヲ放棄スルコトアリ

第二、義務者ノ身代限　義務者ニシテ身代限ヲナス已上

ハ權利者ノ救濟權ハ之レト共ニ消滅ス

第三、相殺　權利者及ヒ義務者間ニ義務ノ相殺ヲナスニ於テハ救濟權モ從テ消滅ス

第四、沒入　救濟權ハ原權ヲ毀傷シタルニ由テ生スル權利ニシテ即チ起訴スル權利ナリト雖モ一旦起訴シテ其裁判ヲ得既ニ裁判所ノ記錄ニ登裁ヲ經タルニ於テハ自カラ消滅ス換言セハ救濟權ハ裁判ノ爲メニ沒入セラルヽナリ

第四、出訴期限經過　救濟權ハ出訴期限ノ經過ニ由テ消滅スルハ論ヲ待タサレトモ只其出訴期限ノ長短若クハ之カ起算ノ方法ニ至テハ各國其法ヲ異ニセリ

此四ツノ塲合ハ即チ救濟權ノ消滅スル重ナル者ナリトス

又救濟權ハ消滅セサルモ中止ノ姿ニアル場合アリ例ヘハ一事件ヲ一ノ裁判所ニ提出シタル時若シ同一ノ事件ニシテ他ノ裁判所ニ於テ審理中ナル時ハ之レヲ受理スルコトヲ拒ミ又一事件ニシテ民刑ニ渉ルモノナルトキハ先ツ刑事ノ裁判ヲ經タル後ニアラサレハ民事ノ裁判ヲナサヽルカ如キ場合是レナリ

法理學講義　第十六回

法學士　江木衷講述　粟生誠太郎筆記

第十五章　私法中ノ變格法

前回マテニ於テ余ハ正格トシテ權利ノ各種類ヲ講了シタルヲ以テ今回ハ身分ノ變格ニ由テ右等各種ノ權利ニ如何ナル効果ヲ生スヘキヤヲ論スヘシ然ルニ余ハ既ニ此講義第九章ニ於テホルラント氏カ物ニ屬スル法律ト人ニ屬スル法律トノ古來ヨリノ分類ヲ排斥シ代ユルニ正格及ヒ變格ノ語ヲ以テ之レカ區別ヲ爲シ其正格トナス所ノ者ニ於テハ物又ハ行爲ヲ論シ其變格トナス所ノ者ニ於テハ人ニ關スル事柄ヲ論スルモノトナシタルコトヲ說キ且ツ此區別ハ却テ當ヲ得タルモノナルコトヲモ述ヘ置キタリシヲ

以テ今此章ニ於テモホルラント氏ノ說ニ從ラ私法中變格法ノ大要ヲ講述シ前回マテニ講述シタル正格法ト相應照セシメント欲ス

夫レホルラント氏カ物及ヒ行爲ニ屬スルモノヲ正格トナシ人ニ屬スルモノヲ變格トナシタル所以ノモノハ他ニ在ラス人ニ付テ論スヘキモノハ其數至テ寡少ニシテ權利者及ヒ義務者ノ身分ヲ論スルニ過キス且ツ其權利者義務者ノ身分ハ同一ノ法律ニ依準シテ之レヲ支配シ得ヘク特ニ其人丁年已上ノ男子ニシテ國民ノ資格ヲ有スル者ナラハ契約ヲ爲スニ於テモ又別ニ論スヘキモノナシト雖モ物及ヒ行爲ニ至テハ其論スヘキコト饒多ニシテ且ツ重大ナリトナスコト是レナリトス而シテホルラント氏ハ身分ヲ解

釋シテ日ク身分トハ權利者義務者ニ對シテ執行シ得ヘキ行爲ニ關スルコトナキ性質ヨリ生出スル一個人タル資格ノ變例ニシテ法律上一定シタル者ナリト此説ニシテ果シテ正鵠ヲ失フコトナクンハ變格法ハ則チ一個人タル資格ノ變例ヲ論スルモノタルコト明カナリトス今此變例ヲ大別セハ擬爲人即チ無形人ニ屬スルモノト自然人ニ屬スルモノトノ二トナスコトヲ得ヘシ

第一　擬爲人

擬爲人ハ一ニ無形人ト稱シ通常政府ノ特許又ハ議院特別ノ條例ニ由テ以テ成立スルモノナリト雖モ近世ニ及ンテハ特ニ條例ヲ以テ擬爲人ヲ組成スヘキ條件ヲ定メ其條件ニ適合スルモノハ別ニ特許ヲ要セス法律上擬爲人トナス

ニ至レリ而シテ其所謂擬爲人トハ果シテ如何ナル性質ノモノナルヤト云フニ古來ヨリ學者各々其說ク所ヲ異ニスト雖モ就中最モ著名ナルモノヽ一二ヲ擧ケンニマーシヤル氏ハ擬爲人ヲ以テ見ルヘカラス觸ルヘカラサル所ノ無形人ニシテ單ニ法律ノ思想ニ於テノミ成立スルモノナリト說キキッド氏ハ多數一個人ノ集合ヲ以テ特別ノ稱號ノ下ニ一体ヲ爲シテ永遠相續シ且ツ法律ノ政畧上種々ノ點ニ於テ一個人ノ資格ヲ有スルモノナリト論シタリ是等ノ諸說固ヨリ多少擬爲人ノ性質ヲ明カニシタルモノナレトモ未タ以テ全ク盡クシタリト謂フヘカラス夫レ擬爲人ハ全ク自然人ノ集合ニ成ルモノアリ或ハ全ク擬爲人ノ集合ニ成ルモノアリ或ハ又自然人ト擬爲人トノ集合ニ成ル

モノアリテ擬爲人自カラト其之レヲ組成スルモノトハ互ニ相離ルヘカラスシテ之レヲ組成スル所ノ者アレハコソ擬爲人モ成立スルニ相違ナシ換言セハ擬爲人ハ組成者ト獨立シテ存在スルモノニアラス然レトモ既ニ擬爲人ノ成立シタル已上ハ法律ニ於テハ其組成者トハ別ニ一ノ想像人ヲ認ムルコト、知ラサルヘカラス故ニ擬爲人ノ財産ト云ヘハ其組成者ノ財産ニアラスシテ法律ニ認ムル所ノ想像人ノ財産ナリ又擬爲人ノ權利義務ト云ヘハ其組成者ノ權利義務ニアラスシテ法律ニ認ムル所ノ想像人ノ權利義務ナリ例ヘハ法律ニ於テ擬爲人ト認ムル所ノ會社ノ責任ヲ以テ有限責任トナシ其會社ノ負擔ニ付テハ社員自身ニハ責任ヲ帶サシムルコトナク會社ノ財産ノミヲ其負擔ニ

充ツルカ如キハ則チ其負擔ハ會社タル擬爲人ノ負擔ニシテ其之レヲ組成スル者ノ負擔ニアラサレハナリ

夫レ然リ然リト雖モ擬爲人ノ本性固法律ノ想像ニ止マルモノタレハ自然人ニ於ケルカ如ク自カラ働作スルコト能ハサルカ故ニ其行爲ハ常ニ代理人ノ手ニ依テ爲サヽルヘカラス是レ則チ會社等ニ役員ナル者アリテ會社タル擬爲人ニ代リテ其事務ヲ處理スル所以ナリ是ヲ以テ擬爲人ニシテ法律規則ニ違背スルコトアルモ自然人ニ於ケルカ如キ身体刑自由刑等ヲ科スルコトヲ得スシテ多クハ財產刑ヲ科スルモノトナセリ而シテ其自然人ト最モ異ナル點ノ一ハ擬爲人ニハ永遠相續ノ資格アルコト是レナリトス其所謂永遠相續トハ敢テ幾百年幾千年ヲ經ルモ永續シテ死

スルモノニアラストノ謂ニアラス擬爲人ニシテ其組成ノ不完全ナルモノ、如キハ僅々兩三年ヲ出スシテ消滅スルモノアルハ我々ノ屢々見聞スル所タリ尤モ其消滅スルニモ種々ノ原因アリテ或ハ組成者ノ員數法律ニ定ムル所ニ充タスシテ消滅スルアリ或ハ其特權ヲ放棄シ若クハ沒收セラレタルニ由テ消滅スルアリ又時トシテ成立期限ヲ定メタル擬爲人アリテ其期限ノ到着シタルニ依テ消滅スルアリ其原因一ニシテ足ラサルハ恰モ自然人ノ死去スルニ疾病ニ由ルモノアリ自殺ニ由ルモノアリ或ハ人ノ爲メニ殺害セラル、モノアルカ如シ斯クノ如ク夫レ擬爲人モ亦消滅スルコトアリト雖モ然レトモ若シ其組成ノ方法完全ニシテ法律規則ニ違背スルコトアラスンハ幾百年幾千年モ繼續スルコトヲ得ル資格ヲ有スルモノニシテ之レカ組成員新陳交代止ムコトナキモ更ニ擬爲人ノ永續ヲ妨ケサルナリ擬爲人ニハ永遠相續ノ資格アリトハ則チ此意ヲ云フニ外ナラス其他自然人ト異ナル所ノ點少ナキニアラスト雖モ格別重要ナラサレハ茲ニ之レヲ說明スルヲ要セス之レヲ要スルニ擬爲人ハ概シテ法律上自然人ト同一ノ能力ヲ有スルモノニシテ獨リ財產ヲ所有シ諸般ノ契約取引ヲ爲スコトヲ得ルノミナラス自カラ訴訟ノ原告又ハ被告トナルコトヲ得ルモノトス

右講述シタルカ如ク擬爲人ハ法律ノ想像ニ成ルモノニシテ而シテ法律カ殊更ニ斯クノ如キモノヲ想像スル所以ノモノハ畢竟必要アリテ然ルナリ其必要トハ何ソ即チ便益

ニ外ナラサレハ擬爲人ハ古來ヨリ種々ノ目的ニ由テ其成立ヲ顯出シタリ即チ政治上ノ目的ニ於テハ市府町村等ニ商業上ノ目的ニ於テハ銀行鐵道會社滊船會社等ニ擬爲人ノ資格ヲ有セシムルコトアリ其他敎育布敎惠與等ヲ目的トスル所ノ會社ニシテ擬爲人ノ資格ヲ有スルモノ少ナカラサルナリ

第二　自然人

自然人中身分ノ變更スル重要ナル原因ハ左ノ如シ

第一　性　男子ハ普通ノ能力アルモ婦女ハ普通ノ能力ナキモノトナスハ各國ノ法律概予大同小異タリ然レトモ獨身ノ婦女ハ私法ニ於テハ大抵男子ト其能力異ナル所ナシ之レニ反シテ既婚婦ニ至テハ法律ノ制限

ヲ受クルコト甚タ多シトス尤モ近世制法ノ精神ハ漸次ニ其制限ヲ弛ムルノ傾向アルヲ以テ終ニハ私法上ニ於テハ男子ト同一ノ位地ヲ保ツニ至ルヘキヲ以テ男女性ヲ異ニスルヨリ能力ニ差異ヲ見ルハ啻ニ公法上ニ止マルニ至ルヘシ

第二　年齢　未丁年ノ幼者ハ財産ヲ所有シ又ハ他人ヨリ贈與ヲ受ケ及ヒ私犯上ノ責ニ任スルノ能力アリト雖モ遺囑ヲ爲スカ如キ又ハ後見人若クハ或ル官衙ノ承認ヲ受クルコトナクシテ契約ヲ締結スルカ如キハ之レヲ爲スコトヲ得サルモノトス尤モ必要品ニ付テノ幼者ノ契約ヲ有効トナスハ例外ニ屬シ法律ニ於テ殊ニ幼者ノ利益ヲ保護シタルナリ然リ而シテ何歳マテ

ヲ以テ未丁年トナスヤハ各國其規定ヲ異ニシ或ハ二十五歳ヲ丁年トナスアリ或ハ二十歳ヲ丁年トナスアリ或ハ男女ノ性ノ異ナルニ由テ丁年トナスヘキ年齢ヲ異ニスルモノ等アリテ敢テ一定セス

第三　家長ノ配下ニ在ル事　古昔ノ羅馬法ニ於テハ家長ノ配下ニ在ルモノハ財産ノ所有權ヲ有スルコトヲ得ス又金錢貸借ノ契約ハ之レヲ爲スノ能力ヲ有セサリキ

第四　結婚　諸國ノ法律ニ據ルニ結婚ハ夫妻ノ合體ヲ生スルノ効果アルモノトシ互ニ相訴フルコトヲ許サス殊ニ相互ノ間ニ組合ノ如キ關係ヲ生シ其組合財産上ノ權力ハ概子夫ニ屬シ妻ハ之レヲ他ニ移轉スルノ

權力ナキノミナラス遺囑ヲ爲シ又ハ契約ヲ締結スルノ能力ナキモノトナセリ就中英國慣習法ハ此制限最モ嚴重ナリシモ漸次此制限ヲ解キ遂ニ一千八百八十二年制定ノ既婚婦財産條例ヲ以テ大ニ改正シタルモノヽ如シ

第五　獨身　獨身ニシテ子ナキ者ハ法律上ノ罪人トナシ罰ヲ加ヘタルノ例往々古代ノ法律ニ見ル所ナリ支那日本ニテ七去ノ一條件トシテ子ナキハ去ルト云フ法ノアリタルハ三歳ノ童兒モ知ル所ナリトス

第六　白痴瘋癲　白痴瘋癲者ハ財産ヲ所有スルコトヲ得ルト雖モ嚴密ニ論スルトキハ何等ノ法爲モ之レヲ爲スノ資格ナキモノトス尤モ國ニ依リテハ契約ノ對

手方ニ於テ其白痴瘋癲者タルコトヲ知ラサリシ場合ニ於テハ其契約ヲ有効トナスノ法アリ

第七　聾啞　羅馬法ニ於テハ聾者及ヒ啞者ハ口約ヲ爲スコトヲ得サルモノトナセリ

第八　國王　英國ノ法語ニ國王ハ惡事ヲ爲スコト能ハストヿフコトアリテ國王ニ對シテ都テ訴ヘヲ起スコトヲ得サルモノトナス外國々王又ハ其全權大使ニ對スル場合モ亦同シ

第九　土隷　土隷ハ固財産ト同一視セラルヘキモノタレハ法律上ノ權利義務ヲ有スルコト能ハス只羅馬法ニ於テハ時トシテ相續人ニ設定セラルヽコトヲ許セリ

第十　特別ノ職業　英國法ニ於テハ狀師（バリストル）ハ代言ヲ爲スニ當テ依賴人ヨリ報酬ヲ受クルノ契約ヲ爲スコトヲ得ス近世マテハ醫師モ同一ノ制限ニ屬シ居リタリキ

第十一　準死　寺院ニ隱逃シ又ハ犯罪ノ爲メニ準死トナリタル者ハ即チ死者ト看做サルヘキヲ以テ其者ニ屬シタル權利義務ハ都テ相續人ニ傳ハルモノトナセリ

第十二　私生ノ子　私生ノ子ハ親ヲ相續スルコトヲ得ルノ資格ナキモノトナスハ通常ナレトモ佛國法ニ於テハ兩親又ハ其一人ニ於テ承認スレハ相續ノ權利ヲ得ルモノトセリ但種々ノ制限アリ

第十三　宗教　或ル國ニ於テハ國教ニ背キタル者ハ權利ヲ剝奪セラルヽコトアリ例ヘハ愛蘭土ノ古法ニ據レハ五磅已上ノ馬ヲ所有スルコトヲ禁シタルカ如キ又ルーマニヤノ古法ニテハ猶太教人ヲシテ土地ヲ所有スルコトヲ得セシメサリシカ如キ是レナリ

第十四　外國人　英國ニ於テハ一千八百七十年已前ハ外國人ニ自由保有産ヲ有スルコトヲ得セシメサリキ現今日本ニ於テモ外國人ニ土地ヲ有スルコトヲ許サヽルナリ

第十五　敵國人　敵國人ト戰爭ノ間ニ締結シタル契約ハ無効ノモノトナスカ故ニ敵國人ハ其契約ニ關シテ訴ヲ起スコトヲ得サルモノトス

右列擧シタル者ハ即チ自然人ニ屬スル變革ニシテ私法中ノ變革法ニ於テ擬爲人ノコト、共ニ論スヘキ重要ノモノトナス余ハ是レニテ私法中ノ變革法ニ屬スヘキモノ、大要ヲ講了シタレハ是レヨリ續テ私法中ノ助法ニ付其大要ヲ講述シ以テ私法ノ部ヲ終ラントス

第十六章　私法中ノ助法

前既ニ述ヘタルカ如ク救濟權ハ原權ヲ毀傷セラレタルニ由テ生スル所ノ權利ニシテ國家權力ノ幇助ヲ受ケテ初メテ其効果ヲ顯ハスモノタリ然リ而シテ其國家權力ノ幇助ヲ受クルニ付テハ種々ノ方法ノ備ハルアリテ之レニ從テ順序手續ヲ經由スルニアラスンハ權利者自カラ其欲スルマ、ニ救濟權ヲ實行スルコトヲ得サルモノトス其所謂國

家權力ノ幇助ヲ受クルニ付テノ方法ヲ規定セル法律ヲ通常稱シテ助法ト云フ蓋シ主法ヲ助ケテ以テ其實効アラシムル所ノ法律ナレハナリ夫レ斯クノ如ク助法ノ文字ハ主法ノ文字ニ對シテ用ヒタルモノナレハ敢テ不適當ト云フニハアラサレトモ法律ヲ主法及ヒ助法ニ分類シテ論スルトキノ外ハ助法ト云ハスシテ寧ロ訴訟法若クハ訴訟手續ト云フノ却テ適實ナルヲ信ス而シテ其訴訟法中ニハ往々制限ヲ定メ其制限內ニ於テ權利者ヲシテ國家ノ權力ヲ借ラス自カラ救濟ヲ得セシムルコトナシトセスト雖モ其他ノ場合ニ於テハ總テ裁判所ヲシテ原告若クハ被告ノ利益ノ爲メニ訴訟事件ニ干渉セシムヘキ手續方法ヲ定ムルモノトス

抑々社會未タ進歩ノ域ニ達セス從テ司法事務ノ未タ發達セサル昔時ニ在テハ訴訟手續ヲ以テ法律中最モ重要ノモノトナシ法律ハ主體タル權利ノコトヲ規定スルヨリモ寧ロ救濟ニ關スルコトヲ規定スルヲ本旨トナスヘシト說キタル論者モアリテ訴訟手續ノ其實價ヲ超ヘテ人ノ注意ヲ惹キタルコトハ歷史ニ徵シテ明カナリ然レトモ實際ヨリ見ルトキハ充分ナル權利アルモ其訴訟手續ノ爲メニ遂ニ之レヲ失フニ至ルヘキノ嫌アルヲ以テ訴訟法ノ本性ヲ辨知セサルモノハ此法ヲ嫌惡スルコト甚タシク文明ノ今日ニ及ンテ尚ホ斯クノ如キ妄想ヲ抱クモノ世間其數少ナカラスシテ訴訟手續ノ漸次整頓スルニ從ヒ益々之レヲ嫌惡シ甚シキニ至リテハ現時ノ如キ延滯ヲ來タスヘキ方法ニ

由ルノ裁判ヨリモ寧ロ古昔ノ簡單ナル裁判ヲ貴重スルモノアリ然リト雖モ是レ等皆ナ訴訟法ノ本性目的ヲ辨知セサル者ノ妄想ニシテ素ヨリ論スルニ足ラサルナリ元來訴訟法ノ目的トスル所ハ裁判官ノ專橫ヲ抑制シ訴訟事件ノ審査ヲ明カニシ充分事理ヲ盡クサスシテ裁決ヲナスカ如キ弊ヲ防禦シ訴訟人ヲシテ充分ニ其權利ノアル所ヲ擴張セシムルニ在ルモノタルヲ忘ルヘカラス去リトテ余ハ決シテ訴訟手續ノ複雜ヲ欲スルモノニアラス却テ其簡單ニシテ成ルヘク訴訟人ニ手數費用ヲ要セサルノ方法ニ由ルノ必要ナルヲ信スルモノナリ

夫レ訴訟法ハ專ラ訴訟人ノ權利及ヒ所爲ニ關スルモノナリト雖モ又本來公法ニ屬スヘキ所ノ裁判所構成ノコト裁

判官及ヒ執行吏ノ職務ニ關スルコト等ヲ規定セリ蓋シ是等ノ事タル訴訟人ノ權利及ヒ所爲ニ直接ノ關係ヲ有スヘキヲ以テナリ而シテ今訴訟中ニ規定スル所ノ事項ヲ擧クレハ第一訴訟事件ヲ受理スヘキ管轄撰定ニ關スル規則第二訴訟ノ判決ヲナスニ適當ナル裁判所撰定ニ關スル規則第三訴訟ノ手續第四裁判所ノ判決ヲシテ有効ナラシムルニ强力ヲ執行スルコト等ナリトス凡ソ是等ノ規則ハ主法ノ場合ニ於ケルト同シク先ツ正格ノ資格アル人ニ適用スヘキモノトシ變格人ニ對シテハ多少ノ例外ヲ置クヘキモノトナス

第一　管轄

救濟權ハ何レノ場所ニ於テモ之レヲ執行スヘキモノナルヤト云フニ必スシモ然ラス例ヘハ英

國裁判所ハ破約ノ訴訟ヲ受理スルニ於テ其締約ノ場所及ヒ破約ノ場所ノ如何ヲ問ハス又對手人ノ何レニ住居スルヤニ關セストモ然レトモ離婚ノ訴ニ於テハ對手人英國內ニ屬籍ヲ有スルニアラサレハ之レヲ受理セス又近世ニ及ンテハ土地ニ對スル侵害ヲ受ケタル土地ノ英國內ニアルニアラサレハ之レヲ受理セサルカ如シ

第二　裁判所

訴訟ハ都テ當該ノ裁判所ニナサヽルヘカラサルハ又必要ノ條件タリ故ニ英國ニ於テハ行政訴訟ハ上等裁判所ノ衡平部海難訴訟ハ上等裁判所ノ海軍部ニ之レヲナサヽルヘカラス其他事件ノ性質ニ依リテハ上等裁判所中或ル一部ノミニ於テ審理裁判

シテ下等裁判所ニ於テハ更ニ關セサルモノアリ

第三　訴訟手續　訴訟ハ左ノ手續ニ依ルヲ通例トス

一　召喚　原告ハ召喚狀ヲ發シテ以テ被告ヲ裁判所ニ出頭セシムルコト

二　訴答　凡ソ訴訟ニ於テ被告召喚ニ應シテ裁判所ニ出頭シテヨリ後證據ノ審問ニ至ルマテノ手續ヲ稱シテ訴答ト云ヒ英語之レヲ「プリージンク」ト稱シ佛法ニ所謂「アンストルクシヨン、デ、ラ、コース」ト稱スルモノ是レナリ抑々被告ノ裁判所ニ出頭シテヨリ證據ノ審問ニ至ルマテノ手續トハ如何ナルコトヲ云フヤト云ハヽ即チ原告及ヒ被告互ニ其申分ヲ法廷ニ陳述スルニ外ナラサレトモ其申分ノ原告ヨリスルト被告ヨリスルトニ由リテ法律上特別ノ名稱アリ即チ若シ原告ニ於テ其申分ヲ當初書面ニテ上申シタルトキハ其書面ヲ稱シテ訴狀ト云ヒ被告ノ之レニ對スル答ヲ答辯ト云ヒ其答辯ニ對スル原告ノ答ヲ辯駁ト稱セルカ如キ是レナリ尤モ時トシテハ此訴答ノ手續ニ依ラスシテ訴訟ノ事實ハ豫メ原被雙方ノ協議ニ由リテ之レヲ定メ其事實ヨリ生シタル法律上ノ問題ノミニ付裁判ヲ乞フコトアリ是レ一ノ簡便法ニシテ英語ニ之レヲ「スペシヤル、ケース」ト稱ス邦語ニ譯スレハ特別事件ト云フテ可ナルヘシ即チ通常訴訟ニ於テハ裁判所ハ先ツ原被告雙方ノ主張スル所ノ事實ヲ審問シ其事實ノ何レニカ決定シタル上ニアラサレハ法律上ノ問題ニ付之レカ裁判ヲナサスト雖モ所謂特別事件ノ場合ニ於テハ豫メ事實決定シ居ルヲ以テ裁判所ハ其事實ニ由テ推及シタル他ノ事實及ヒ法律ノ問題ニ對シテ直チニ裁判スヘキナリ

夫レ答辯ニ三種ノ別アリ一ハ英語之レヲ「トラバース」ト云ヒ對手ノ主張スル所ノ事實ハ眞實ニアラスト辯スルノ答辯ニシテ即チ事實上ノ答辯ナリ二ハ「デマラー」ト云ヒ對手ノ主張スル所ノ事實ハ眞實ナルコトハ認ムレトモ法律上ニ於テ訴訟ノ原因トナラスト辯スルノ答辯ナリ三ハ「プリー、イン、コンフエシヨン、エンド、アボイダンス」ト云ヒ自カラ其事實ヲ認メテ以テ責ヲ避クルノ答辯ナリ例セハ甲者アリ乙者ニ對シテ誹譏ノ訴ヘヲ起シテ曰ク乙者ハ余ヲ竊盜ナリト呼ヘリト然ルニ乙者ハ此訴ヘニ對シテ余ハ甲者ヲ竊盜ナリト呼ヒタルコトナシト答辯シタリトセハ是レ即チ對手ノ主張セル事實ヲ打消スノ答辯ナリ若シ之レニ反シ乙者ニシテ此訴ヘニ對シテ余ハ甲者ヲ竊盜ナリト呼ヒタルノ事實ハ相違ナキモ竊盜ト呼ヒタルコトハ起訴ノ原因トナルヘキ事柄ニアラスト答辯シタリトセハ是レ即チ答辯ノ第二種ニ屬スルモノタリ若シ又乙者ニシテ對手ノ主張セル事實ヲ認メ甲者ヲ竊盜ト呼ヒタルニ相違ナシ何トナレハ甲者ハ實ニ竊盜ヲナセハナリト

答ヘタリトセハ是レ即チ答辯ノ第三種ニ屬スルモノタルナリ

三　審問　審問ノ場合ニ至レハ對手ノ雙方交々其法律上ト事實トヲ問ハス其爭點ニ付テ各自主張スル所ノ意見ヲ充分開陳ス其爭點ニシテ法律上ノモノナルトキハ先例ヲ引用シ其爭點ニシテ事實上ノモノナルトキハ證據ヲ呈出スヘシ證據ニ證書及ヒ口證ノ二種アリ而シテ又國ニ依リテハ證據ノ許否ニ付頗ル嚴重ニシテ混雜ノ法規ヲ設クルモノアリ抑モ證據法ハ熟達ナル裁判官ニ由テ裁判セラルヽ時ニ於ケルヨリモ寧ロ陪審官ニ依テ裁判セラルヽ時ニ於テ必要ヲ感スルコト多シ而シテ證據法ノ目的

トスル所ハ第一審問ノ區域ヲ制限スルニ在ルコト即チ既ニ顯出セル證據ニ由リテ他ノ事實ハ之レヲ推及シ又ハ認定スルコトヲ得ヘシ第二爭點ニ關係ナキ證據又ハ疑ハシキ所ヨリ來リタル證據若クハ充分證明スル能ハサル證據ハ之レヲ棄却スルコト第三證人ノ能力ヲ定ムルコト等是レナリトス其他證據法中ニハ訴訟人自カラ出廷スルノ權利又ハ代言人ヲ使用スル權利及ヒ本人又ハ代言人ノ證據提出幷ニ辯論ノ順序等ニ關スル規則モ亦之レヲ規定セルヲ通常トス

四　裁判　裁判ハ即チ裁判所ニ於テ訴訟事件ノ爭點ヲ決スルモノニシテ或ハ所有權ニ關スルモノアリ

或ハ身分ノ確定若クハ解除ニ關スルモノアリ法爲ノ適當ナル執行ノ確認ニ關スルモノアリ犯行ニ對スル損害ノ賠償ニ關スルモノアリ又義務履行又ハ不履行ニ關スルモノアルナリ

裁判ハ敗訴者ニ訴訟入費ヲ負擔セシムルヲ通常トス

五　控訴　初審ノ裁判ニ服セサルモノハ控訴スルコトヲ得ヘシ控訴裁判所ハ始審ノ判決ヲ修正變更スル等凡テノ權力及ヒ義務ヲ有シ且ツ其訴訟ノ事實ニ付キ尙ホ新證據ヲ許否シ且ツ之レヲ認ムルモ認メサルモ充分ノ判斷權ヲ有スヘシ

第四　裁判執行　勝訴者ハ裁判所ノ官吏又ハ他ノ官吏

ヲシテ其裁判ヲ實効アラシムル爲メ之レカ執行ヲナサシムルコトヲ得ヘシ尤モ被告ニシテ勝訴シタルトキハ訴訟入費ヲ徵收スル場合ノ外ハ執行ヲ要セサルモノトス

助法ニモ亦正格法ト變格法トノ區別アリ即チ英國ニ於テ貴族ハ勝手ニ之レヲ逮捕スルコトヲ許サヽルカ如キ又本邦ニ於テ從六位以上ノ者ハ奏請ヲ經スシテ裁判所ニ召喚スルコトヲ得サルカ如キ皆ナ是レ助法中ノ變格法ニ屬スルモノナリトス

法理學講義第十七回

法學士　江木衷講述
　　　　粟生誠太郎筆記

第十七章　公法

「ロールド」ベーコン氏曰ク法律ヲ公法及ヒ私法ニ分類スルハ最モ其宜シキヲ得タル分類ノ方法ナリト然レトモ余カ既ニ反覆講述シタルカ如ク此分類ノ方法決シテ當ヲ得タルニアラス公法及ヒ私法ノ中間必ス社會法ナルモノナカルヘカラサルナリ然ルニ學者多クハ公法私法ヲ說キ社會法ノ如キハ之レヲ說クモノ少ナク殊ニ之レヲ詳細ニ講述セント欲スルモ一朝一夕ノ能クナシ得ル所ニアラサレハ余モ亦假リニ諸學者ノ分類ニ傚ヒ社會法ヲ講述スルコトヲ止メ直チニ公法ニ移リ聊カ講述セント欲ス

余ハ公法及ヒ私法ノ區別ヲ講述シタル當時述ヘタルカ如ク私法ニ於テモ公法ニ於ケルト同シテ國家ノ關係スルハ勿論ナリト雖モ其關係スルヤ私人相互ノ間ニ成立スル所ノ權利及ヒ義務ノ仲裁人タル資格ヲ以テスルモノニシテ公法ニ於テハ獨リ之レカ權利義務ノ仲裁人タルノミナラス又對手ノ一人タルナリ然リ而シテ私法ニ於テ余カ既ニ用ヒタル區別ハ又之レヲ公法中ニモ適用スルコトヲ得ヘシ例セハ主法助法ノ分類ノ如キ又對世權對人權ノ區別ノ如キ原權救濟權ノ區別ノ如キ正格權變格權ノ區別ノ如キ何レモ皆ナ之レヲ公法ニ適用スルコトヲ得ルナリ殊ニ正格權變格權ノ區別ノ如キハ公法ニ於テ最モ著明ノ例ヲ示スコトヲ得ヘシ其理何ソヤ即チ公法ニ於テハ對手ノ一人

常ニ種々ノ機關ニ依テ以テ働作スル所ノ國家ナルヲ以テナリ即チ國家ハ擬爲人ニシテ其組織最モ錯雜ヲ極ムル所ノモノタリ碩儒オースチン氏ハ所謂公法ト稱スルモノハ單ニ各種ノ政治上ノ資格ヲ定ムルモノトナシ公法私法ノ分類ヲ許サスシテ之レヲ人ニ屬スル法律ノ一部ニ屬スヘキモノトナシタリト雖モ余ヲシテ之レヲ云ハシメハ公法ハ變格權ノ法律ト云フモ不可ナカルヘキヲ信スルナリ

公法ノ性質既ニ右ノ如シ然ルニ如何ナル種類ノ法律ハ公法中ニ屬スヘキモノナルヤニ至テハ學者各々其說ヲ異ニシ多クハ皆ナ漠然トシテ未タ確定ノ說ナキモノ、如シ余モ亦大ニ疑フ所ナキニアラスト雖モ暫ク先ツホルランド氏ノ所說ニ從ハンニ公法中ニ屬スヘキ法律ハ第一憲法第二行政法第三刑法第四治罪法第五國家ヲ以テ準私人トナシテ考察シタル法律及ヒ第六國家ヲ以テ準私人トシテ考察シタル法律ニ關スル手續是レナリ就中第一乃至第四ニ屬スルモノハ則チ適當ニ公法中ニ屬スヘキモノトス之レヲ以テ私法ヲ講述シタルノ當時分拆シタル順序ニ適用スルトキハ憲法行政法及ヒ刑法ニ於テハ專ラ原權ヲ論シ治罪法ハ助法ニ屬シ憲法及ヒ行政法ハ變格法ニ屬スヘキモノトス

第一　憲法　　凡ソ邦國ヲ組織スル所ノ法律ヲ總稱シテ國法ト云ヒ憲法ハ則チ國法ノ一部ニ屬シテ主權ノ本分及ヒ其作用活動ヲ確定スル所ノ法律ナリ行政法モ亦國法ノ一部ニ屬スルモノナリト雖モ是レ憲法アリテ始メテ生スヘ

キ性質ノ法律ニシテ憲法ニ制定セル權限内ニ於テ法律ヲ施行シ一切政務ヲ實行スルニ必要ナル法規ヲ云フナリ故ニ憲法幹トナリ行政法ハ其枝葉タルモノトス尤モ獨リ行政法ノミナラス各般ノ法律一トシテ憲法ニ基カサルモノナキハ勿論ナレトモ國法上ヨリ論スルトキ他ノ法律ハ暫ク之レヲ措キ憲法及ヒ行政法ヲ以テ樹木ノ幹枝ニ比シテ論スルヲ以テ通常トナスナリ斯クノ如ク夫レ憲法ハ各般法律ノ基本トナリテ主權ノ本分及ヒ其作用活動ヲ規定スルモノナルニ合衆國ノ如キ又獨逸國ノ如キニハ憲法ニ二種アルモノトシ一ヲ一般憲法一ヲ各部憲法ト云ヒ其一般憲法トハ全國相通シテ行ハルヘキモノヲ稱シ其各部憲法トハ各聯邦ノミニ行ハルヘキモノヲ稱セルカ如シ然レト

モ是レ決シテ憲法ニ二種アルニアラス又一國ノ憲法ニ二種アルヘキノ理ナキナリ何トナレハ憲法ハ主權ノ本分ヲ定ムルモノニシテ一國ニ二主權ノアルヘキ筈ナケレハナリ合衆國及ヒ獨逸國等ニ於テ稱スル所ノ各部憲法ハ畢竟一般憲法ニ定ムル所ノ制限内ニ於テ各邦適宜之レヲ制定シタルモノタレハ別種ノ憲法ニアラスシテ即チ一般憲法ノ一部ニ屬スヘキモノタルコト明カナリトス但世界各國ニ行ハルヽ所ノ憲法ヲ外形上ヨリ觀察ヲ下ストキハ成文憲法ト不文憲法トノ二類アルコトハ爭フヘカラサル事實ニシテ現ニ英國ノ如キハ不文憲法ナルモ獨逸ノ如キ合衆國ノ如キ皆ナ是レ成文憲法ノ國タリ然レトモ是レハ之レ憲法ノ體裁上ヨリ分類シタル一般ノ區別ニシテ一國内ニ

二類ノ憲法アリト云フニハアラサルナリ既ニ述ヘタルカ如ク憲法ノ要ハ主權ノ本分及ヒ其作用活動ヲ定ムルニ在リトセハ即チ先ツ主權ノ本分ヲ定メサルヘカラス抑々主權トハ一ニ國家ノ至高權若クハ統御權ト稱シ或ハ又國權ト稱スルコトアリテ名稱數多ナリト雖モ要スルニ國中ノ無上權タルニ過キスシテ其權ノ主治者ニ屬スルノ點ヨリ云フトキハ之レヲ主權ト云ヒ活動ノ點ヨリ云フトキハ統御權ト云ヒ國中無上權トシテ論スルトキハ至高權ト云フ等只見ル所ノ點ノ異ナルニ從テ其名稱ヲ異ニシテ用ユルコト丶知ルヘシ斯クノ如ク夫レ主權ハ國中無上權ニシテ從テ亦諸般法律ノ深源トナルモノナルヲ以テ其之レヲ掌握スル者ノ所爲ハ決シテ不法ナルヲ得サルモノタルノミ

ナラス自カラ特裁ノ性質ヲ有スルモノニシテ他者ノ命令ヲ受ケテ之レヲ執行スルカ如キモノニアラサルナリ而シテ主權ハ之レヲ分割スヘキモノニアラサルハ其本性ノ然ラシムル所ナリトス然レトモ主權ハ決シテ無限ノ權力ニアラスシテ其之レヲ活用スルニ當テハ當然邦國ノ本旨ヲ達スルヲ以テ其目的トナサヽルヘカラサルモノナレハ自カラ制限ナキヲ得ス其制限ニ自然ノ制限ト人爲ノ制限トノ二種アリ自然ノ制限トハ即チ邦國ノ本旨ニ違背スヘカラサルコトヲ云ヒ人爲ノ制限トハ外國條約宗教等ニ依ルノ制限ヲ云フナリ是レニ因テ之レヲ觀レハ主權ヲ以テ至高權ト云フモ此各種制限ノ範圍內ニ在リテ至高ノ權力タリト云フノ意ナルコトヲ忘ルヘカラサルナリ主權ハ各國

其政體ノ異ナルニ從テ其屬スル所ヲ異ニス即チ主君政體ニ於テハ主權ハ概シテ國君ニ屬スルモノトシ民衆政體ニ於テハ主權ハ一國ノ民衆ニ屬スルモノトス然リ而シテ國際上即チ外國ニ對シテ云フトキハ主權ヲ國外主權ト稱シ國內ノミニテ云フトキハ之レヲ國內主權ト稱ス

已上述ヘタル所ニ據テ以テ主權ノ性質略ホ明了ナルヘシ然レトモ其主權ノ作用ヲ充分ナラシメ之レヲ活動セシメントスルニハ必スヤ機關ナカルヘカラス尙ホ之レヲ詳言セハ國家ハ固ト一ノ擬爲人ナルヲ以テ其活動ヲ爲スニハ必ス有形ノ機關ニ依ラサルヘカラス故ニ苟モ一ノ邦國アレハ必ス機關アリテ之ヲ活動セシメサルハナシ是ヲ以テ

アリストートルノ昔時ヨリ國家ニハ立法行政司法ノ三權

柄アリテ各々其機關ヲ具備スヘキモノタルコトヲ説キ續テ佛國ノモンテスキユー三權鼎立ノ説ヲ出シ一時學者社會ヲ振動セシメタリキ固ヨリモンテスキユー氏等ノ所説今日ニ於テハ採用スヘカラサル所多シト雖モ兎ニ角ニ國家ハ機關ノ存スルモノアリテ以テ活動スルモノタルコトハ明カナリ今其機關ヲ立君政體ノ國ニ付テ云フトキハ國君、國會及ヒ官吏トシ民衆政體ニ付テ云フトキハ國會及ヒ官吏トス而シテ此等機關ノ構成運動皆ナ憲法ノ規定スヘキモノニ屬ス

一　國君　國君ハ國家ヲ代表スルモノニシテ立君政體ニ在テハ邦國ノ首長國家ノ最高機關タリ故ニ此政體ニ於テハ國家ノ諸權皆ナ國君之レヲ總攬シ他ノ機關

タル國會及ヒ官吏ノ首裁タルナリ而シテ憲法ニ於テハ國君ノ位ヲ繼承スルノ法規ヲ始メトシテ其權限特權等ヲ規定ス

二　國會　國會ハ一國立法ノ府ニシテ通常二院ヲ以テ組成シ一ヲ元老院ニヲ代議院トス其之レニ出席シテ法律ノ起業法律ノ議定ヲナスヘキ議員ノ資格撰擧ノ方法及ヒ特權等ハ總テ皆ナ憲法ヲ以テ之レヲ規定ス然レトモ各國其規ヲ異ニセリ

三　官吏　官吏ハ國家ノ政務ヲ執行スルニ於テ最モ缺クヘカラサル所ノ機關ニシテ立君政體ニ在テハ國君之レカ首長タリ民衆政體ニ在テハ大統領之レカ首長タルヲ通常トス

凡ソ國家ノ官吏ヲ大別セハ文武兩官トス其文官ヲ又分テ行政官及ヒ司法官トナスコトヲ得ヘシ而シテ其行政官中ニハ外務官内務官等アリテ各々其事務ヲ分掌ス司法官ハ其獨立不羈ノ性質ニ在ルヘキモノナルヲ以テ自カラ特別ノ地位ヲ占ム

第二　行政法

行政法ハ既ニ述ヘタルカ如ク憲法ニ制定セル權限内ニ於テ諸般ノ法律ヲ實行シ一切ノ政務ヲ施行スルノ法規ヲ云フナリ而シテ此法律中ニ規定セル事項ハ凡ソ左ノ如シ

一　租稅徵集ニ關スル事項

二　陸海軍ニ關スル事項

三　殖民地及ヒ領屬地ノ行政ニ關スル事項

四　統計ニ關スル事項、死亡出産及ヒ結婚ノ登記ニ關スル事項、土地家屋ノ讓渡及ヒ書入質入ニ關スル事項、遺囑監督ニ關スル事項、外國人歸化ニ關スル事項、會社特許狀下附ニ關スル事項

五　邦國ヲ組織スル所ノ各個人ノ安寧ヲ增進シ害惡ヲ除却スル事務　其事務ノ重ナルモノヲ擧クレハ左ノ如シ

甲　衞生ニ關スル事項、船舶ノ撿閱ニ關スル事項、職工徒弟ノ制限ニ關スル事項、飮食物ニ關スル事項、水利ニ關スル事項等

乙　貧民救助法ノ施行ニ關スル事項、飢饉救助ニ關スル事項

丙　瘋癲病院等ノ監督ニ屬スル事項
丁　造幣及ヒ度量衡ノ保護ニ關スル事項
戊　職業商業ノ監督ニ屬スル事項
己　外國貿易報告ノ蒐集、銀行保險會社及ヒ其他ノ會社監督ニ關スル事項
庚　道路、鐵道、運河、電信及ヒ郵便ノ監督ニ關スル事項
辛　燈臺、川港、堤防等ノ維持ニ關スル事項
壬　秩序安寧ノ保維犯罪ノ防禦及ヒ監獄ニ關スル事項

四　公衆ノ敎育及ヒ道德ニ關スル事務　其事務ノ重ナルモノハ左ノ如シ
甲　學校ノ設立博物館及ヒ圖書館ノ維持ニ關スル事

項

乙　遊興場ノ監督及ヒ日曜日商業ノ休止ニ關スル事項

右等ノ諸事項ハ中央集權ノ盛ナル國ニ在テハ中央政府ニ於テ施行スルモ自治制度ヲ許スノ國ニ在テハ多クハ地方廳ニ於テ之レヲ掌ル而シテ其地方廳ニハ往々輕キ刑事上ノ管轄權ヲ有セシムルコトアリ

英國ニ於テ行政法ニ關スル爭議若クハ之レニ違背シタル場合ニ在テ格別重大ナラサルモノハ通常治安裁判所ニ於テ之レヲ處分セシメ稍〻重大ノモノハ上等裁判所ニ於テ處分セシム且ツ軍事上ノコトニ關シテハ軍事裁判所宗教上ノ事ニ付テハ宗教裁判所ニ於テ處分セシムルコトアリト

雖モ然レトモ誰人タリトモ慣習法ノ支配ハ之レヲ免ルヽコトヲ得サルモノトス

第三　刑法　夫レ秩序安寧ヲ保持シ國家ニ對スル罪惡ト公衆ノ安寧ヲ維持スル爲メ設定セル規則ニ違背スル者ヲ防禦シ且ツ之レヲ所罰スルハ國家ノ職務中最モ重要ナルモノヽ一トス是ヲ以テ國家ハ此等ノ罪惡ヲナシ規則ニ違背スル者ヲ所罰スルノ規則ヲ設ケ以テ其權利ヲ保持ス刑法トハ即チ此規則ヲ稱スルナリ

歴史ニ徴シテ沿革ヲ按スルニ古代ニ在リテハ主權ニ對スル罪惡ノ外ハ刑ヲ以テ罰スルコトナクシテ一個人ニ對スル罪惡ハ窃盗ノ如キ殺人ノ如キ所爲スラ刑ヲ以テ之レヲ罰セス悉ク皆ナ民事上ノ賠償ヲナサシムルニ止マリタリ

羅馬法ニ徴スルモ現時ニ於テハ全ク刑事ヲ以テ問フヘキ所爲ヲモ單ニ民事上ノ所爲ト看做シタルモノ多ク犯者ニ加フルニ刑ヲ以テシタルモノヽ如キハ實ニ僅々タル所爲ニ止マリタルヲ知ルヲ得ヘシ若シ夫レシオドーシヤス及ヒジヤスチニヤン法典ノ第九編ヲ一見セハ其刑事上ニ關スル法律ノ不整頓ニシテ殆ント見ルニ忍ヒサルモノアリテ刑法ノ進歩シタルハ實ニ近代ニ在リトノコトヲ想像スルニ足ルヘキナリ

刑法ニ屬スヘキ法律ハ之レヲ分テ二部トス一ハ刑法ノ主體二ハ刑法ノ助體ナリ其助體ハ通常之レヲ治罪法ト稱シ單ニ刑法ト稱スルモノハ即チ其主體ヲ云フナリ而シテ又其所謂刑法中ニ規定スヘキモノヲ分類セハ之レヲ分テ通

則及ヒ各則トナスコトヲ得ヘシ其通則ニ於テハ犯罪トナルヘキ所爲ノ性質、造意若クハ懈怠ノ區別ニ基キタル爲害者ノ責任、未丁年ナルコト強迫ニ屬シタルコト白痴瘋癲ナルコト若クハ醉亂者タルコト等ノ如キ責任ヲ消滅セシムヘキ事實、被害者ノ承諾アリタルコト正當防禦ニ依リタルコト法律ノ公認ニ依リタルコト又ハ公安維持ノ爲メナルコト等ノ爲メニ通常犯罪トナルヘキ所爲ヲハ法律上正當ノ所爲ト看做スノ事實死刑、徒刑、流刑、禁錮、公權剝奪、監視、罰金、鞭笞等刑ノ種類、公訴ノ期滿免除、犯罪ノ助援、犯罪ノ企圖、刑ノ加重等ニ關スル事項ヲ規定スルモノトス又刑罰各種ノ程度、及ヒ刑事ニ附帶セル民事ノ減刑ニ關スルコトノ如キモ通則中ニ規定スルヲ通常トナス英國刑法ニハ重罪輕罪ノ區別アレトモ今日ニ於テ兩者ノ間其區別殆ント曖昧ニ屬スルモノヽ如ク然リ佛國刑法ハ科スル所ノ刑ノ種類ヲ異ニスルニ從テ罰スヘキ罰科ヲ分テ三種トナス獨逸及ヒ本邦ノ刑法亦然リ且ツ刑事ニ附帶セル民事裁判ハ其刑事ノ裁判ヲ終ヘタル後ニアラサレハ之レヲ爲サヽルヲ以テ各國ノ法規概ネ相同シトス

其各則ニ於テハ犯罪トナルヘキ所爲ヲ網羅シ且ツ其所爲ニ對スル刑罰ヲ規定スルモノトス而シテ其犯罪トナルヘキ所爲ヲ大別セハ直接ニ國家ニ對スルモノト直接ニ一個人ニ對スルモノトニ區別スルコトヲ得ヘシ

第一　左ノ所爲ハ直接ニ國家ニ對スル犯罪トス

一　外國トノ和親ヲ破ルノ所爲例ヘハ外國國王ヲ誹譏

シ又ハ其死去ヲ圖ルカ如キ是レナリ
二　政府ノ維持ヲ破ルノ所爲例ヘハ皇族ヲ暗殺シ叛亂ヲ企圖シ又ハ其他謀叛ニ關スル所爲ノ如キ是レナリ
三　國民一般ノ自由ヲ妨害スルノ所爲
四　公安ヲ害シ靜謐ヲ破ルノ所爲
五　官威ノ紊用ニ關スル所爲
六　官ニ抵抗シ又ハ其命令ニ從ハサルノ所爲
七　犯罪人ヲ藏匿シ又ハ之レヲ遁逃セシムル等ノ所爲
八　出產死亡其他此種ニ屬スヘキ事項ヲ報告セス又ハ報告スルモ詐欺ヲ以テスルノ所爲
九　貨幣、度量衡ニ關スルノ所爲
十　動物ヲ虐使スルノ所爲

十一　公衆ノ道徳ヲ紊亂スルノ所爲
十二　公衆ノ衛生ヲ害スルノ所爲等
第二　左ノ所爲ハ直接ニ一個人ニ對スル犯罪トス故ニ此場合ニ於テハ私法ニ據テ民事上ノ救濟ヲ受クルコトヲ得ヘシト雖モ國家ニ對スル害惡ナルヲ以テ刑法ニ於テモ之レニ刑罰ヲ加フ
一　身體ニ對スル暴行
二　不實ノ事柄ヲ搆造シテ他人ヲ誹譏スルノ所爲
三　宗敎上ノ信仰ヲ妨害スルノ所爲
四　眷族權ヲ犯スノ所爲
五　財産權ヲ犯スノ所爲
六　民事上ノ救濟ハ無効ナルカ如キ破約ノ所爲

七　詐欺欺罔ノ所爲等

第四　治罪法

治罪法ハ即チ刑法ニ對スル助法ニシテ犯罪人ヲ所罰スル爲メ裁判所ヲシテ活動セシムルノ方法手續ヲ規定スル所ノ規則ナリ其手續ニ二樣アリ一ハ簡易ノ手續一ハ鄭重ノ手續是レナリ輕キ犯罪ハ專ラ簡易ノ手續ニ依リ稍々重キ犯罪ハ專ラ鄭重ノ手續ニ依テ以テ審理處分スルモノトス尤モ輕キ犯罪ニ於ケル塲合ト雖モ被告人ノ志願ニ依テハ稍々鄭重ノ手續ニ依テ審理處分ヲ受クルコトヲ得ヘシ現ニ本邦ニ於テモ違警罪ハ正式ノ手續ニ依ラス即決ノ方法ニ依テ之レヲ裁判スルコトヽナリタレトモ其即決ノ言渡ニ對シテハ被告人ハ正式ノ手續ニ依テ裁判ヲ受ケンコトヲ求ムルヲ得ルナリ

其簡易手續及ヒ鄭重ノ手續共ニ私法ニ於ケル手續ノ順序ト大同小異ナリ而シテ今其鄭重ノ手續ニ於ケル順序ノ大要ヲ示セハ概子左ノ如シ

一　適當ノ管轄ヲ撰定スルコト

二　適當ノ裁判所ヲ撰定スルコト

三　適當ニ治罪ノ手續ト稱スヘキモノ

甲　召喚狀又ハ逮捕狀ヲ發スルコト

召喚狀ハ被告人ヲ出廷セシムル爲メニ之レヲ發シ逮捕狀モ亦同一ノ目的ヲ以テ之レヲ發スルモノナリト雖モ多クハ被告人召喚ニ應セサルトキニ當リテ之レヲ發シ之レニ依テ被告人ノ身體ヲ捕縛シ强テ出廷セシムルモノトス

乙　豫審

豫審ニ於テハ被告人ハ無罪放免ニナスヘキモノナ
ルヤ又公判ニ附スヘキモノナルヤヲ審理決定スル
モノトス

丙　公判ニ附セラル丶マテノ手續

被告人ヲシテ公判ニ附セシムルニハ其間或ハ監獄
ニ繋キ置クコトアリ或ハ保釋ヲ許スコトアリ

丁　公判

公判ニ於テハ先ツ公訴狀ニ依テ被告人犯罪ノ性質
ヲ裁判及ヒ被告人ニ告知シ被告ハ又之レニ對シテ
辯護ヲナスモノトス

戊　審問

審問ハ別ニ定マル所ノ方法及ヒ證據法ノ規則ニ從テ之レヲ爲サヽルヘカラス而シテ其規則ハ民事ノ場合ト大ニ異ナル所アリ

己　罪按及ヒ判決

庚　控訴手續

四　執行

第五　一ノ法人トシテ考察シタル國家ノ法律

抑々國家ハ秩序保安ノ保護者トシテ權利義務ヲ有スル場合ニ於テハ私法中論スル所ノ通常ノ人トハ大ニ異ナル所アリト雖モ國家ヲ以テ一ノ法人トシテ考察スルトキハ恰モ私法中私人ト私人トノ間ニ成立スル所ノ權利義務ニ相似テ國家ハ其外國人タルト內國民タルトヲ問ハス一私人ニ對シテ

數多ノ準權利ヲ有シ又數多ノ準義務ヲ負フコトアリ一、國家ハ通常一ノ大ナル土地ノ所有主ニシテ其土地ニ付テハ私法ノ場合ニ於ケルト同シク一個人所有ノ土地ヲ超ヘテ地役權ヲ有スルコトアリ又一個人ニ對シテハ供役ノ義務ヲ負フコトアルナリ二、大ハ宮殿ヨリ小ハ巡査ノ派出所ニ至ルマテ數多ノ家屋ヲ所有ス三、器具器械ノ國家ノ所有ニ屬スルモノ其數甚タ多シ四、國家ハ製造場ヲ設立シテ自カラ製造ノコトニ從事スルコトアリ五、國家ハ金錢ヲ貸借シ手形ヲ發行シ其他何等ノ種類タルヲ問ハス通常ノ契約ハ之レヲ締結スルコトヲ得六、然レトモ國家ハ固無形人ナルヲ以テ自カラ働作スルコト能ハサレハ是等ノ所爲皆ナ以テ代理人ノ手ニ依ラサルヘカラス故ニ其代理人ハ通常一個人ノ代理人ノ場合ニ於ケルカ如ク或ハ越權ノコトヲナスアリ或ハ詐欺ヲ行フコトナシトセサルナリ又其傭人ニシテ故意若クハ過失ニ依リ一個人ニ損害ヲ加フルコトアリ七、國家ハ質入主若クハ質置主トナルコトアリ相續人ナクシテ死去シタル者ノ財產ハ國家之レヲ相續スルノ資格ヲ有スル等皆ナ以テ國家ヲ一ノ法人トシテ考察シタル時ニ於ケル法律ノ規定ニ屬セサルハナシ然レトモ是等國家ノ權利義務ハ一個人若クハ通常擬爲人ノ權利義務ト大ニ異ナル所アリ就中其傭人ノナシタル損害ニ對スル責任及ヒ時効ニ依テ其權利ノ妨害ヲ受クルコト等ニ付テハ最モ然リトス但シ近世ニ及ンテ漸次兩者ノ懸隔ヲ消滅セシムルノ傾アリ

第六　一ノ法人トシテ考察シタル國家ノ法律ニ於ケル訴訟ノ手續

一ノ法人トシテ考察シタル國家ノ法律ハ自カラ又國家カ一ノ法人トシテ起訴シ又ハ起訴セラル丶ノ方法ヲ規定スル所ノ訴訟法ニ依テ其用ヲ充分ナラシムルモノトス然レトモ此ノ場合ニ於ケル訴訟法ハ私法中ノ訴訟法ニ於ケルカ如ク對手雙方其方法ヲ一ニセスシテ對手ニ依テ異ナルモノトス換言セハ此場合ニ於ケル訴訟法ハ常ニ變格ニ屬スルナリ而シテ其變格トハ即チ君主カ從民ニ對シ起訴スル時ト臣民カ君主ニ對シテ起訴スル時トニ因テ異ナルヲ云フナリ此種ニ屬スヘキ訴訟法ハ各國皆ナ其規ヲ異ニス

法理學講義畢

明治十八年二月十七日出版版權屆
明治二十一年八月　日印刷幷出版

警視廳藏版

發行所

東京銀座四丁目　博聞本社
大阪備後町四丁目　仝分社
千葉縣下千葉　仝分社
埼玉縣下浦和　仝分社
福岡縣下博多　仝分社

大販賣所

尾州名古屋本町　片野東四郎
駿州靜岡江川町　廣瀬文林堂
信州長野町　西澤喜太郎
福島縣福島　石川支店
陸前仙臺大町　木村文助
函館末廣町　魁文社
越後長岡　目黒十郎
加州金澤　牧野一平
伊豫松山港町　土肥與平
備前岡山　森禎藏
藝州廣島大手通一丁目　早速社
肥後熊本　長崎次郎
薩州鹿兒島六日町通中町　吉田幸兵衛

販賣所

東京日本橋通三丁目　丸善書店
仝南傳馬町壹丁目　近江屋半七
仝神田表神保町　中西屋邦太
仝南神保町　須原鐵二
仝　集成社
西京東洞院三條上ル　村上勘兵衛
仝佛光寺通烏丸東へ入ル　東枝吉兵衛
仝河原町通　大黒屋太郎右衛門
仝寺町通五條上ル　飯田信文堂
大阪本町四丁目　岡島眞七
仝心齋橋通二丁目　松村九兵衛
仝備後町四丁目　吉岡平助
横濱辨天通四丁目　丸善書店
肥前長崎引地町　鶴野常藏
越後新潟古町通二番町　井筒駒吉
濃州岐阜　三浦源助
紀州和歌山北町　津田源兵衛
越前福井照手上町　岡崎左喜助
備前岡山　細謹社
雲州松江本町　園山喜三右衞門
因州鳥取火ノ見下　前島榮次郎
阿州徳島　阪井萬吉
陸奥弘前土手町　野崎九兵衛

法理學講義　全　　　　日本立法資料全集　別巻 1210

平成30年11月20日　　復刻版第１刷発行

講述者　江　木　　　衷

発行者　今　井　　　貴
　　　　渡　辺　左　近

発行所　信　山　社　出　版

〒113-0033　東京都文京区本郷６-２-９-102
モンテベルデ第２東大正門前
電　話　03（3818）1019
ＦＡＸ　03（3818）0344
郵便振替 00140-2-367777（信山社販売）

Printed in Japan.

制作／(株)信山社，印刷・製本／松澤印刷・日進堂

ISBN 978-4-7972-7327-4 C3332

別巻　巻数順一覧【950 ～ 981 巻】

巻数	書　名	編・著者	ISBN	本体価格
950	実地応用町村制質疑録	野田藤吉郎、國吉拓郎	ISBN978-4-7972-6656-6	22,000 円
951	市町村議員必携	川瀬周次、田中迪三	ISBN978-4-7972-6657-3	40,000 円
952	増補 町村制執務備考 全	増澤鐵、飯島篤雄	ISBN978-4-7972-6658-0	46,000 円
953	郡区町村編制法 府県会規則 地方税規則 三法綱論	小笠原美治	ISBN978-4-7972-6659-7	28,000 円
954	郡区町村編制 府県会規則 地方税規則 新法例纂 追加地方諸要則	柳澤武運三	ISBN978-4-7972-6660-3	21,000 円
955	地方革新講話	西内天行	ISBN978-4-7972-6921-5	40,000 円
956	市町村名辞典	杉野耕三郎	ISBN978-4-7972-6922-2	38,000 円
957	市町村吏員提要〔第三版〕	田邊好一	ISBN978-4-7972-6923-9	60,000 円
958	帝国市町村便覧	大西林五郎	ISBN978-4-7972-6924-6	57,000 円
959	最近検定 市町村名鑑 附 官国幣社 及 諸学校所在地一覧	藤澤衛彦、伊東順彦、増田穆、関惣右衛門	ISBN978-4-7972-6925-3	64,000 円
960	鼇頭対照 市町村制解釈 附 理由書 及 参考諸布達	伊藤寿	ISBN978-4-7972-6926-0	40,000 円
961	市町村制釈義 完　附 市町村制理由	水越成章	ISBN978-4-7972-6927-7	36,000 円
962	府県郡市町村 模範治績　附 耕地整理法 産業組合法 附属法令	荻野千之助	ISBN978-4-7972-6928-4	74,000 円
963	市町村大字読方名彙〔大正十四年度版〕	小川琢治	ISBN978-4-7972-6929-1	60,000 円
964	町村会議員選挙要覧	津田東璋	ISBN978-4-7972-6930-7	34,000 円
965	市制町村制 及 府県制　附 普通選挙法	法律研究会	ISBN978-4-7972-6931-4	30,000 円
966	市制町村制註釈 完　附 市制町村制理由〔明治21年初版〕	角田真平、山田正賢	ISBN978-4-7972-6932-1	46,000 円
967	市町村制詳解 全　附 市町村制理由	元田肇、加藤政之助、日鼻豊作	ISBN978-4-7972-6933-8	47,000 円
968	区町村会議要覧 全	阪田辨之助	ISBN978-4-7972-6934-5	28,000 円
969	実用 町村制市制事務提要	河邨貞山、島村文耕	ISBN978-4-7972-6935-2	46,000 円
970	新旧対照 市制町村制正文〔第三版〕	自治館編輯局	ISBN978-4-7972-6936-9	28,000 円
971	細密調査 市町村便覧(三府 四十三県 北海道 樺太 台湾 朝鮮 関東州)　附 分類官公衙公私学校銀行所在地一覧表	白山榮一郎、森田公美	ISBN978-4-7972-6937-6	88,000 円
972	正文 市制町村制 並 附属法規	法曹閣	ISBN978-4-7972-6938-3	21,000 円
973	台湾朝鮮関東州 全国市町村便覧 各学校所在地〔第一分冊〕	長谷川好太郎	ISBN978-4-7972-6939-0	58,000 円
974	台湾朝鮮関東州 全国市町村便覧 各学校所在地〔第二分冊〕	長谷川好太郎	ISBN978-4-7972-6940-6	58,000 円
975	合巻 佛蘭西邑法・和蘭邑法・皇国郡区町村編成法	箕作麟祥、大井憲太郎、神田孝平	ISBN978-4-7972-6941-3	28,000 円
976	自治之模範	江木翼	ISBN978-4-7972-6942-0	60,000 円
977	地方制度実例総覧〔明治36年初版〕	金田謙	ISBN978-4-7972-6943-7	48,000 円
978	市町村民 自治読本	武藤榮治郎	ISBN978-4-7972-6944-4	22,000 円
979	町村制詳解　附 市制及町村制理由	相澤富蔵	ISBN978-4-7972-6945-1	28,000 円
980	改正 市町村制 並 附属法規	楠綾雄	ISBN978-4-7972-6946-8	28,000 円
981	改正 市制 及 町村制〔訂正10版〕	山野金蔵	ISBN978-4-7972-6947-5	28,000 円

巻数	書　名	編・著者	ISBN	本体価格
915	改正 新旧対照市町村一覧	鍾美堂	ISBN978-4-7972-6621-4	78,000 円
916	東京市会先例彙輯	後藤新平、桐島像一、八田五三	ISBN978-4-7972-6622-1	65,000 円
917	改正 地方制度解説〔第六版〕	狭間茂	ISBN978-4-7972-6623-8	67,000 円
918	改正 地方制度通義	荒川五郎	ISBN978-4-7972-6624-5	75,000 円
919	町村制市制全書 完	中嶋廣蔵	ISBN978-4-7972-6625-2	80,000 円
920	自治新制 市町村会法要談 全	田中重策	ISBN978-4-7972-6626-9	22,000 円
921	郡市町村吏員 収税実務要書	荻野千之助	ISBN978-4-7972-6627-6	21,000 円
922	町村至宝	桂虎次郎	ISBN978-4-7972-6628-3	36,000 円
923	地方制度通 全	上山満之進	ISBN978-4-7972-6629-0	60,000 円
924	帝国議会府県会郡会市町村会議員必携 附関係法規 第1分冊	太田峯三郎、林田亀太郎、小原新三	ISBN978-4-7972-6630-6	46,000 円
925	帝国議会府県会郡会市町村会議員必携 附関係法規 第2分冊	太田峯三郎、林田亀太郎、小原新三	ISBN978-4-7972-6631-3	62,000 円
926	市町村是	野田千太郎	ISBN978-4-7972-6632-0	21,000 円
927	市町村執務要覧 全 第1分冊	大成館編輯局	ISBN978-4-7972-6633-7	60,000 円
928	市町村執務要覧 全 第2分冊	大成館編輯局	ISBN978-4-7972-6634-4	58,000 円
929	府県会規則大全　附 裁定録	朝倉達三、若林友之	ISBN978-4-7972-6635-1	28,000 円
930	地方自治の手引	前田宇治郎	ISBN978-4-7972-6636-8	28,000 円
931	改正 市制町村制と衆議院議員選挙法	服部喜太郎	ISBN978-4-7972-6637-5	28,000 円
932	市町村国税事務取扱手続	広島財務研究会	ISBN978-4-7972-6638-2	34,000 円
933	地方自治制要義 全	末松偕一郎	ISBN978-4-7972-6639-9	57,000 円
934	市町村特別税之栞	三邊長治、水谷平吉	ISBN978-4-7972-6640-5	24,000 円
935	英国地方制度 及 税法	良保両氏、水野遵	ISBN978-4-7972-6641-2	34,000 円
936	英国地方制度 及 税法	髙橋達	ISBN978-4-7972-6642-9	20,000 円
937	日本法典全書 第一編 府県制郡制註釈	上條慎蔵、坪谷善四郎	ISBN978-4-7972-6643-6	58,000 円
938	判例挿入 自治法規全集 全	池田繁太郎	ISBN978-4-7972-6644-3	82,000 円
939	比較研究 自治之精髄	水野錬太郎	ISBN978-4-7972-6645-0	22,000 円
940	傍訓註釈 市制町村制 並ニ 理由書〔第三版〕	筒井時治	ISBN978-4-7972-6646-7	46,000 円
941	以呂波引町村便覧	田山宗堯	ISBN978-4-7972-6647-4	37,000 円
942	町村制執務要録 全	鷹巣清二郎	ISBN978-4-7972-6648-1	46,000 円
943	地方自治 及 振興策	床次竹二郎	ISBN978-4-7972-6649-8	30,000 円
944	地方自治講話	田中四郎左衛門	ISBN978-4-7972-6650-4	36,000 円
945	地方施設改良 訓諭演説集〔第六版〕	鹽川玉江	ISBN978-4-7972-6651-1	40,000 円
946	帝国地方自治団体発達史〔第三版〕	佐藤亀齢	ISBN978-4-7972-6652-8	48,000 円
947	農村自治	小橋一太	ISBN978-4-7972-6653-5	34,000 円
948	国税 地方税 市町村税 滞納処分法問答	竹尾高堅	ISBN978-4-7972-6654-2	28,000 円
949	市町村役場実用 完	福井淳	ISBN978-4-7972-6655-9	40,000 円

巻数	書　名	編・著者	ISBN	本体価格
878	明治史第六編 政黨史	博文館編輯局	ISBN978-4-7972-7180-5	42,000 円
879	日本政黨發達史 全〔第一分冊〕	上野熊藏	ISBN978-4-7972-7181-2	50,000 円
880	日本政黨發達史 全〔第二分冊〕	上野熊藏	ISBN978-4-7972-7182-9	50,000 円
881	政党論	梶原保人	ISBN978-4-7972-7184-3	30,000 円
882	獨逸新民法商法正文	古川五郎、山口弘一	ISBN978-4-7972-7185-0	90,000 円
883	日本民法鼇頭對比獨逸民法	荒波正隆	ISBN978-4-7972-7186-7	40,000 円
884	泰西立憲國政治攬要	荒井泰治	ISBN978-4-7972-7187-4	30,000 円
885	改正衆議院議員選擧法釋義 全	福岡伯、横田左仲	ISBN978-4-7972-7188-1	42,000 円
886	改正衆議院議員選擧法釋義 附 改正貴族院令,治安維持法	犀川長作、犀川久平	ISBN978-4-7972-7189-8	33,000 円
887	公民必携 選擧法規ト判決例	大浦兼武、平沼騏一郎、木下友三郎、清水澄、三浦數平	ISBN978-4-7972-7190-4	96,000 円
888	衆議院議員選擧法輯覽	司法省刑事局	ISBN978-4-7972-7191-1	53,000 円
889	行政司法選擧判例總覽―行政救濟と其手續―	澤田竹治郎・川崎秀男	ISBN978-4-7972-7192-8	72,000 円
890	日本親族相續法義解 全	髙橋捨六・堀田馬三	ISBN978-4-7972-7193-5	45,000 円
891	普通選擧文書集成	山中秀男・岩本溫良	ISBN978-4-7972-7194-2	85,000 円
892	普選の勝者 代議士月旦	大石末吉	ISBN978-4-7972-7195-9	60,000 円
893	刑法註釋 巻一～巻四(上巻)	村田保	ISBN978-4-7972-7196-6	58,000 円
894	刑法註釋 巻五～巻八(下巻)	村田保	ISBN978-4-7972-7197-3	50,000 円
895	治罪法註釋 巻一～巻四(上巻)	村田保	ISBN978-4-7972-7198-0	50,000 円
896	治罪法註釋 巻五～巻八(下巻)	村田保	ISBN978-4-7972-7198-0	50,000 円
897	議會選擧法	カール・ブラウニアス、國政研究科會	ISBN978-4-7972-7201-7	42,000 円
901	鼇頭註釈 町村制 附 理由 全	八乙女盛次、片野続	ISBN978-4-7972-6607-8	28,000 円
902	改正 市制町村制 附 改正要義	田山宗堯	ISBN978-4-7972-6608-5	28,000 円
903	増補訂正 町村制詳解〔第十五版〕	長峰安三郎、三浦通太、野田千太郎	ISBN978-4-7972-6609-2	52,000 円
904	市制町村制 並 理由書 附 直接間接税類別及実施手続	高崎修助	ISBN978-4-7972-6610-8	20,000 円
905	町村制要義	河野正義	ISBN978-4-7972-6611-5	28,000 円
906	改正 市制町村制義解〔帝國地方行政学会〕	川村芳次	ISBN978-4-7972-6612-2	60,000 円
907	市制町村制 及 関係法令〔第三版〕	野田千太郎	ISBN978-4-7972-6613-9	35,000 円
908	市町村新旧対照一覧	中村芳松	ISBN978-4-7972-6614-6	38,000 円
909	改正 府県郡制問答講義	木内英雄	ISBN978-4-7972-6615-3	28,000 円
910	地方自治提要 全 附 諸届願書式 日用規則抄録	木村時義、吉武則久	ISBN978-4-7972-6616-0	56,000 円
911	訂正増補 市町村制問答詳解 附 理由及追輯	福井淳	ISBN978-4-7972-6617-7	70,000 円
912	改正 府県制郡制註釈〔第三版〕	福井淳	ISBN978-4-7972-6618-4	34,000 円
913	地方制度実例総覧〔第七版〕	自治館編輯局	ISBN978-4-7972-6619-1	78,000 円
914	英国地方政治論	ジョージ・チャールズ・ブロドリック、久米金彌	ISBN978-4-7972-6620-7	30,000 円